本书是国家社科基金项目"社交媒体情境下网络虚假信
（项目编号：21BTQ049）和2019年河南省高校青年骨
期的政府开放数据质量保障模式研究"（项目编号：20
果之一。

大数据质量评价与管理
——以我国政府开放数据为例

Big Data Quality Evaluation and Management
—A Case Study of Government Opening Data in China

莫祖英／著

经济管理出版社
ECONOMY & MANAGEMENT PUBLISHING HOUSE

图书在版编目（CIP）数据

大数据质量评价与管理：以我国政府开放数据为例/莫祖英著.—北京：经济管理出版社，2022.3

ISBN 978 – 7 – 5096 – 8366 – 8

Ⅰ.①大…　Ⅱ.①莫…　Ⅲ.①电子政务—数据管理—研究—中国　Ⅳ.①D63 – 39

中国版本图书馆 CIP 数据核字（2022）第 045855 号

组稿编辑：范美琴
责任编辑：王　洋
责任印制：黄章平
责任校对：陈　颖

出版发行：经济管理出版社
　　　　　（北京市海淀区北蜂窝 8 号中雅大厦 A 座 11 层　100038）
网　　　址：www. E – mp. com. cn
电　　　话：（010）51915602
印　　　刷：北京晨旭印刷厂
经　　　销：新华书店
开　　　本：720mm × 1000mm/16
印　　　张：17. 75
字　　　数：348 千字
版　　　次：2022 年 4 月第 1 版　　2022 年 4 月第 1 次印刷
书　　　号：ISBN 978 – 7 – 5096 – 8366 – 8
定　　　价：98. 00 元

前　言

　　大数据时代的到来，刺激了开放数据运动的发展。开放数据已成为大数据时代各国政府实施大数据战略的重要组成部分，尤其是随着大数据应用的愈加火热，政府开放数据更成为促进经济发展与科技进步的重要资源。随着各国开放数据运动的发展和我国各地方政府开放数据的实践，政府数据开放的数量激增，但质量问题参差不齐，仍存在数据资源缺乏有效整合、开放数据未被充分利用、社会公众参与度低等困境，政府开放数据正遭遇数据质量管理与利用的难题。本书紧紧围绕政府开放数据质量问题，从现状分析、理论构建、实证研究、制度保障四个方面深入研究了政府开放数据质量的评价、管理与保障，其目的在于保证公众对政府开放数据的增值利用，有效满足社会需求，从而产生更多增值创新服务，实现政府数据价值。

　　本书第一章为绪论部分，第二章为国内外相关研究综述。第三至第九章首先对政府开放数据质量现状及问题进行调研分析，以全面把握政府开放数据质量状况；其次，在分析政府开放数据质量影响因素的基础上，构建了质量测度模型和我国政府开放数据质量评价模型，实现了理论框架搭建；再次，分别对政府开放数据平台和不同视角下的政府开放数据质量评价进行实证研究，实现理论与实践相结合；最后，基于生命周期理论，构建了政府开放数据质量管理模型，以实现开放数据的全生命周期管理，并基于政策分析提出了我国政府开放数据的质量保障措施。

　　第三至第九章具体内容如下：

　　（1）政府开放数据质量现状及问题调研分析。这一部分（第三章）主要从政府数据开放平台、数据开放政策和开放利用过程三个方面对国内外现状进行调研与分析，选择英国、加拿大、法国、美国等典型国家和我国北京、上海、武汉、贵阳等典型地区，分析其政府数据开放进展及取得的优势，以及存在的数据质量问题与根源所在，通过对比分析、经验总结等为我国政府开放数据质量管理提供启示。

　　（2）政府开放数据质量影响因素分析及测度模型构建。首先，将政府开放数据处理流程分为数据收集、数据预处理、数据存储、数据处理与分析、数据可视化、数据应用六个环节，分析不同阶段对开放数据质量的影响及关键影响因素，构建政府开放数据质量影响模型；其次，基于处理流程将政府开放数据质量分为原始质量、过程质量和结果质量三个方面，分析其对应的质量测度指标，并通过专家访谈和问卷调查确定指标权重，从而形成政府开放数据质量测度模型；最后，在分析政府开放数据质量问题的基础上，以贵州省为例对政府开放数据质量问题进行实地调研和深度访谈，并采用 IPA 分析方法对开放数据质量问题的重要性和严重性进行综合对比分析，以识别关键性质量问题。

（3）我国政府开放数据质量评价模型构建。首先，以贵州省政府数据开放为例，采用深度访谈方法，并通过借助 Nvivo 11 编码软件开展扎根研究，获取政府开放数据质量影响因素，分别是表达质量、内容质量、效用质量、技术支持、服务质量、组织环境以及数据素养水平，据此构建了由内部驱动、外部驱动和保障因素三大要素组成的政府开放数据质量影响因素模型。其次，根据质量影响因素确定政府开放数据质量评价的指标体系，并采用网络分析法确定指标权重，构建政府开放数据质量评价模型。最后，选取三个代表性的地方政府数据开放平台开展实证研究，进行模型检验，并提出政府开放数据质量管理的建议与对策。

（4）政府数据开放平台评价体系构建及实证分析。基于政府数据开放实践及相关评估项目，在数据开放平台评价相关成果的基础上，通过专家调查法从关键数据集、平台性能和功能建设三个维度构建了我国政府数据开放平台评价指标体系，并采用层次分析法确定指标权重；选取我国政府数据开放平台发展较好的上海、北京和贵阳三个城市进行开放平台评价实证研究，实现了对比分析与量化评价。

（5）用户视角与政府视角下的政府开放数据质量评价。首先，通过对意大利 AgID 开放数据质量标准的案例分析和典型国家相关政策的数据质量要求，提出政府开放数据质量维度及度量标准，构建我国政府开放数据质量标准体系。其次，以信息质量理论为基础，基于用户视角提出政府开放数据质量的模糊评价模型，实现了数据质量的量化评价和等级划分。最后，基于政府视角，以河南省18 个省辖市 2016 年政府信息公开年度报告为对象，对地市级政府信息公开中的主动公开信息质量、依申请公开信息质量和公众满意度进行了分析与评价，以发现目前存在的主要质量问题，为我国政府开放数据质量管理提供建议与对策。

（6）基于生命周期的政府开放数据质量管理。以生命周期理论为基础，将政府开放数据生命周期划分为七个不同阶段，并以数据全生命周期过程为主线构建政府开放数据生命周期模型，形成数据质量管理的具体数据活动；在此基础上，以数据质量管理为核心，以全体质量管理要素为基础保障，基于生命周期模型对政府开放数据进行阶段性管理，协调各要素之间的关系，通过对政府开放数据全生命周期的质量管理模式进行运行分析，实现有效的数据质量管理。最后，对政府开放数据质量管理中的数据安全性与成本效益问题进行了着重分析，进一步保障政府开放数据质量管理在具体应用情境中的实用性和可操作性。

（7）我国政府开放数据质量保障措施。首先，基于政策文本内容，运用统计分析方法对贵州省政府信息公开的相关政策进行调研，分析政策中关于公开信息质量的管理与保障措施，并根据划分的质量维度找出政策的侧重点和不足之处，提出我国政府开放数据质量保障的针对性措施。其次，选取《2020 城市商业魅力排行榜》中的代表性城市作为研究样本，调查其政府数据开放平台公众反馈现状，对公众反馈问题进行分析，并以政府开放数据生命周期中的五个时期为基础，对应政府数据开放公众反馈的前、中、后三个阶段，构建了五时期三阶段的政府数据开放公众反馈机制，是我国政府开放数据质量保障的重要组成部分。

本书的创新之处主要有三点：一是从政府开放数据处理的各个环节分析对数据质量的影响，构建影响关系模型，并提出不同处理阶段的数据质量测度指标，形成测度模型，具有一定的创新性。二是在政府开放数据质量评价研究方面，将用户视角与政府视角相融合，使质量评价更具客观性，便于发现数据质量问题。三是将理论探索与实证研究相结合，既推动了信息质量理论发展，又发现了关键性质量问题，尤其在政府开放数据的质量问题分析和质量评价研究方面。

总之，本书的研究推动了信息质量理论在大数据时代的丰富与发展，也是对政府开放数据质量管理研究的发展与深化，极大地丰富了政府开放数据质量评价的理论框架和开放数据质量管理的理论基础，为进一步构建政府开放数据质量保障体系提供了理论支持。同时，政府开放数据质量问题研究为数据质量管理提供了依据与方向，数据质量测度模型为实施开放数据质量评价与管理提供了重要工具，政府开放数据质量评价研究是数据质量管理的重要组成部分，有利于进一步形成数据质量保障模式。

本书共分为九章，由莫祖英组织统筹、定稿。第一、二、五章由莫祖英、贺雅文、侯征撰写，第三、四章由丁怡雅、莫祖英撰写，第六、七章由王垲烁、莫祖英、肖敏撰写，第八、九章由盘大清、丁怡雅、莫祖英撰写。

本书是国家社科基金项目"社交媒体情境下网络虚假信息传播行为干预研究"（项目编号：21BTQ049）和 2019 年河南省高校青年骨干教师项目"基于生命周期的政府开放数据质量保障模式研究"（项目编号：2019GGJS174）的研究成果之一。

在对政府开放数据质量调查及评价的过程中，涉及到政府开放数据质量状况、问题分析、影响因素、评价模型、数据质量的生命周期管理、保障措施与机制等的研究，由于数据开放形式和内容的复杂多样性，以及研究方法的局限性，本书难免存在一定的遗漏和错讹，恳请专家和读者批评指正。

作　者

2021 年 9 月 2 日

目　录

第一章　绪论

大数据时代的到来，刺激了开放数据运动的发展。随着数据被广泛应用，社会各界越来越重视数据所发挥的作用。政府作为社会公共服务部门，是最大的公共数据资源拥有者，合理利用政府数据不仅能提高政府治理能力，而且可以创造更多的商业价值。

一、政府数据开放运动的兴起与发展

开放数据已成为大数据时代各国政府实施大数据战略的重要组成部分，尤其是随着大数据应用的愈加火热，政府的开放数据更成为促进经济发展与科技进步的重要资源。自美国政府于 2009 年颁布《开放政府指令》之后，英国、加拿大、瑞典等 40 多个国家相继建立了政府开放数据平台，在世界范围内掀起了政府开放数据的浪潮。2015 年 8 月，国务院印发了关于《促进大数据发展行动纲要》的通知，提出"数据已成为国家基础性战略资源，我国将逐步推进政府数据资源向社会开放，实现数据资源的有效整合与深化应用，提升政府治理能力"。政府开放数据已成为我国实施大数据战略、推动创新发展的重要任务。

自 2002 年开始，政府部门在规划、管理与组织方面的措施推动了政府信息公开项目的成功。2005 年以来，开放政府运动代表着技术、社会和政治发展到了一个新阶段。2009 年，美国政府颁布了《开放政府指令》，建立门户网站data. gov，这是第一个建立政府数据门户网站的国家。自此，开放政府数据成为各国整合信息资源、创新社会发展进而推动经济新增长的有力举措。2016 年 3 月，美国纽约大学 GovLab 实验室与 OmidyarNetwork 公司共同研究发表了报告《开放数据的影响》（*Open Data Impact*），并在网站 odimpact. org 上显示和公开，该报告主要是对一些国家的典型案例进行深入挖掘并对其进行研究、探讨与分析，这些国家主要有瑞典、加拿大、美国、巴西等，该报告研究的目的在于增强政府透明度、改善医疗和教育、提升政府的公共服务能力以及为用户提供切实可用的数据等。2020 年，新型冠状病毒肺炎疫情暴发后，从公民活动轨迹的追踪到健康码的使用均体现了数据在应对突发公共卫生事件中的重要作用。未来，数据更将成为治国、强国的重要战略资源。

政府数据作为国家重要的战略资产，开放和流通是必然趋势，我国也逐渐意识到开放数据的价值，加快制定开放政策推进政府数据开放工作。到 2020 年我国已有 142 个省级、副省级和地级政府上线了数据开放平台，与 2019 年相比，平台总数增长近四成①。政府数据开放平台已逐渐成为地方数字政府建设的标志，我国政府开放数据进程迈入新阶段。政府数据开放远远不是把数据公开那样简单，只有对数据充分利用才能真正发挥其价值。截至 2020 年，已有 50 多个地市建立了数据开放平台，开放数据主要集中在 15 个领域，包括健康卫生、民生服务、资源环境、社会保障、教育科技、公共安全、劳动就业、道路交通、经济发展、城市建设、文化休闲、机构团体、农业农村、企业服务、地图服务。

二、政府开放数据质量问题严重

随着各国开放数据运动的发展和我国各地方政府开放数据的实践，政府数据开放的数量激增，但质量问题参差不齐，仍存在数据资源缺乏有效整合、开放数据未被充分利用、社会公众参与度和积极性低等困境。政府开放数据正遭遇数据质量管理与利用难题。

从各国政府开放数据的实践来看，由于许多国家开放数据相关法规中均强调不保证政府开放数据的完整性、正确性、实时性等方面的质量，政府开放数据的质量问题突出。在美国政府数据开放中，由于数据是各政府部门上传的，并无统一规范，所以 data. gov 不保证开放数据的质量以及时效性。在英国政府数据开放中，不同部门和数据集之间，政府数据的可访问性、质量和描述方式差别很大，且有确切证据表明一些已发布的数据存在着准确性和质量上的问题；英国数据服务中心（UKDS）指出，政府发布的数据中有无数错误（可避免的）的例子，批评政府数据缺乏质量控制机制；数据顾问 Owen Boswarv 提供了一些重要证据，显示政府将小的、低价值的数据集不加区分地全部丢在 data. gov. uk 网站上，营造出一种错觉——已开放多达 9000 多个数据集，但有质量的数据集却占少数。加拿大政府开放数据在不同部门间存在数量上的严重不平衡，其数据质量和价值难以保证，开放数据还未能真正与商业利用相融合，未起到释放经济增长创新力、

---

① 复旦大学数字与移动治理实验室.中国地方政府数据开放报告（2020）[EB/OL].［2021-03-01］. http://ifopendata. fudan. edu. cn/report.

提升政府透明度的作用。在我国上海、北京、青岛等地以及国家统计局发布的"国家数据"等政府开放数据中，缺乏对数据的有效整合，开放数据不具针对性，在呈现上过于粗放，难以真正满足公众的需求。

通过对国内外政府数据开放实践的调查研究可以发现，开放数据质量问题是影响政府推行数据开放的重大障碍。《第四版全球数据开放晴雨表》显示，各国政府正在放缓和拖延其关于数据开放的承诺。调查显示，政府数据通常是不完整的、过时的、低质量的且碎片化的[①]。随意发布一些易于发布、低密度、碎片化、有问题的数据不会创造价值，政府应开放质量高、价值密度高、社会需求高的优质数据集。数据质量主要体现在数据的准确性、完整性、时效性、相关性、一致性、可靠性、适用性等方面，优质的开放数据能够帮助数据用户达成预期目标；反之，则可能带来损失和负面影响[②]。

目前许多国家已意识到这一问题。例如，美国政府提出在开放数据时需兼顾改善数据的质量、数据获取的难易程度、数据的实时性和数据的使用性；《开放数据宪章》规定的G8成员需要共同遵守的5项开放数据原则中，第二条即是注重数据的质量和数量；加拿大政府在"保证开放数据质量"方面，提出采用一致的元数据著录标准、建立数据字典、发布强制性的开放数据标准等措施。因此，我国在实施政府开放数据时需重视开放数据的质量问题，这需要综合运用多种策略和手段来建立政府开放数据的质量管理与保障机制。

三、政府开放数据及其质量

政府开放数据是由政府或政府所属机构产出的或委托产生的且大多属于公共领域的数据集，内容性质不涉及国家安全、隐私与保密数据。政府开放数据主要包括由自动化设备如传感器收集的数据和通过人工填报收集的数据，如公共注册信息、统计资料汇编与数据集、地图与地理空间数据、气象信息、科研数据库等基于公共目的产生的众多数据和信息。政府开放数据的质量主要指数据的一致性、准确性、完整性、时效性、机器可读性及其规范性，其数据质量管理的核心是保证公众对开放数据的增值利用，有效满足社会需求。

开放政府数据是政府主动向社会公众免费地、无须授权地、无差别地提供一手的、原始的、无专属所有权的、可被机器读取的，并具有多种格式以满足不同类型用户需求的数据，任何个人、企业和社会组织都可对这些数据进行开发利用

---

① open Data Barometer［EB/OL］.［2021-03-13］. http://opendatabarometer.org/barometer/.

② 郑磊. 开放的数林：政府数据开放的中国故事［M］. 上海：上海人民出版社，2018：168-169.

和共享，以实现增值。政府开放数据是在开放政府数据运动中由政府主动公开提供的政府数据，通常具有可机读性、格式多样性、原始性、免费性、平等获取等特征，以实现数据的创新开发、增值利用为目标。政府开放数据的质量直接影响其利用价值，是开放政府数据过程中需重点关注的特征。

因此，本书主要从政府开放数据质量现状及问题调研分析、政府开放数据质量影响因素分析及测度模型构建、我国政府开放数据质量评价模型构建研究、政府数据开放平台评价体系构建及实证研究、用户视角与政府视角下的政府开放数据质量评价研究、基于生命周期的政府开放数据质量管理研究和我国政府开放数据质量保障措施研究七个部分阐述政府开放数据质量评价与管理的具体内容，以期能善用政府所持有的数据，并通过公众的应用来产生更多增值创新的服务。总之，政府开放数据是大数据时代挖掘政府数据价值潜力、推动经济创新增长、提高国家竞争力和政府透明度的重要措施。为体现政府开放数据的价值，开放数据质量问题尤为重要，它是在政府开放数据过程中始终需要关注的问题。因此，从数据质量管理的角度来探讨政府开放数据及后续的数据开发与利用，具有重要的价值和研究意义。

第二章　国内外政府开放数据及其质量研究综述

实现政府开放数据质量的科学评价并对数据质量进行优化管理是本书的核心。围绕这一核心主题，本章将首先对国内外相关研究进行分析与综述。在国内相关研究中，主要从我国政府开放数据质量相关要素和政府数据开放实践两个方面对已有研究成果进行梳理与分析。在国外相关研究中，主要从政府数据开放研究和政府开放数据中数据质量研究两个方面对研究现状进行分析与述评。其次，通过国内外研究现状的对比分析，总结我国相关研究的优势和不足，以及国外研究中的可借鉴之处，推动我国政府开放数据质量管理及其有效利用。

一、国内研究现状分析

在开放政府数据的相关研究中，2010 年以前，我国学者多采用"政府信息公开""政府信息资源再利用"等概念来描述政府信息资源的开放与再度开发活动。2010 年以后，开始出现"开放政府数据""政府开放数据"等相关概念，研究内容涉及如何利用关联数据技术发布政府开放数据，实现数据的整合与重用，并以英、美等国家的政府数据开放实践为例，分析开放数据的特点、采集方式、管理策略、再利用方式等，总结其成功的经验及对我国的启示。本节将对国内关于政府开放数据质量相关要素和开放实践的已有研究进行总结分析，重点把握国内政府开放数据及其质量研究的趋势与现状，为开展政府开放数据质量研究提供理论基础。

（一）我国政府开放数据质量相关要素研究

2013 年，随着"G8 集团开放数据宪章"的签署，政府数据开放的相关研究显著增多，并呈现出逐年增长的趋势。研究内容主要集中在各国政府数据开放的现状与进展分析、开放政策与安全立法、平台建设及安全设计、制度建设、国家战略等方面。国内相关研究主要包括对我国政府数据开放进行的实践调研分析，对我国建设路径与发展策略、数据开放机制、门户平台建设、政府职能转变与治理等方面进行的探索研究，以及对政府开放数据的增值应用、语义描述、评价方法等进行的研究。本节将围绕政府开放数据质量的相关要素，分析其研究现状并进行述评，为政府开放数据质量的后续研究提供方向与指导。

洪京一[①]通过对 G8 开放数据宪章内容的分析，提出数据质量是国外政府开放数据的主要关注点之一，尤其是数据的一致性质量方面；并分析了宪章所设立的五大原则，其中第二原则"注重数据质量和数量"是要求及时、全面、准确地发布数据，简单、清晰地描述和充分地说明，并根据用户反馈对数据和发布进行修订。在界定政府开放数据的质量内涵方面，笔者认为可以从数据本身和开放程度两个方面来考察。从数据角度看，政府开放数据的质量包括数据的完整性、及时性、一致性、可靠性、全面性、连续性、安全性、标准化程度、准确性、有效性、可获得性等方面；从开放程度看，政府开放数据的质量包括数据的丰裕度、开放许可、开放平台易用性、可下载性等方面。由这一质量内涵可知，政府开放数据质量涉及的相关要素有开放平台、开放许可、开放技术、元数据标准、开放评估等方面。本小节将对这几个要素的相关研究进行综述，以准确把握目前政府开放数据质量相关要素研究的现状及存在的不足。

1. 政府数据开放平台

开放政府数据通常通过建立统一的开放平台来实现数据开放。通过文献研读发现，这一相关研究主要涉及开放平台的架构模型和关联数据开放两个方面，其研究的技术性较强，具有较大的实用价值。

（1）政府数据开放平台的架构模型。

在开放平台的架构研究方面，钱晓红、胡芒谷[②]提出了基于数据集开放的政府数据开放平台架构体系，包括源数据层、数据处理层、数据服务层、应用层和用户层，平台实行分布式架构，在每个节点上配置管理机构并具有高度权限；数据加载方式有 Web 交互界面、定制的电子表格输入文件、JSON（Java Script Object Notation）轻量级数据交换接口等，提供关键词检索、基于标签的维度检索及相关数据集间的关联浏览等，支持地理空间图形显示、数据的可视化处理等，具有性能优越、功能全面等特点。宋赢硕[③]在分析政府数据开放平台功能需求和安全需求的基础上，构建了包括访问控制模块、API 调用模块、API 服务模块、用

① 洪京一. 从 G8 开放数据宪章看国外开放政府数据的新进展［J］. 世界电信, 2014（1）：55－60.

② 钱晓红, 胡芒谷. 政府开放数据平台的构建及技术特征［J］. 图书情报知识, 2014（3）：124－129.

③ 宋赢硕. 基于分级访问控制的政府数据开放平台及安全设计［D］. 上海：上海交通大学, 2013.

户授权模块、应用管理模块五大模块的开放平台架构模型，并详细分析了开放平台安全方案的主要安全机制包括基于 REST 架构风格的政府 OpenAPI 安全设计、采用分级访问控制以实现应用对 API 的安全访问、基于 OAuth 标准协议的安全授权机制包括对第三方应用进行内容审核及安全测试、提供安全接入和安全监管等的应用管理功能。最后通过相关测试工作对部分安全机制和功能进行了结果验证。李盼等①构建了基于 Drupal 的政府开放数据平台，引进 W3C 的通用元数据标准 DCAT，说明平台建立元数据模式的映射过程，并介绍如何为关联数据集提供 Sparql 端点，最后以浙江省开放数据网站为例证明了该平台的可用性。岳丽欣、刘文云②在分析我国浙江、北京、上海、武汉、香港和台湾等地方政府数据开放平台现状的基础上，进行整体评价并发现不足，探索构建了我国政府数据开放平台框架，包括数据管理、数据服务和平台互动交流三大部分。陈涛、李明阳③以武汉市政府数据开放平台建设为例，提出了其平台建设内容应包括搭建武汉市政务外网数据云平台、建设政府数据公开网、创建基于政务外网的政务电子地图、建立政府公开数据服务的标准化体系、创新政府公开数据开放利用的模式等，在建设过程中面临着确定合理的数据开放范围、保证数据质量、不同部分的协调、吸引用户和提高使用率等方面的挑战。

这些研究从不同角度提出了政府数据开放平台的架构体系，从不同模块、分层、功能、安全机制、应用管理、元数据标准等方面设计架构模型，为我国建立政府数据开放平台提供了理论框架与技术支持。

（2）关联数据开放。

在关联数据开放研究方面，赵龙文等④基于关联数据思想，分析了关联开放政府数据面临的技术问题与实现模式，提出了一种三级递进式政府数据开放模式，并对数据描述与发布、数据管理与服务、数据集互操作和社会化参与等关键性问题进行了探讨，为实现关联开放政府数据提供指导与参考。陈明艳⑤在构建政府开放数据的相关性四维模型的基础上，提出了基于关联数据的解决方案，通过关联数据化实现语义描述、关联发现实现实体同一性来具体测度数据之间的相

① 李盼等 . 基于 Drupal 的政府开放数据平台构建 ［J］. 现代情报，2016（8）：37 - 43.

② 岳丽欣，刘文云 . 我国政府数据开放平台建设现状及平台框架构建研究 ［J］. 图书馆，2017（2）：81 - 85，107.

③ 陈涛，李明阳 . 数据开放平台建设策略研究——以武汉市政府数据开放平台建设为例 ［J］. 电子政务，2015（7）：46 - 52.

④ 赵龙文等 . 基于关联数据的政府数据开放实现方法研究 ［J］. 情报资料工作，2016（6）：55 - 62.

⑤ 陈明艳 . 政府开放数据的语义描述与实体同一性研究 ［D］. 广州：华南理工大学硕士学位论文，2015.

关性问题，即从描述层、关联层和应用层构建了政府开放数据语义描述框架，并从数据集维度构建了包括"数据集内部结构识别—构建索引文件—共指实体识别"的实体同一性识别流程，成功识别出数据集中的共指实体。钱国富[①]提出基于关联数据发布政府开放数据时，其核心在于标识和发展一套本体模型和实践指南，通过将各类术语体系进行整合开发，规范成一个政府数据本体，建立基于多本体的核心政府元数据集，实现政府开放关联数据的 SPARQL 查询和分面组配查询。赵龙文、罗力舒[②]提出基于关联数据和"先发布，后关联"的两步式政府数据开放模式，并以上海市政府开放数据为例，阐述了这一模式中数据描述与发布、关联与组织、服务与使用三个主要过程及其关键问题的具体实现方法，为建立大范围的关联数据提供了参考与示范。张春景等[③]重点分析了关联数据开放应用协议，主要包括开放数据公用（ODC）协议、开放政府许可协议（OGL）和知识共享（CC）协议，对它们的具体内容、适用性等进行了对比分析，并对其在国内的应用提出建议。张光渝等[④]研究了在集成开放式 XML 数据时，通过度量测量和质量分析评价两个步骤，并结合 XML 数据质量的计算公式，得出 XML 文档的质量指数，以实现数据质量保障。

这些研究主要探讨了如何基于关联数据实现政府数据开放的语义描述和关联发现，提高政府开放数据的查询功能；通过对关联数据开放主要过程及关键问题的分析，为实现关联开放政府数据提供指导与参考。这一研究对提高政府开放数据的易获取性和平台的易用性具有重要意义。

总之，政府数据开放平台这一研究具有较强的针对性和实用性，研究内容深入政府数据开放的具体细节问题，提出了一系列技术解决方案，为提高政府开放数据质量提供支持与保障，具有较强的应用性和技术性。

2. 政府数据开放许可与元数据标准

政府数据开放中涉及的开放许可规定直接影响政府数据开放的程度。开放许可方式会影响政府开放数据能否被再利用，以及数据可利用的方式和范围，它关系到开放数据的丰裕度及其数据价值和有效性。而元数据标准主要用于对开放数据的描述，其标准的一致性、完备性等会影响政府开放数据的组织、检索与获取。

（1）政府数据开放许可。

在政府数据开放许可研究方面，主要通过分析国外政府数据开放许可的适用

① 钱国富. 基于关联数据的政府数据发布［J］. 图书情报工作，2012（3）：123－127.
② 赵龙文，罗力舒. 基于关联数据的政府数据开放：模式、方法与实现——以上海市政府开放数据为例［J］. 图书情报工作，2017（19）：102－112.
③ 张春景等. 关联数据开放应用协议［J］. 中国图书馆学报，2012（1）：43－48.
④ 张光渝等. 开放式 XML 数据的质量分析方法［J］. 计算机应用研究，2013（7）：2082－2086.

情况、许可协议类型、范围、条件、兼容性等，提出建立我国政府数据开放许可的策略与机制。例如，迪莉娅[1]分析了美国、英国和澳大利亚的政府数据开放许可适用情况，并提出了建立我国政府数据开放许可的策略，如纳入知识共享许可、划分政府数据版权归属、出台相关知识共享许可政策等。黄如花、李楠[2]调查分析了国外政府数据开放许可协议的应用情况，包括许可协议类型、许可协议的适用范围和许可条件、不同类型许可协议的兼容性，并对我国政府数据开放采用许可机制提出了建议与思考。韩宏军[3]分析了国外政府数据开放许可使用的三种主要模式——知识共享许可、开放数据库许可和自行定制的许可，并通过对比分析提出我国应采用 CCO（公共领域许可协议）政府数据开放许可的使用方式，建立相应的规范与机制。

开放许可是政府数据开放中的重要元素。建立完善的开放数据许可机制，有利于推动政府开放数据的充分利用，实现数据价值。但这一研究成果较少，是政府数据开放相关研究中存在的不足，有待加强。

（2）政府开放数据元数据标准。

在元数据标准研究方面，多是介绍国外政府数据开放采用的元数据标准，对其核心元素、规则、结构、映射等进行分析，并对我国建立元数据标准提出建议或设计元数据方案，推动了我国政府数据开放元数据标准的建立与形成。例如，黄如花、李楠[4]以澳大利亚开放政府数据平台为例，调查分析了其采用的三种元数据标准及其元素，并从数据格式、语法结构、元素映射等方面对元数据标准进行了对比分析，最后对我国建立政府数据开放共享的元数据标准提出建议与启示。翟军项目组对比分析了国内外政府开放数据元数据方案[5]，分析了我国地方政府开放数据目前使用的元数据及其存在的不足，并设计了基于 DCAT 的描述数据集和数据资源的核心元数据方案[6]；于梦月等[7]在介绍美国元数据标准基础上分析了其在目录聚合上的应用，并形成了基于"元数据采集"的目录聚合方式；陈红玉等在介绍开放政府数据的溯源发展状况和溯源元数据基础上，将溯源元数

①　迪莉娅. 政府数据开放许可适用研究［J］. 图书馆，2014（6）：91－93，96.

②　黄如花，李楠. 国外政府数据开放许可协议采用情况的调查与分析［J］. 图书情报工作，2016（13）：5－12.

③　韩宏军. 政府数据开放许可使用模式研究［J］. 图书情报导刊，2017（9）：69－72.

④　黄如花，李楠. 澳大利亚开放政府数据的元数据标准——对 Data. gov. au 的调研与启示［J］. 图书馆杂志，2017（5）：87－97.

⑤　翟军等. 世界主要政府开放数据元数据方案比较与启示［J］. 图书与情报，2017（4）：113－121.

⑥　于梦月、翟军、林岩. 我国地方政府开放数据的核心元数据研究［J］. 情报杂志，2016（12）：98－104.

⑦　于梦月、翟军、林岩、袁长峰. 美国政府开放数据的元数据标准及其启示：目录聚合的视角［J］. 情报杂志，2017（12）：145－151.

据标准规范和溯源本体应用到我国政府开放数据的门户网站，提高溯源记录的规范化和互操作性①。于梦月②设计了基于国际化互操作和本土化中文信息的元数据本体，包括元数据模型、核心元数据方案、实例等，并开发了一个适用于多种开放数据门户的通用元数据质量评估框架，实现对元数据和数据集的质量评估。杨斯楠③对比分析了中、美两国政府数据开放元数据方案，提出我国元数据方案中存在的不足及国际元数据方案中的可借鉴之处。赵蓉英等④、司莉和赵洁⑤分别对英国、美国政府数据开放元数据标准进行分析，总结其特点并提出对我国的启示。这一研究较为成熟，尤其是国际上正式发布的元数据标准体系，可以借鉴和使用。

3. 政府数据开放评估及实证研究

政府数据开放评估研究有利于准确把握世界各国政府数据开放的现状，发现其中存在的不足，尤其是数据质量问题，可为改进与提升政府开放数据质量提供依据。通过相关文献调研发现，目前对各国政府数据开放的评估研究，主要集中在评估模型构建及实证研究、国际组织开放政府数据评估项目的调查与对比、影响因素分析三个方面。

（1）政府数据开放评估模型构建及实证研究。

在政府数据开放评估模型及实证研究方面，马一鸣⑥从数据源质量、数据规模质量、数据结构质量、数据时效质量和数据价值密度质量五个方面构建了政府大数据质量评价指标体系，通过用户调研对指标进行筛选并计算权重，构建了政府大数据质量评价模型，并依此得出了用户对政府大数据质量的满意度得分，最后提出了改进数据质量的措施。郑磊、高丰⑦构建了一个专注于数据层面的开放数据评估框架，包括数量、种类、格式、获取方式、及时性、开放授权、元数据提供、浏览量、下载量等指标，采集了我国 13 个地方政府数据开放平台中的开放数据，从技术和法律特性两个方面进行对比分析，总结我国政府开放数据的特征与不足。陈水湘⑧基于数据利用者和提供者的视角，构建了政府数据开放平台

① 陈红玉等. 开放政府数据的溯源元数据研究及应用［J］. 情报杂志，2017（6）：148 - 155.

② 于梦月. 基于本体的开放政府数据的元数据方案及其应用研究［D］. 大连：大连海事大学硕士学位论文，2018.

③ 杨斯楠. 中美开放政府数据平台元数据方案比较分析［J］. 知识管理论坛，2018（1）：30 - 40.

④ 赵蓉英等. 英国政府数据开放共享的元数据标准——对 Data. gov. uk 的调研与启示［J］. 图书情报工作，2016（10）：31 - 39.

⑤ 司莉，赵洁. 美国开放政府数据元数据标准及启示［J］. 图书情报工作，2018（2）：86 - 93.

⑥ 马一鸣. 政府大数据质量评价体系构建研究［D］. 吉林：吉林大学硕士学位论文，2016.

⑦ 郑磊，高丰. 中国开放政府数据平台研究：框架、现状与建议［J］. 电子政务，2015（7）：8 - 16.

⑧ 陈水湘. 基于用户利用的政府数据开放平台价值评价研究——以 19 家地方政府数据开放平台为例［J］. 情报科学，2017（10）：94 - 98，102.

价值评价的三层结构模型，提出了价值评价指标的计算公式，并以19家政府数据开放平台为例，对其平台价值进行了量化评价，最后提出建议与启示。王今、马海群①从政府准备、公众期望、感知质量、数据易用和公众信任五个方面构建了政府开放数据质量的用户满意度评价指标体系，其中感知质量包括数据准确性、全面性、一致性和及时性，数据易用方面包括数据适用性、方法健全性、可获取性和分类科学性；在此基础上，通过问卷调查，计算了各指标权重，并通过用户评价得出目前政府开放数据质量的用户总体满意度为良。郑磊、高丰②从数据层、平台层、基础层三个方面构建了中国政府开放数据的整体评估框架，并对中国多个地方的开放政府数据实践情况进行了对比分析，为中国开放政府数据的发展提出了政策建议。马海群、唐守利③提出了包含网站可达性、数据易用性、网页可用性、服务舒适性、用户满意和用户信任六个维度的政府开放数据网站服务质量的测量模型，从而构建结构方程模型，并基于问卷调查数据对模型进行检验与验证，实现对政府开放数据网站服务的质量评价。邹纯龙、马海群④构建了政府开放数据网站评价指标体系，并以美国20个代表性政府数据开放网站为例进行评价，利用神经网络的BP算法确定总体评价结果，验证了该评价体系的可行性。武琳、伍诗瑜⑤从政府投入、服务功能、服务效果三个方面构建了包含19个指标的城市开放政府数据平台服务绩效评估体系，采用层次分析法和模糊综合评价法对广东省8个城市的开放政府数据平台的服务绩效进行评估，并与北京、上海进行比较，对这10个城市进行了梯队划分，实现对城市开放政府数据平台服务的绩效评估。徐慧娜、郑磊⑥以纽约市和上海市的开放政府数据平台为例，通过13个观测指标，比较了两大城市政府开放数据平台的有用性、易用性和用户数据利用效果，为中国政府开放数据建设提出建议。

这些研究基本都采用了"评估模型—实证研究—分析与建议"的模式，从数据、平台、价值、满意度、服务等不同角度构建了政府数据开放的评估模型与框架，并通过问卷调查、数据采集等实证研究，实现政府数据开放的量化评价，对比分析了不同国家与地区政府数据开放的优劣、不足与建议。

① 王今，马海群．政府开放数据质量的用户满意度评价研究［J］．现代情报，2016（9）：4－9.

② 郑磊，高丰．中国开放政府数据平台研究：框架、现状与建议［J］．电子政务，2015（7）：8－16.

③ 马海群，唐守利．基于结构方程的政府开放数据网站服务质量评价研究［J］．现代情报，2016（9）：10－15，33.

④ 邹纯龙，马海群．基于神经网络的政府开放数据网站评价研究——以美国20个政府开放数据网站为例［J］．现代情报，2016（9）：16－21.

⑤ 武琳，伍诗瑜．城市开放政府数据平台服务绩效评估体系构建及应用［J］．图书馆论坛，2018（2）：59－65.

⑥ 徐慧娜，郑磊．面向用户利用的开放政府数据平台：纽约与上海比较研究［J］．电子政务，2015（7）：37－45.

（2）评估项目调查与影响因素分析。

在国际组织开放政府数据评估项目的调查分析方面，郑磊、关文雯①梳理了国内外 11 个具有代表性的开放政府数据评估项目，分析其评估框架、指标和方法，构建了全面系统的评估框架。研究结果显示，目前的开放政府数据评估项目主要围绕"数据"和"基础"两个方面，而在"平台""使用""效果"等方面关注较少。评估方法则以定性与定量相结合为主。夏义堃②针对当前国际组织开放政府数据评估项目的实施，从评估方法、评估对象、指标体系、评估效果等角度总结归纳了各类评估项目的共性规律和差异化特色，为我国制定科学、有效的开放政府数据评估体系提供指导。杨孟辉和刘华③、姜鑫和马海群④均以全球首个全面评价开放政府数据的项目"Open Data Barometer"为例，分析了其评价指标、方法、框架、对象等，并为我国政府数据开放提供针对性建议。韦忻伶等⑤梳理了目前已有的开放政府数据评估体系，归纳出其中的评估动因、评估内容和评估方法及其特点和适用性，并构建了开放政府数据评估的循环迭代检验机制。这些研究从评估对象、指标、方法、框架、效果等方面对比分析了已有评估项目及其实施，总结其特点与适用性，为构建我国政府数据开放评估体系提供建议与指导。

在政府数据开放的影响因素分析方面，主要通过建立影响因素模型分析影响因素之间的关系及其对政府数据开放的影响程度，并采用实证研究方法找出主要影响因素，从而提出建议与启示。例如，高天鹏等⑥分析了我国政府数据开放的11 个影响因素，并利用解释结构模型分析这些影响因素之间的层次关系。研究结果显示，第一层影响因素是政府管理体制建设和数据管理体制建设，第二层是政府思想观念，第三层是监督体制建设和社会参与的广泛度，第四层是战略规划与政策法规、公众信息素养、数据信息安全等，从而找到促进我国政府数据开放的关键点。王法硕、王翔⑦采用深度访谈、扎根理论等方法分析了政府数据开放

① 郑磊，关文雯. 开放政府数据评估框架、指标与方法研究 [J]. 图书情报工作，2016（18）：43 - 55.

② 夏义堃. 国际组织开放政府数据评估方法的比较与分析 [J]. 图书情报工作，2015（10）：75 - 83.

③ 杨孟辉，刘华. 开放政府数据评价方法研究 [J]. 情报资料工作，2015（6）：40 - 45.

④ 姜鑫，马海群. 开放政府数据评估方法与实践研究——基于《全球开放数据晴雨表报告》的解读 [J]. 现代情报，2016（9）：22 - 26.

⑤ 韦忻伶等. 开放政府数据评估体系述评：特点分析 [J]. 图书情报工作，2017（9）：119 - 127.

⑥ 高天鹏等. 基于解释结构模型的我国政府数据开放影响因素分析 [J]. 电子科技大学学报（社会科学版），2016（3）：47 - 53.

⑦ 王法硕，王翔. 我国政府数据开放利用的影响因素与实现路径——一项基于扎根理论的质性研究 [J]. 情报杂志，2016（7）：151 - 157.

利用的影响因素与实现路径，构建了"情境—动因—条件—行动"模型，阐释了政府数据开放利用的内外情境因素、动力因素、中介条件和行动策略，并提出了政策启示。谭军[①]分析了开放政府数据的阻碍因素，包括技术、组织、环境三个维度，并采用层次分析法构建了包含 13 个指标的三层分析模型，进一步实证研究发现，组织因素对政府开放数据影响最显著，其次是环境因素，技术因素影响最小。陈婧[②]将政府开放数据流程分为数据创建、发布、获取、处理和反馈 5 个环节，并分析了各环节中存在的主要障碍，包括数据价值低、格式不统一、政府部门的不确定性等；在此基础上，根据各环节中涉及的利益相关主体建立了包括资源协同、管理协同、利益协同和技术协同的协同机制。总之，这些研究思路基本相同，他们从不同角度分析了不同因素对政府数据开放的影响作用。

综上所述，我国政府开放数据质量相关要素研究中，关于开放平台、元数据标准、开放评估等研究成果较多，较为成熟，这些研究为提高与保障政府开放数据质量提供了技术与理论支持，提供了许多值得借鉴的国际标准与体系。综合以上相关研究，仍存在一些不足之处，具体如下：

1）理论研究多于实证研究，理论先行于实践。以上研究的理论性、技术性较强，对国外相关内容的调查分析较多，但缺乏对国内政府数据开放实践及相关要素的深入研究，原因在于国内开放政府数据实践远远落后于理论研究，如开放平台、元数据标准等相关研究很多，但在实践上至今尚未建立统一的政府数据开放平台和元数据标准。

2）政府数据开放许可相关研究较为欠缺。这一研究多是对其他国家开放许可的介绍与引入，缺乏针对国内具体情况的调研与政策研究。我国在推进开放政府数据过程中，要开放哪些数据、如何开放、适用性如何等，需要建立明确的开放许可机制或政策，且不同地区、不同类型的政府数据开放许可策略可能不同。这需要进一步深入研究。

3）在政府数据开放评估研究中，针对数据质量的评估研究不多，且已有研究主要集中在评估指标、评估方法及其实证研究上，而对于如何提高政府开放数据、保障数据质量的研究较少。

（二）政府数据开放实践研究进展

伴随着"G8 集团开放数据宪章"的签署，政府数据开放的相关研究显著增多，并呈现出逐年增长的趋势。其中，关于世界各国政府数据开放实践的调查研

① 谭军. 基于 TOE 理论架构的开放政府数据阻碍因素分析［J］. 情报杂志，2016（8）：175－178，150.

② 陈婧. 协同机制对政府开放数据的影响分析［J］. 情报资料工作，2017（2）：43－47.

究与分析启示是文献最多、研究最集中的一个方面。故本小节将以我国政府数据开放相关文献为对象，对国内外政府数据开放实践研究进行综述，分析其研究进展及涉及的宏观要素，以全面把握目前国内对政府数据开放实践研究的总体状况与进展。

通过检索 CNKI、万方、维普等中文数据库，进行内容筛选并去除报道类文献，获得本学科政府数据开放相关研究文献 183 篇（不包括行政管理、公共管理、法学等领域的文献）。通过对这 183 篇文献的研读与分析发现，国内关于政府数据开放实践的研究主要集中在国外政府数据开放实施进展及经验总结，我国政府数据开放现状调研与发展策略，政府数据开放中的政策法规、保障机制与发展战略等宏观要素分析三个方面。

1. 国外政府数据开放实施进展及经验总结

这一研究主要集中在全球政府数据开放实施状况及进展分析、国内外政府数据开放对比分析及经验总结等方面，以实证分析为主，探索了世界各地政府数据开放的成功经验及模式。

（1）全球政府数据开放实施状况及进展。

在全球政府数据开放实施状况及进展方面，不同学者从不同角度分析了全球政府数据开放实施状况，并提出了推动我国政府数据开放的建议与对策。杨东谋等[1]通过观察不同国家或地区政府开放数据网站的运作实践，论述了现阶段国际政府机构的开放数据进展，并通过相关法令规范、分享方法、数据维度、推广方式、分享机制和实践经验等，对国际政府数据开放进行了介绍与探讨。罗博[2]概述了美国、英国、澳大利亚、新西兰等国及重要国际组织的开放政府数据计划，比较其开放政府数据平台的异同，并从关注数据需求、丰富数据形式、拓展数据应用、鼓励社会参与、融入社交媒体五个方面论述了对我国实施开放政府数据计划的借鉴意义。张涵、王忠[3]通过对典型国家开放数据的举措进行比较，总结其先进经验，指出我国应建立保障开放数据的政策法规体系，引导开放数据应用为社会民生服务，鼓励数据开放的大众创业，搭建政府数据共享统一门户。陆健英等[4]论述了美国政府数据开放的发展历程，特别是政府通过网站开放数据的实践，重点分析了美国政府数据开放的最新进展——data. gov 网站的特点与不足，并分析了美国政府数据开放对中国的启示意义。侯人华、徐少同[5]以

① 杨东谋等. 国际政府数据开放实施现况初探 [J]. 电子政务，2013（6）：16 – 25.
② 罗博. 国外开放政府数据计划：进展与启示 [J]. 情报理论与实践，2014（12）：138 – 144.
③ 张涵，王忠. 国外政府开放数据的比较研究 [J]. 情报杂志，2015（8）：142 – 146, 151.
④ 陆健英. 美国的政府数据开放：历史、进展与启示 [J]. 电子政务，2013（6）：26 – 32.
⑤ 侯人华，徐少同. 美国政府开放数据的管理和利用分析——以 www. data. gov 为例 [J]. 图书情报工作，2011（4）：119 – 122, 142.

data. gov 为例,从数据管理的视角分别对开放数据的特点、数据采集方式、数据管理策略、数据利用方式以及优势五个方面进行了案例分析,揭示了美国数据网站在信息公开过程中对数据资源的管理与利用方式、方法和水平。张晓娟等[①]调研了全球开放数据指数、开放数据晴雨表等国际开放数据评估的指标体系,对全球政府数据开放发展的总体状况进行分析,并总结其特征及政府数据开放的两种模式——社会需求驱动模式和政府主导模式,最后提出我国政府数据开放应选择的开放模式。

这些研究多是以政府数据开放平台为调研对象,分析不同国家政府数据开放的总体状况与进展,总结经验并提出建议与发展模式,具有一定的借鉴意义。

(2)国外政府数据开放实践分析及经验总结。

在国外政府数据开放实践分析及经验总结方面,吴旻[②]提出英、美政府在开放数据的应用实践中走在世界的前列,其与 W3C 相关协议保持数据相同、数据保持完整性与统一性、建立政府信息开放门户网站平台等做法均值得我国政府开放数据借鉴。周文泓[③]提出加拿大联邦政府的开放数据无论是在资源准备、计划部署、行动执行还是影响力上都处于世界领先水平,分析总结了加拿大政府开放数据的经验为中国提供了在顶层设计、多主体协作、技术保障等方面的启示。周文泓[④]提出澳大利亚政府开放数据实践主要由战略性政策、工具性指南、应用性策略和平台性数据门户四类构件组成,并分析了其政府开放数据的优势与不足,提出对我国政府开放数据的启示。季统凯等[⑤]在对比分析政府数据与公共领域数据、数据开放与信息开放、政府数据开放与政府信息公开等基本概念的基础上,进一步探讨了国内外政府数据开放的特点,提出我国政府数据开放"先放开,后收敛"的创新之路。这些研究分析了各国政府数据开放实践及主要构件,提炼出可被我国借鉴之处,如顶层设计、统一的开放平台、数据创新应用等。

总之,这一研究侧重于对典型国家政府数据开放实践运动的调研与分析,有助于全面把握政府数据开放在全球范围内的进展状况,通过总结其他国家的成功经验,为我国政府数据开放提供建议与启示。

① 张晓娟等.基于国际评估体系的政府数据开放指标特征与模式分析 [J].图书与情报,2017 (2):28-40.

② 吴旻.开放数据在英、美政府中的应用及启示 [J].图书与情报,2012 (1):127-130.

③ 周文泓.加拿大联邦政府开放数据分析及其对我国的启示 [J].图书情报知识,2015 (2):106-114.

④ 周文泓.澳大利亚政府开放数据的构件分析及启示 [J].图书馆学研究,2018 (1):53-59.

⑤ 季统凯等.政府数据开放:概念辨析、价值与现状分析 [J].北京工业大学学报,2017 (3):327-334.

2. 我国政府数据开放现状调研与发展策略

这一研究主要是对国内地方政府数据开放实践活动进行调研，了解我国政府数据开放现状，针对存在的问题，借鉴国外成功经验提出发展策略。顾铁军等[①]以国外政府数据开放背景为切入点，基于 49 家上海市主要政府部门门户网站和上海政府数据服务网的调研数据，考察了上海市政府信息公开与数据开放的实践情况、存在的问题，提出了建立可持续的开放政府数据生态系统的发展建议。孙艳艳、吕志坚[②]以中国开放政府数据为研究对象，分析了中国开放政府数据取得的成果和存在的问题，从顶层设计、政府责任主体、信息化建设、民间参与、意识形态五个方面对中国开放政府数据的发展策略进行了探讨，提出应从政策、技术、意识三个层面全面推进开放政府数据在中国的发展。周军杰[③]通过对美国政府数据开放实践的回顾、特点的分析及 data. gov 门户网站功能的解析，并结合北京、上海两地政府数据开放平台建设的现状及存在的问题，从管理和数据两个层面为中国的政府数据开放提出了相关建议。晴青、赵荣[④]对北京市在各政府部门官网、政府主导建设的开放数据库和政府数据开放门户网站三类网站中公开的政府数据从数据/元数据数量、分类、增值利用能力等方面进行调研与梳理，分析了政府数据开放现状中存在的优势与不足，并提出从技术层面和管理层面进行改进与完善。夏义堃[⑤]从国际比较的视角对比分析了当前我国政府数据开放水平、法律制度、开放战略与组织体系、开放技术应用与基础设施四个方面，以探寻目前政府数据开放存在的问题与不足，并提出了对策与建议。吴钢、曾丽莹[⑥]通过对美、英、澳、加四国与我国北京、上海的政府开放数据平台进行调研，对比分析了其资源现状、组织和检索、服务方式，探讨了国内外开放政府数据平台的现状，并提出了平台建设的对策与建议。杨瑞仙等[⑦]、岳丽欣和刘文云[⑧]对国内外政府数据开放现状进行了比较研究，并提出我国存在的不足及发展对策。周文泓[⑨]采用文本分析与案例研究方法，分析了我国省级政府开放数据的政策、平台与应用现状，发现存在体系化政策缺失、开放程度有限、互动参与不足等问题，

① 顾铁军等. 上海市政府从信息公开走向数据开放的可持续发展探究——基于 49 家政府部门网站和上海政府数据服务网的实践调研 [J]. 电子政务, 2015 (9): 14 – 21.

② 孙艳艳, 吕志坚. 中国开放政府数据发展策略浅析 [J]. 电子政务, 2015 (5): 18 – 24.

③ 周军杰. 需求导向的中国政府数据开放研究 [J]. 电子政务, 2014 (12): 61 – 67.

④ 晴青, 赵荣. 北京市政府数据开放现状研究 [J]. 情报杂志, 2016 (4): 177 – 182.

⑤ 夏义堃. 国际比较视野下我国开放政府数据的现状、问题与对策 [J]. 图书情报工作, 2016 (7): 34 – 40.

⑥ 吴钢, 曾丽莹. 国内外政府开放数据平台建设比较研究 [J]. 情报资料工作, 2016 (6): 75 – 79.

⑦ 杨瑞仙等. 国内外政府数据开放现状比较研究 [J]. 情报杂志, 2016 (5): 167 – 172.

⑧ 岳丽欣, 刘文云. 国内外政府数据开放现状比较研究 [J]. 图书情报工作, 2016 (6): 60 – 67.

⑨ 周文泓. 我国省级政府开放数据的进展、问题与对策 [J]. 图书情报知识, 2017 (1): 11 – 18.

并提出相应的对策。黄如花、王春迎①从数据资源建设、数据组织与检索、数据服务三个方面调查了我国 13 个地方政府数据开放平台现状，总结存在的问题并提出建议。陈丽冰②分析了我国政府数据开放过程中遇到的障碍及其原因所在，并提出相应的对策。

总之，这一研究立足于国内政府数据开放实践现状，通过实际调研与分析，或国内外对比分析，了解我国开放数据、平台建设、顶层设计等现状，找出政府数据开放中存在的问题与不足，提出针对性的建议与措施。

3. 政府数据开放实践中的宏观要素分析

通过文献研读发现，政府数据开放实践中涉及的宏观要素主要有相关的政策法规、保障机制、发展战略、质量管理等方面。这一研究主要集中在美、英等国政府数据开放的政策法规分析、政府数据开放保障机制的构建研究以及发达国家与发展中国家政府数据开放的战略分析等方面，主要针对某一国家或地区的某一要素进行深入分析，具有较高的研究价值。

（1）政府数据开放的政策法规。

在政府数据开放的政策法规研究方面，王岳③详细介绍了美国政府数据开放政策层面上里程碑式的几项法律政策与法规，并从实践层面深入分析了美国政府开放网站 data. gov 和政府数据开放的成功案例，提炼了我国政府在数据开放过程中可以借鉴的政策法律经验。钟源④分析了美国地方政府数据开放政策的形式、政策说明、执行方案、开放服务、权责声明等内容，并提出思考与启示。赵润娣⑤指出许多国家政府和国际组织出台了开放政府数据政策法律，开放政府数据政策法律制度体系包含开放政府数据的主体、范围、方式、监督与问责等内容。黄如花项目组通过调研，介绍与分析了美国⑥、英国⑦、法国⑧、丹麦⑨、澳大利

①　黄如花，王春迎. 我国政府数据开放平台现状调查与分析［J］. 情报理论与实践，2016（7）：50－55.

②　陈丽冰. 我国政府数据开放的推进障碍与对策［J］. 情报理论与实践，2017（4）：16－19，31.

③　王岳. 美国政府数据开放政策研究［D］. 沈阳：辽宁大学硕士学位论文，2015.

④　钟源. 美国地方政府数据开放政策研究［J］. 国家图书馆学刊，2016（2）：32－41.

⑤　赵润娣. 政府信息公开领域新发展：开放政府数据［J］. 情报理论与实践，2015（10）：116－121.

⑥　蔡婧璇，黄如花. 美国政府数据开放的政策法规保障及对我国的启示［J］. 图书与情报，2017（1）：10－17.

⑦　黄如花，刘龙. 英国政府数据开放的政策法规保障及对我国的启示［J］. 图书与情报，2017（1）：1－9.

⑧　黄如花，林焱. 法国政府数据开放共享的政策法规保障及对我国的启示［J］. 图书馆，2017（3）：1－6.

⑨　黄雨婷，黄如花. 丹麦政府数据开放的政策法规保障及对我国的启示［J］. 图书与情报，2017（1）：27－36.

亚①、加拿大②、巴西③、新西兰④等国政府数据开放的政策及相关法律法规，总结其特点及其对我国政府数据开放的启示，系统分析了典型国家的相关政策法律保障，为我国制定政府数据开放政策、法律法规提供了建议与启示。朱琳、张鑫⑤分析了美国政府数据开放政策的缘起与过程，以及政策实施的组织体系架构，分析了美国政府数据开放的实践及战略上的开放与合作，最后提出对我国政府数据开放的启发。赵润娣⑥在分析开放政府数据政策本质的基础上，构建了包含政策目标、机构设置、数据管理、政策实施计划、评估策略五个部分的开放政府数据政策内容框架，并以美、英、澳中央政府相关政策为例对政策内容进行分析，从而展示了这一框架在政策评估方面的可行性。沈亚平、许博雅⑦提出中国应当从制度框架方面改革政府数据管理体制，为搭建统一的政府数据开放平台奠定基础；在运行载体方面，需建立统一的政府数据开放平台，缩小公众与政府间的信息鸿沟。黄如花、苗淼⑧采用内容分析法对比分析了北京和上海两地政府数据开放政策的异同，主要从政策类型、政策发布时间、政策发布形式、政策目标以及政策内容五个方面进行比较分析，发现其异同点，并提出相应的建议与对策。黄道丽、原浩⑨以美国行政令的时间线索及其相互关系为切入口，围绕美国开放数据政策的结构化分层设计和升级演化的过程，识别其在政府大数据视角制定战略和具体部署中需要除外适用的情形，同时分析其如何通过法律途径实现除外适用数据的安全性，以确保国家安全和隐私利益的实现，并总结了对我国制定开放数据政策的几点启示。赵润娣⑩从社会、政治、法律法规、技术和技能、财政五个视角构建了我国开放政府数据政策环境研究的框架，并对开放政府数据政策制定步伐进行了前瞻性分析，提出了当前研究的局限性和发展方向。

这些研究多是针对美国、英国、法国、丹麦、澳大利亚、加拿大等其中某一

① 陈萌. 澳大利亚政府数据开放的政策法规保障及对我国的启示 [J]. 图书与情报, 2017 (1): 18 – 26.

② 胡逸芳, 林焱. 加拿大政府数据开放政策法规保障及对中国的启示 [J]. 电子政务, 2017 (5): 2 – 10.

③ 何乃东, 黄如花. 巴西政府数据开放的特点及对我国的启示 [J]. 图书与情报, 2017 (1): 37 – 44.

④ 程银桂, 赖彤. 新西兰政府数据开放的政策法规保障及对我国的启示 [J]. 图书情报工作, 2016 (10): 15 – 23.

⑤ 朱琳, 张鑫. 美国政府数据开放政策与实践研究 [J]. 情报杂志, 2017 (4): 98 – 105, 176.

⑥ 赵润娣. 国外开放政府数据政策: 一个先导性研究 [J]. 情报理论与实践, 2016 (1): 44 – 48.

⑦ 沈亚平, 许博雅. "大数据" 时代政府数据开放制度建设路径研究 [J]. 四川大学学报 (哲学社会科学版), 2014 (5): 111 – 118.

⑧ 黄如花, 苗淼. 北京和上海政府数据开放政策的异同 [J]. 图书馆, 2017 (8): 20 – 26.

⑨ 黄道丽, 原浩. 开放数据与网络安全立法和政策的冲突与暗合——以美国政府行政令为视角 [J]. 信息安全与通信保密, 2015 (6): 78 – 81.

⑩ 赵润娣. 多元视角下的中国开放政府数据政策环境研究 [J]. 电子政务, 2016 (6): 97 – 104.

国家政府数据开放政策与法律法规进行深入、系统的分析，并提出建议与启示，构建政府数据开放政策内容框架；或对国内典型地区如北京、上海等政府数据开放政策对比分析其政策类型、内容、目标、发布时间、发布形式等，提出建议与对策。总之，这些研究都是针对国内外已有的政府数据开放政策与法律法规进行调研分析，为我国出台相关政策法规提出建议。

（2）政府数据开放的保障机制与发展战略。

在政府数据开放的保障机制研究方面，陈美[1]阐述了美国在开放政府数据上处于领先地位主要得益于其拥有一套完善的保障体系，具体包括：良好的信息自由保障和规制、不断完善的政府网站建设、追求合作、信息政策的有效执行、高层领导重视等，这些经验对我国政府数据的开放共享具有重要借鉴意义。周大铭[2]基于国外政府数据开放的发展现状，总结了其政府数据开放的重要特点，包括完善的法律法规体系、专业的数据开放网站和应用需求引导，并结合我国发展实际和大数据应用需求分别从建设法规标准体系、数据开放共享方式方法、政府数据开放管理、数据安全和数据应用等角度构建我国政府数据开放的保障机制。汪雷、邓凌云[3]分析了大数据背景下的政府数据开放现状及其带来的机遇与挑战，提出建立一套包含法律、技术、数据共享和公众参与的政府数据开放保障机制。岳丽欣、刘文云[4]分析了美、英、印三国的政府数据开放保障机制，并与国内建设现状进行对比分析，在此基础上，提出了基于控制论的政府数据开放保障机制，包括控制器（政策与法律保障）、执行器（平台、执行与合作机制）、反馈部分（监督与反馈机制）三个要素，并分析了这一控制系统的控制流程、整体架构和工作流程。黄如花、苗淼[5]调研分析了我国政府开放数据在数据安全方面的法律法规保障、政策保障、组织机构保障和标准保障，总结了我国政府开放数据的安全保护经验及其存在的不足，最后提出了保护对策。这些研究主要对国内外已有的政府数据开放保障机制进行分析与对比，借鉴经验、总结不足，构建我国政府数据开放的保障机制。

在政府数据开放的发展战略方面，才世杰、夏义堃[6]通过对美国、英国、加拿大等发达国家开放政府数据战略实施背景、内容框架以及实施体系与实施效果

① 陈美. 美国开放政府数据的保障机制研究［J］. 情报杂志，2013（7）：148－153.

② 周大铭. 我国政府数据开放现状和保障机制［J］. 大数据，2015（2）：19－30.

③ 汪雷，邓凌云. 基于大数据视角的政府数据开放保障机制初探［J］. 情报理论与实践，2017（2）：77－79.

④ 岳丽欣，刘文云. 我国政府数据开放保障机制的建设研究［J］. 图书情报工作，2016（10）：40－48，39.

⑤ 黄如花，苗淼. 中国政府开放数据的安全保护对策［J］. 电子政务，2017（5）：28－36.

⑥ 才世杰，夏义堃. 发达国家开放政府数据战略的比较分析［J］. 电子政务，2015（7）：17－26.

评估的比较分析，全面总结发达国家在开放政府数据战略的顶层设计、整体架构、制度完善以及战略推进中的经验与特色，并指出其建设的不足，进而归纳出中国开放政府数据战略实施中值得借鉴的经验。马海群、汪宏帅①采用 SLEPT 分析方法，从社会、法律、经济、政治和技术五个方面探讨了我国政府数据开放的战略部署及价值导向。丁念、夏义堃②通过对印度、巴西、肯尼亚等发展中国家开放政府数据战略实施背景、战略实施举措和内容以及战略实施效果的多维度分析，归纳发展中国家开放政府数据战略实施特点与实施路径，总结其经验与不足，以期为中国开放政府数据战略的推进提供指导和借鉴。他们通过对发达国家、发展中国家发展战略的总结与分析，为中国政府开放数据的发展提供指导。这些研究通过对发达国家和发展中国家开放政府数据战略实施的调研分析，总结我国可借鉴的经验，探讨我国政府数据开放的战略部署。

（3）政府开放数据的质量管理。

在政府开放数据质量管理方面，翟军等③对 13 个开放数据平台中的数千个数据集进行分析，归纳出 29 类"脏数据"，建议在引进"数据清洗"和"质量检查"环节、采用标准规范等方面借鉴先进经验，提升和保障数据质量。曹雨佳、黄伟群④提出建立专门的数据管理机构，负责数据开放的安全性审查；对政府数据分级分类管理；制定个人数据保护法；并加强政府、数据用户与公众之间的互动与反馈等。相丽玲、陈梦婕⑤提出我国需在数据分析工具开发、职能角色定位、数据集整合开发与政策法律框架构建等方面努力。童楠楠⑥从政府开放数据的质量维度界定入手，分析了数据本身、技术层面、流程层面、管理层面的开放数据质量问题，并从管理、组织、技术与方法层面提出了我国政府开放数据的质量控制机制。刘文云等⑦根据政府数据质量控制的应用场景和具体要求进行分析讨论，从质量控制的数据权限、数据安全和用户需求三个方面进行具体分析，得出结论就是基于控制论的政府数据开放保障机制在政府数据质量控制方面能够发挥

① 马海群，汪宏帅. 我国政府开放数据战略的 SLEPT 分析及战略部署 ［J］. 情报科学，2016（3）：3 - 8.

② 丁念，夏义堃. 发展中国家开放政府数据战略的比较与启示 ［J］. 电子政务，2015（7）：27 - 36.

③ 翟军等. 我国开放政府数据"脏数据"问题研究及应对——地方政府数据平台数据质量调查与分析 ［J］. 图书馆，2019（1）：42 - 51.

④ 曹雨佳，黄伟群. 政府数据开放生态系统构建：以数据安全为视角 ［J］. 图书馆理论与实践，2016（10）：20 - 24，32.

⑤ 相丽玲，陈梦婕. 中外政府数据开放的运行机制比较 ［J］. 情报科学，2017，35（4）：9 - 14.

⑥ 童楠楠. 我国政府开放数据的质量控制机制研究 ［J］. 情报杂志，2019，38（1）：135 - 141.

⑦ 刘文云，岳丽欣，马伍翠. 政府数据开放保障机制在数据质量控制中的应用研究 ［J］. 情报理论与实践，2018，41（4）：21 - 27.

应有作用。王娟、李玉海[1]运用演化博弈理论，构建了有限理性的政府开放数据提供者和使用者的复制动态模型，分析在不同的数据质量监管状态下博弈双方的进化稳定策略以及实现政府开放数据质量控制的均衡条件。迪莉娅[2]提出，政府开放数据的监管模式包括对开放数据管理过程的监管、对数据质量的监管、对数据安全性和隐私的监管以及对数据利用的监管。政府开放数据监管的根本目的是促进开放数据的利用和循环利用，调查显示，我国政府开放数据监管模式的应用还需要创造更有利的环境，才可以有效地促进政府开放数据的利用和循环利用[3]。

总之，这些研究大多采用了"国内外状况分析—总结特点与规律—对我国的借鉴与指导"研究思路，从不同视角、不同侧重点分析了政府数据开放中的政策法规、保障机制、发展战略等宏观要素，对推动我国政府数据开放尤其是顶层设计方面，具有重要指导意义。

综上所述，我国学者对政府数据开放实践的研究主要集中在对国外、国内政府数据开放实践的现状调研、分析总结、经验借鉴等方面，以及对政府数据开放实践中政策法规、保障机制、发展战略等宏观要素的分析与借鉴。这一研究有利于把握全球政府数据开放实践的现状与进展，对我国政府数据开放尤其是顶层设计方面，具有借鉴与指导作用。

从文献数量上看，国内对于政府数据开放的研究有了很大进展，且研究领域、研究主题不断拓宽，但从研究内容上看，仍存在一些不足，具体如下：

（1）针对基于中国国情的政府数据开放政策、法律、战略等相关研究较少。

已有研究中对美、英等发达国家政府数据开放的政策法律、保障机制、发展战略研究较多，缺少针对中国国情的适用性研究。

（2）对政府数据开放实践中涉及的微观要素如数据、人员、技术、应用等的专门研究较少，相关研究需从宏观层次逐步深入到其中的细节问题。

（3）基于调研与分析的实证研究较多，理论研究和应用研究较少。

要深入研究某一问题，离不开从实践到理论的升华。政府数据开放的目的在于数据的创新利用，如何实现政府数据增值利用也应是相关研究的重点。

①　王娟，李玉海. 基于演化博弈论的政府开放数据质量控制机制研究 ［J］. 现代情报，2019，39（1）：93－102.

②　迪莉娅. 政府开放数据的监管模式研究 ［J］. 情报理论与实践，2018，41（5）：22－26.

③　张楠. 基于生命周期的政府开放数据质量管理研究 ［D］. 郑州：郑州航空工业管理学院，2020.

二、国外研究现状分析

本节将对国外关于政府开放数据及其数据质量的已有研究进行分析与综述，重点把握国外政府开放数据的研究趋势，尤其是在政府开放数据的质量方面，为推动我国政府数据开放运动、保障政府开放数据质量提供方向与指导。

（一）各国政府开放数据的质量现状

从各国政府开放数据的实践来看，由于许多国家开放数据相关法规中均强调不保证政府开放数据的完整性、正确性、实时性等方面质量，政府开放数据的质量问题突出[①]。在美国政府数据开放中，由于数据是各政府部门上传的，并无统一规范，所以 data. gov 不保证开放数据的质量以及时效性。在英国政府数据开放中，不同部门和数据集之间，政府数据的可访问性、质量和描述方式差别很大，且有确切证据表明一些已发布的数据存在着准确性和质量上的问题；英国数据服务中心（UKDS）指出，政府发布的数据中有无数（可避免的）错误的例子，批评政府数据缺乏质量控制机制；数据顾问 Owen Boswarv 提供了一些重要证据，显示政府将小的、低价值的数据集不加区分地全部丢在 data. gov. uk 网站上，营造出一种错觉——已开放多达 9000 多个数据集，但有质量的数据集却占少数。加拿大政府开放数据在不同部门间存在数量上的严重不平衡，其数据质量和价值难以保证，开放数据还未能真正与商业利用相融合，未能起释放经济增长创新力、提升政府透明度的作用。在我国上海、北京、青岛等地以及国家统计局发布的"国家数据"等政府开放数据中，缺乏对数据的有效整合，开放数据不具针对性，在呈现上过于粗放，难以真正满足公众的需求。

目前许多国家已意识到这一问题。例如，美国政府提出在开放数据时需兼顾改善数据的质量、数据获取的容易程度、数据的实时性和数据的使用性；《开放数据宪章》规定的 G8 成员需要共同遵守的 5 项开放数据原则中，第二条即是注重数据的质量和数量；加拿大政府在"保证开放数据质量"方面，提出采用一致的元数据著录标准、建立数据字典、发布强制性的开放数据标准等措施。因此，我国在实施政府开放数据时需重视开放数据的质量问题，这需要综合运用多种策略和手段来建立政府开放数据的质量保障机制[②]。

经过多年的实践与发展，国外对"政府数据开放"的研究已从最初的宏观

---

①② 莫祖英. 国外政府开放数据及其质量研究述评［J］. 情报资料工作，2018（2）：24－28.

研究逐步转向微观研究，研究内容更为深入和具体。通过文献调研发现，在2013年以前，国外主要侧重于对政府数据开放运动的宏观研究，内容包括：开放数据与开放政府的关系分析，开放政府数据在支持公众参与决策，实现数据可重复使用与创新应用等方面的优势与建议，美国、欧盟、海湾合作委员会国家、巴西等不同国家政府开放数据的状况与进展，政府开放数据的门户网站建设等方面内容，探讨了政府数据开放的重要意义和价值，并从不同角度提出了实施措施和建议。

2013年以后，国外相关研究逐步转向针对政府数据开放过程中具体问题的细节化研究，其研究内容主要集中在政府数据开放中的相关技术研究、影响因素分析和开放数据的应用研究等方面。

（二）政府数据开放中的相关技术研究

国外对于这一主题的研究主要集中在政府数据开放中的关联数据技术、本体技术、可视化系统设计及应用等方面，以实证研究方法为主，具有较强的技术性和应用性。

在关联数据技术方面，Scholz J、Grillmayer R[①] 指出目前的开放政府数据缺乏标准化数据模型和遗失的语义描述，并提出了在开放政府数据中集成语义信息的一种方法——shareOGD。Galiotou E、Fragkou P[②] 通过案例分析研究了如何将关联数据技术应用到希腊开放政府数据中。Yuan YM 等[③] 重点分析了政府开放关联数据的技术架构，包括表达层、编译层、互联层、基于相关概念的浏览与查询层等，在此基础上，提出了中国智慧城市建设中的应用与挑战。Suarez DS、Jimenez - Guarin. C[④] 研究了如何通过利用关联技术将政府开放数据与在线新闻网站进行关联与集成，使市民更清楚地了解与自身利益相关的政府信息。Corradi Antonio、Foschini Luca[⑤] 指出使用语义 Web 技术可实现开放数据的语义表达及数据整合，从而形成大型公共数据生态系统；并通过对意大利博洛尼亚开放数据的真实案例

① Scholz J，Grillmayer R，Mittlbock M. Share OGD：an approach for integrating semantic information in open government data ［J］. Creating the GIsociety，2013（7）：2 - 5.

② Galiotou E，Fragkou P. Applying linked data technologies to greek open government data：a case study ［C］. Budapest，Hungary：The 2nd International Conference on Integrated Information（IC - ININFO），2013，73：479 - 486.

③ Yuan Yuanming，Wu Chanle，Ai Haojun. Application of linked open government data：state of the art and challenges ［C］. Wuhan，PEOPLES R CHINA：International Conference of Information Science and Management Engineering（ISME），2013（46）：283 - 299.

④ Suarez D S，Jimenez - Guarin C. Natural language processing for linking online news and open government data ［J］. Springer International Publishing，2014，55（1）：67 - 74.

⑤ Corradi Antonio，Foschini Luca，et al. Linked data for open government：the case of Bologna ［C］. Funchal，Portugal：IEEE Symposium on Computers and Communication（ISCC），2014：1 - 7.

进行分析，建议使用关联数据的内部标准以实现数据整合。Nisioiu Codrin - Florentin① 提出关联开放政府数据可促进数据整合，并允许不同数据集之间存在关联，构建了罗马尼亚关联开放政府数据的生态系统。这些研究有效推动了关联数据技术的发展，及其在政府开放数据集成化、语义化发展中的应用。

在本体技术应用方面，Park H、Smiraglia RP② 研究了如何使用本体技术来共享文化遗产数据，并以韩国首尔市政府开放数据集为例，通过使用映射与 CIDOC - CRM（概念参考模型）开放政府数据，增强了非结构化数据的发现能力和映射信息的可重用性。Fragkou Pavlina、Galiotou Eleni 等③提出通过丰富电子 GIF 本体以增强关联数据技术在希腊开放政府数据中的应用，即通过一个 RDF Schema 或本体数据组织，将其应用于希腊门户网站的公共管理中，便于发现那些包含最有价值信息的网站，并可实现不同网站之间的互联。Al - Khalifa Hend S④ 尝试将沙特开放政府数据转换为资源描述框架（RDF）格式，实现现有本体的作用。这些研究将本体技术应用于各国政府数据开放实践中，以实现政府开放数据更好地共享与利用。

在政府开放数据的可视化研究方面，Kukimoto Nobuyuki⑤ 聚焦于视觉媒体，开发了政府开放数据的交互式显示系统，可实现不同类型数据的视觉呈现，且允许多个用户同时操作，具有可扩展功能。这一可视化系统，通过提供大型互动显示屏促进政府公共数据的分配与利用。

总之，以上研究主要针对政府数据开放过程中涉及的相关技术进行深入探索，并通过实证分析展现这些技术在政府开放数据中的应用及其实现过程，为提高政府开放数据质量、促进政府开放数据的有效性利用提供了技术支持。

（三）政府数据开放中的影响因素分析

在政府数据开放的影响因素研究中，内容主要集中在对政府数据开放的法律

① Nisioiu Codrin - Florentin. Methodology for improving Romanian linked open government data ecosystem ［C］. The Proceedings of the 19th International Academic Conference，Florence，2015：568 - 586.

② Park H，Smiraglia R P. Enhancing data curation of cultural heritage for information sharing：a case study using open government data ［J］. Metadata and Semantics Research，2014（11）：27 - 29.

③ Fragkou Pavlina，Galiotou Eleni，et al. Enriching the e - GIF ontology for an improved application of linking data technologies to greek open government data ［C］. Prague，Czech Republic：3rd International Conference on Integrated Information（IC - ININFO），2014（147）：167 - 174.

④ Al - Khalifa Hend S. A lightweight approach to semantify saudiopen government data ［C］. Gwangju，South Korea：16th International Conference on Network - based Information Systems（NBIS），2013：594 - 596.

⑤ Kukimoto Nobuyuki. Open government data visualization system to facilitate evidence - based debate using a large - scale interactive display ［C］. Univ Victoria，Victoria，CANADA：28th IEEE International Conference on Advanced Information Networking and Applications（IEEE AINA），2014：955 - 960.

政策、组织环境、技术等影响因素的研究，以及地方政府在发布开放数据中的障碍及激励机制研究。Laboutkova S① 分析了目前政务公开和政府开放数据的现状及存在的问题，提出政府政策和政府强有力的角色是实施政府数据开放的关键。Bates. J② 以英国开放政府数据实践为例，通过观察、政策文件调研、主题分析等方法分析了开放政府数据的政策和公共服务在政府开放中的作用与影响。Albano Claudio Sonaglio、Reinhard Nicolau③ 通过对巴西开放政府数据的用户和政府机构的调查，识别出政府开放数据中不同主体的利益、动机和障碍，以挖掘促进政府数据开放的有利因素和抑制因素。Yang Tung – Mou 等④探讨了在中国台湾实施开放政府数据举措的复杂性，从技术、组织、法律和政策环境四个方面考察了对政府开放数据的影响。研究发现，立法和政策是政府开放数据的最大影响因素，现有法规政策具有一定的制约作用；其次是组织与环境因素，技术因素也存在，但更容易解决。Janssen M、Charalabidis Y⑤ 通过访谈和现场调研分析了开放政府数据的益处和采纳障碍。总之，这些研究通过对政府开放数据的影响因素进行分析，力图找出影响政府数据开放的关键因素，有利于推动开放政府数据运动的进展。

（四）政府开放数据的应用研究

政府开放数据的应用研究方面，主要分析了如何利用政府开放的公共数据实现其社会价值。Whitmore Andrew⑥ 探索了利用美国国防部公开的签约数据预测未来的军事接触模式，提出了两阶段方法：第一阶段是对 2003 年美国入侵伊拉克这一案例背景下的问题研究；第二阶段的评估研究是根据开放政府合同数据与分类建立数据开放的分析框架。这一研究表明使用美国国防部公开的签约数据来预测未来的战争是可行的，但仍存在着任务复杂性、信息质量问题等开放数据障

①　Laboutkova S. Open government data – a lesson to be learned ［C］. Proceedings of the 12th International Conference：Liberec Economic Forum 2015.

②　Bates J. The strategic importance of information policy for the contemporary neoliberal state：the case of open government data in the United Kingdom ［J］. Government Information Quarterly，2014（7）：388 – 395.

③　Albano Claudio Sonaglio，Reinhard Nicolau. Open government data：facilitating and motivating factors for coping with potential barriers in the Brazilian context ［J］. Electronic Government，2014（8653）：181 – 193.

④　Yang Tung – Mou，Lo Jin，Shiang Jing. To open or not to open？Determinants of open government data ［J］. Journal of Information Science，2015（41）：596 – 612.

⑤　Janssen M，Charalabidis Y，Zuiderwijk A. Benefits，adoption barriers and myths of open data and open government ［J］. Information Systems Management，2012，29（4）：258 – 268.

⑥　Whitmore Andrew. Using open government data to predict war：a case study of data and systems challenges ［J］. Government Information Quarterly，2014（31）：622 – 630.

碍。Luis Marin de la Iglesia Jose[①] 研究了如何通过政府公开数据来计算和讨论官方经济指标，从而使个人或组织获益，并指出开源软件和云计算工具提升了公民对开放数据的可用性和创新性。Kalampokis Evangelos 等[②]、Kuhn Kenneth[③] 分别探讨了如何对社会数据和政府开放数据进行整合分析以支持公众参与决策、如何通过公共交通数据的开放与利用使社会受益等，体现了政府开放数据在不同行业、不同方面的功能与价值。在这一研究中，研究者逐步意识到政府开放数据的数据质量、数据标准等在开放数据利用中的重要性。

（五）国外政府数据开放中的数据质量研究

在政府数据开放的相关研究中，有很多学者提到数据质量问题及其重要性。Bannister 提出政府数据开放面临的一个问题是公开的数据不能有效准确地测量其所代表的事物，忽略了规模、环境与数据质量问题。通过文献调研发现，国外政府开放数据质量研究主要集中在开放数据质量评价、质量管理和影响因素研究三个方面，其中关于质量评价的相关研究成果最多。

1. 政府开放数据质量评价研究

政府开放数据质量评价研究方面，其内容主要集中在政府开放数据质量评价指标及其测量、质量评估方法和质量评估的案例研究三个方面。

在政府开放数据质量评价指标及其测量方面，Oviedo 等[④]指出政府开放数据的可重复使用性和可再分配性极大地影响了其数据质量，构建了政府开放数据门户中的数据质量模型，并通过实证研究验证了模型中开放数据质量标准及其测量机制。Veljkovic 等[⑤]基于开放政府和开放数据视角，提出了一种可用于美国政府开放数据评价的基准框架，并产生了两个测量标准——开放度指数和成熟度指数，用于衡量政府开放数据的质量与进程。Zuiderwijk 等[⑥]通过实验方法分析

① Luis Marin de la Iglesia Jose. Alternative estimation of "public procurement advertised in the Official Journal as % of GDP" official indicator using open government data [J]. Computers in Industry, 2014 (65): 905–912.

② Kalampokis Evangelos, Hausenblas Michael, Tarabanis Konstantinos. Combining social and government open data for participatory decision–making [J]. Electronic Participation (EPART), 2011 (8): 36–47.

③ Kuhn Kenneth. Open government data and public transportation [J]. Journal of Public Transportation, 2011 (14): 83–97.

④ Oviedo E, Mazon J N, Zubcoff J J. Towards a data quality model for open data portals [C]. 39th Latin American Computing Conference (CLEI), Naiguata, Venezuela, 2013.

⑤ Veljkovic N, Bogdanovic–Dinic S, Stoimenov L. Benchmarking open government: an open data perspective [J]. Government Information Quarterly, 2014, 31 (2): 278–290.

⑥ Zuiderwijk Anneke, Janssen Marijn. Participation and data quality in open data use: open data infrastructures evaluated [C]. 15th European Conference on eGovernment (ECEG), Univ Portsmouth, Portsmouth, England, 2015.

评估了政府开放数据架构中数据质量指标和用户参与机制的重要性和有用性，结果显示通过在基础架构中增加信息讨论、分享、评论等功能可有效提高政府数据开放的数据质量和参与度，并构建了政府开放数据的质量模型、数据质量标准、质量测量机制等。Lourenco R P① 采用数据质量、平台数据主体和时间的完整性、数据获取的便捷性、数据更新的及时性、数据可使用性及可理解性、数据本身的价值特征及数据的有用性、颗粒度 7 个指标研究数据开放评价指标。Bizer C 等② 使用的评价指标包括"五星标准"、实施技术、数据格式、开放许可、关键数据集和功能性。开放知识基金会（OKF）③ 从网站"服务成熟度"和"传递成熟度"两方面，采用"网站浏览方法"，评价了欧洲 33 个城市的政府数据开放平台，目的在于评价政府开放平台服务于用户的能力。Verleye G 等④ 主要研究对象是欧洲范围内的政府数据开放平台，是对政府数据开放平台的影响力进行评价研究，研究发现基础建设、可用性、成本以及安全性等是影响力的关键评价指标。Morando Federico 等⑤ 总结了政府开放数据中存在的质量问题，将其分为内容和系统两个方面，并构建了政府开放数据质量评估指标框架。Ubaldi⑥ 提出了一个评估政府开放数据的分析框架，从政治、组织、技术等角度开发了一组大型度量标准，其中数据质量主要从可用性、用户需求、重用性等方面来衡量。

在政府开放数据质量评估方法方面，Ceolin Davide 等⑦ 指出政府数据开放中缺乏测量开放数据可靠性的工具，提出了两种评估政府开放数据可靠性的方法，并通过对美国和英国政府开放数据的实证分析，证明了该方法在可靠性评估上的有效性。Chris Yiu⑧ 提出了从领导力和文化、可获得性和技术、社区满意度三个维度来评价开放政府数据的积分卡方法，并以此为框架评估政府开放公共数据的

① Lourenco R P. An analysis of open government portals：A perspective of transparency for accountability [J]. Government information quarterly, 2015, 32 (3)：323 – 332.

② Bizer C, Heath T, Berners – Lee T. Linked Data – the story so far [J]. International Journal on Semantic Web & Information Systems, 2009, 5 (3)：1 – 22.

③ OKF. Open Government Data Principles [EB/OL]. [2019 – 02 – 25]. https：//public. resource. org/8_ principles. Html.

④ Verleye G, Karamagioli E, Verdegem P, et al. Measure paper 3：Impact measurement [J]. 2010.

⑤ Morando Federico, etc. Open Data Quality Measurement Framework：Definition and Application to Open Government Data [J]. Government Information Quarterly, 2016 (4).

⑥ Ubaldi, B. Open Government Data：Towards Empirical Analysis of Open Government Data Initiatives [R]. Tech. rep., OECD Publishing. 2018 (9).

⑦ Ceolin Davide, Moreau Luc, O'Hara Kieron, et al. Two procedures for analyzing the reliability of open government data [J]. Information Processing and Management of Uncertainty in Knowledge – based Systems, 2014 (442)：15 – 24.

⑧ Chris Yiu. A Right to Data：Fulfilling the Promise of Open Public Data in the UK [EB/OL]. [2017 – 06 – 30]. http：//www. policyexchange. org. uk/images/publications/a%20right%20to%20data%20 – %20mai2012. pdf.

活动。Charalabidis 等①提出了一种评估开放政府数据的基础设施的方法，该方法可以评估基础设施生成的不同类型的值以及它们之间的关系。评估方法的研究为政府开放数据质量评价提供了工具与方法论，是推动政府开放数据质量评估的重要基础。

在政府开放数据评估的案例研究方面，Lin C S、Yang H C②以医疗设备类数据集为例评估了中国台湾政府开放数据平台的数据质量；Sayogo 等③对来自 35 个国家的政府数据门户网站的开放数据内容进行了分析与评估，试图以他们提出的框架来了解开放政府数据的实际状态。Harlan Yu、David Robinson④ 提供了一个两维度的评价框架来衡量开放政府数据：一个维度描述技术，披露数据如何结构化、组织和发布；另一个维度描述了数据披露的实际或预期的政治利益。基于这一研究，Martin De Saulles⑤ 分析了英国政府开放数据门户网站中的单个数据集在上述评价框架中的维度值。Sadiq、Indulska⑥ 提出要通过评估数据质量来改善开放数据的质量问题。Vetro 等⑦针对政府开放数据集建立了一套高效的评价模型，这套评价模型的指标体系包含数据的可追溯性、价值性、延迟性、完整性、规范性、可读性和精确性。Viscusi 等⑧提出了基于质量的开放政府数据完成度评估框架，其中包括数据质量维度和一系列衡量合规性指数的标准，并运用该框架对意大利当地公共行政机构的开放数据样本进行评估。

总之，在政府开放数据质量评价研究方面，主要对数据质量评估的相关理论与方法进行了探索，通过分析数据质量模型、测度标准、评估方法等要素构建政

---

① Charalabidis Y, Loukis E, Alexopoulos C. Evaluating second generation open government data infrastructures using value models [C]. Proceedings of the 47th Hawaii International Conference on System Sciences (HICSS), Waikoloa, Hawaii, USA, 2014: 2114 – 2126.

② Lin C S, Yang H C. Data quality assessment on Taiwan's open data sites [C]. International Multidisciplinary International Social Networks Conference (MISNC), Kaohsiung, Taiwan, 2014. 9 (473): 325 – 333.

③ Sayogo D S, Pardo T A, Cook M. A framework for benchmarking open government data efforts [C]. Proceedings of the 47th Hawaii International Conference on System Sciences (HICSS), Waikoloa, Hawaii, USA, 2014: 1896 – 1905.

④ Harlan Yu, David Robinson. The new ambiguity of open government [J]. UCLA Law Review Discourse, 2012, 59: 178 – 208.

⑤ Martin De Saulles. Open data and open government in the UK: how closely are they related? [C]. Proceedings of the 13th European Conference on eGovernment, University of Insubria, Como, Italy, 2013: 160 – 165.

⑥ Sadiq S, Indulska M. Open data: Quality over quantity [J]. International Journal of Information Management. 2017, 37 (3): 150 – 154.

⑦ Vetro A, Canova L, Torchiano M, et al. Open Data Quality Measurement Framework: Definition and Application to Open Government Data [J]. Government Information Quarterly, 2016, 33 (2): 325 – 337.

⑧ Viscusi G, Spahiu B, Maurino A, et al. Compliance with open government data policies: An empirical assessment of Italian local public administrations [J]. Information polity, 2014, 19 (3/4): 263 – 275.

府开放数据质量评价的理论基础，并以政府开放数据平台为对象进行数据质量评价的实证研究，为改进政府开放数据质量提供了方法与依据。

2. 政府开放数据质量管理研究

在政府开放数据质量管理研究方面，Catarci 和 Scannapieco[1] 认为，开放数据质量不仅与准确性有关，还与完整性、一致性和及时性等特征有关。Sharon S 等[2]提出一种生态系统方法用来规划和设计开放政府数据程序，这种生态系统方法可以广泛用于评估现有条件，并考虑解决现实障碍和激发预期利益的政策、战略和关系。Granger S[3] 提出，数据监管是一个系统工程，涉及数据对象及其完整性、数字监管的技术措施、法律和组织因素以及其他要素，如政策标准、开放规范和元数据。印度学者 Saxena S[4] 针对政府数据开放提出了全面质量管理（Total Quality Management，TQM）模型，并分析了模型对印度政府数据开放举措的影响。该模型共设 16 个指标变量，包含法律规范、隐私问题、基础设施、利益相关者期望等驱动因素和政府机构的技术专长、人力资本、领导力、远见等促进因素。政府开放数据的质量管理研究有许多方面，可以从不同管理视角切入。由于各个国家的政治环境不同、国情不同，关于政府开放数据质量管理的研究带有地方局限性，还不成熟。而基于生命周期管理模型的研究也还处于探索阶段，关于政府开放数据生命周期阶段的划分并没有形成共识。

3. 政府开放数据质量的影响因素研究

在政府开放数据质量的影响因素研究方面，Peter、Sunil[5] 与荷兰六个相关公共部门开展人员访谈，访谈发现数据的存储方式、获取方式和部门使用方式是决定开放数据质量的重要指标。Chatfield、Reddick[6] 从政策发布时间、开放门户组织和类别方面对当地开放数据政策进行调研，分析政策实施力度对开放数据质量的影响。研究发现，立法和政策是其显著影响因素，现行法规和政策因素起约束

———————————

① Catarci T. , Scannapieco M. Data Quality under the Computer Science Perspective. Archivi Computer, 2016（2）.

② Sharon S D, Lyudmila V, Olga P. Planning and designing open government data programs：An ecosystem approach［J］. Government Information Quarterly, 2016, 33（1）.

③ Granger S. Emulation as a digital preservation strategy［J］. D – Lib Magazine, 2000, 6（10）：21.

④ Saxena S. Proposing a total quality management（TQM）model for open government data（OGD）initiatives：implications for India［J］. Foresight, 2018, 21（3）：321 – 331.

⑤ Peter Conradie, Sunil Choenni. On the barriers for local government releasing open data［J］. Government Information Quarterly, 2014, 31（1）：1 – 8.

⑥ Chatfield A T, Reddick C G. The role of policy entrepreneurs in open government data policy innovation diffusion：An analysis of Australian Federal and State Governments［J］. Gover – nment Information Quarterly, 2018, 35（1）：123 – 134.

作用，组织环境以及技术是次要影响因素。Zuiderwijk、Janssen① 开发了一个政策比较框架，认为开放数据部门加强协作以创造开放的组织价值观能够改进开放数据质量。Attard 等② 认为，组织文化和组织准备程度都对政府开放数据质量有重要影响。Gonzailez‑Zapata、Heeks③ 提到政府开放数据处于相对复杂的数据环境中，相关利益者众多，其参与政府开放数据的能力、动机与背景存在差异。Harrison 等④提出政府开放数据质量控制是一个复杂的系统，包括参与者、组织、基础设施和标志性资源，这些组织成分相互依赖，协同作用。由以上研究可知，政府开放数据质量的影响因素涉及许多方面，包括开放数据政策和相关部门的开放意识，以及部门之间的协作能力等，它们之间均存在交叉影响关系。

本小节总结了国外政府数据开放中的相关研究，研究发现，国外关于政府数据开放中的数据质量研究主要集中在政府开放数据质量评价、政府开放数据质量管理和政府开放数据质量的影响因素研究三个方面。其中，政府开放数据质量评价的相关研究较为丰富，其内容主要集中在政府开放数据质量评价指标及其测量、质量评估方法和质量评估的案例研究三个方面；此外，学者们也针对数据质量管理提出建议；在政府开放数据质量影响因素方面，学者们从政策实施力度、数据部门组织价值观以及相关利益者等方面作出分析。总之，这些研究具有较强的应用性特征，有利于准确把握国外对于政府开放数据及其质量研究的方向和趋势，为我国开展政府开放数据运动提供依据与指导。

三、国内外研究动态述评

经过多年的实践与总结，国内关于政府开放数据以及质量的相关研究主要从政府开放数据质量相关要素和政府开放数据实践研究进展两方面展开。在政府开放数据质量相关要素研究方面，国内学者从政府数据开放平台、政府数据开放许可与元数据标准，以及政府数据开放评估和实证研究等方面展开了相关研究。关于开放平台、元数据标准、开放评估等方面的研究成果较多，较为成熟，这些研

---

① Zuiderwijk A，Janssen M. Open data policies，their implementation and impact：A framework for comparison［J］. Government Information Quarterly，2014，31（1）：17‑29.

② Attard J，et al. A systematic review of open government data initiatives［J］. Government Information Quarterly，2015，32（4）：399‑418.

③ Gonzalez‑Zapata F，Heeks R. The multiple meanings of open government data：Understanding different stakeholders and their perspectives［J］. Government Information Quarterly，2015，32（4）：441‑452.

④ Harrison T M，Pardo T A，Cook M. Creating open government e‑cosystems：A research and development agenda［J］. Future Internet，2012，4（4）：900‑928.

究为提高与保障政府开放数据质量提供了技术与理论支持，提供了许多值得借鉴的国际标准与体系。但同时也存在实践落后于理论、开放许可研究欠缺、数据质量研究有待加强等问题。有关政府数据开放实践研究进展的研究主要集中在对国外、国内政府数据开放实践的现状调研、分析总结、经验借鉴等方面，以及对政府数据开放实践中政策法规、保障机制、发展战略等宏观要素的分析与借鉴。这一研究有利于把握全球政府数据开放实践的现状与进展，对我国政府数据开放尤其是顶层设计方面，具有借鉴与指导作用。

国外有关政府开放数据及其质量的研究较为丰富，主要集中在各国政府开放数据的质量现状、政府数据开放中的相关技术研究、政府数据开放中的影响因素分析、政府开放数据的应用研究以及国外政府数据开放中的数据质量研究等方面，而政府开放数据中的质量问题研究主要包括政府开放数据质量指标及测量、政府开放数据的质量评估方法研究、政府开放数据评估的案例研究等方面，具有较强的应用性特征。这一研究可为推动我国政府数据开放、保障政府开放数据质量提供指导与依据。

本章梳理了国内外有关政府开放数据及其质量方面的相关研究，这一研究有利于准确把握国内外对于政府开放数据及其质量研究的方向和趋势，为我国开展政府开放数据提供依据与指导。

第三章 政府开放数据质量现状及问题调研与分析

对于政府开放数据的质量现状及问题调研分析，在此采用国外与国内两个纵向维度，加之政府数据开放平台调研分析、政府数据开放政策调研分析、政府数据开放利用过程调研分析三个横向维度，以此进行政府开放数据的质量现状调研及问题分析，并对问题根源进行剖析，以提高政府开放数据的质量。

一、国内外政府数据开放平台现状调研与分析

政府数据开放平台作为政府部门开展数据开放工作的重要载体，同时也是政府与公众进行双向沟通的重要渠道。本节将选取国内外具有代表性的政府数据开放平台进行调研分析，把握国内外政府数据开放平台的现状和现存的问题，以此作为制定提高政府开放数据质量措施的重要参考。

（一）国外政府数据开放平台现状调研

由于国外政府数据开放的先进经验对我国政府数据开放的发展具有重要的借鉴意义，故本小节拟对政府数据开放排名靠前的英国、加拿大、法国三个国家政府数据开放平台进行现状调研与分析。

1. 英国

英国政府于 2010 年建立 data. gov. uk 数据开放门户，data. gov. uk 既汇集了已经开放的数据，又新增了大量开放数据，进一步方便访问者的查询使用，使政府数据更加透明化[①]。data. gov. uk 网站按主题分为十二大类，主要有主页、数据、应用程序、互动 4 个栏目，并将其细分为数据请求、网站分析、地理位置、数据集等 9 个子栏目。data. gov. uk 网站开放的数据类型主要有环境、社会、健康、

---

① 邓崧，葛百潞. 中外政府数据开放比较研究［J］. 情报杂志，2017，36（12）：138－144.

政府支出、教育、经济、运输等，内容详细且更新及时，并且提供 HTML、CSV、XML、FS、PDF 等多种下载格式①，部分数据实现可视化。用户可以进行账号注册，使用 APP、RSS 进行订阅，政府对用户不收取任何费用。截至 2018 年 6 月 4 日，英国政府已开放 43684 条数据集②。

2018 年 3 月，data. gov. uk 推出了 Find 开放数据服务，所提供的服务主要包括查找中央政府、地方当局和公共机构公布的数据、下载数据文件的链接、帮助创建账户以发布数据等，由此可最大限度地保障公众对政府开放数据的利用。同时，公众只要满足 open Government License 或它所涵盖的许可条件，就可以重新发布 Find open data 上的任何内容。对于有关数据集的问题，如果发布者在相关数据集页面上提供了联系方式，也可以直接联系他们③。由此可以有效保障政府开放数据的完整性和时效性，使公众在作为政府开放数据利用者的同时，也可作为政府开放数据质量的监督者，共同参与提高政府开放数据的可利用性。

针对公众在进行个人注册和数据查找时所提供的隐私数据，data. gov. uk 也制定了专门的技术和组织程序来保护收集到的用户数据，同时也设置有相应的隐私保护措施及公众投诉渠道。data. gov. uk 表示公众提供的数据仅用来设置用户的个人账户，以便公众个人可以管理和发布数据，同时也只会在法律要求的时间内保留公众的个人数据，一般只会在个人使用此服务期间或在离开服务后 12 个月内保留个人数据，届时就会将所有信息删除。如果公众认为个人数据被滥用或处理不当，可以随时通过网站获取相应负责团队的联系方式④。

总之，英国 data. gov. uk 数据开放门户首先在提供的数据总量、数据分类、数据下载方式方面都较为完善，基本可以满足公众对政府开放数据的需求；同时，data. gov. uk 设置有专门的政府开放数据查找服务，可以更好地保障公众对政府开放数据的利用需求，由此可提高政府开放数据的利用率；公众也可以作为政府开放数据的监督者，在满足条件的情况下进行有关数据的纠错和覆盖，由此可提高政府开放数据的可利用性；此外，对于公众在查找数据时所提供的个人数据，data. gov. uk 有完整的收集保护及删除规定，可有效保护公众的个人隐私。

2. 加拿大

加拿大政府于 2011 年建立了 open. canada. ca 网站，2014 年进行改版，将其

①　黄如花，王春迎 . 英美政府数据开放平台数据管理功能的调查与分析［J］. 图书情报工作，2016，60（19）：24 – 30.

②　肖敏，郭秋萍，莫祖英 . 政府数据开放发展历程及平台建设的差异分析——基于四个国家的调查［J］. 图书馆理论与实践，2019（3）：38 – 43.

③　About – data. gov. uk［EB/OL］.［2021 – 08 – 06］. https：//data. gov. uk/about.

④　Privacy – data. gov. uk［EB/OL］.［2021 – 08 – 06］. https：//data. gov. uk/privacy.

统一到政府数据开放门户中。改版后的开放门户主要分为综合性数据开放门户和专业性数据开放门户两大版块，涵盖了政治、经济、人口、教育、环境、地理空间、交通、移民、税收等多个方面①，提供 CSV、HTML、HDF、ZIP、PDF 等下载格式，可视化程度较高，并且支持用户账号注册。用户可以通过 APP 订阅并发表言论，政府对用户不收取任何费用。截至 2018 年 6 月 4 日，加拿大政府已开放 56570 条数据集②。

加拿大数据开放门户网站设置有数据可视化入门版块，主要帮助公众理解什么是数据可视化，以及如何进行简单的数据可视化。此类版块的设置可以从侧面培养公众的信息素养，从而提高政府开放数据的利用率。加拿大政府在数据开放门户网站中提到，开放数据的好处之一就是能够创建应用程序，因此在 open. canada. ca 页面上可以找到由加拿大政府、公众和加拿大开放数据体验（CODE）获奖者和参与者共同创建的基于 Web 的移动应用程序。这些应用程序涉及公众生活的各领域，包括环境与气候变化、车辆召回、田间作物实验、人口增长等，通过此类应用程序的开发，可使原始的政府开放数据释放其潜在的社会价值，真正应用于公众的日常生活中。同时，借助数据开放门户网站 open. canada. ca，加拿大政府设置了公开政府学生挑战赛，向其各地学生发起挑战，让他们展示如何更好地使用开放数据和信息，并最终选出优胜者③。诸如此类鼓励公众参与政府开放数据利用的活动，可有效提高政府开放数据的利用率。同时，相对于普通公众来说，高校学生自身具备较高的信息素养，这也使政府开放数据得到更好的开发和利用，充分释放数据红利，使政府开放数据发挥更多的潜在价值。

总之，加拿大政府所建立的数据开放门户网站，在其顶层数据架构较完善的基础上，通过政府数据开放平台的相关设置来促进数据利用的做法具有较强的借鉴意义。如在政府数据开放网站中普及数据可视化，从侧面促进公众信息素养的提高；由政府和公众共同参与应用程序的开发，可使政府开放数据充分发挥其应有的经济价值和社会价值；通过举办学生挑战赛，提高学生群体参与对政府开放数据开发利用的积极性等。

3. 法国

法国数据开放门户 data. gouv. fr 于 2011 年 12 月启动，主要负责提供各领域数据及元数据描述。该网站平台包括探索开放数据、数据和导航三个版块，每一

① 胡逸芳，林焱. 加拿大政府数据开放政策法规保障及对中国的启示 [J]. 电子政务，2017（5）：2–10.

② 岳丽欣，刘文云. 国内外政府数据开放现状比较研究 [J]. 图书情报工作，2016，60（11）：60–67.

③ Open Data | Open Government, Government of Canada [EB/OL].［2021 – 08 – 07］. https://open. canada. ca/en/open – data.

个版块又细分为几个小版块，内容主要包括农业与食品、文化、经济与就业、教育与研究、国际化与欧洲、住房、可持续发展与能源、卫生与社会、交通与旅游九个大类①。用户可以进行账号注册，政府所有数据向用户开放，但是对部分数据的使用进行收费。这一开放门户网站支持多种发布与下载格式。法国开放数据平台 data. gouv. fr 收集了来自国家主管部门、公共机构以及自愿提供公共服务的地方当局和公共或私营实体的数据集。此外，法国国会两院也都开发了自己的开放数据平台 data. assemblee – nationale. fr 和 data. senat. fr。自 2013 年 12 月以来，民间社会组织也可以为 data. gouv. fr 平台提供开放数据而做出贡献②。

通过法国开放数据平台 data. gouv. fr 提供的服务可以看出，开放数据在为公众提供信息和指导公共政策方面的危机管理中发挥了核心作用，其发布的关于数据、算法和源代码的公共政策报告以及政府相关承诺都为公共数据政策提供了新动力。在这一新的背景下，国家开放平台的地位至关重要。data. gouv. fr 于 2020 年 4~6 月举办了第 10 届春季发布会，表示将用三个月的时间发布具体公告、最新工作以及 data. gouv. fr 新路线图的主要原则，其具体主题分别是数据质量、数据重用和数据的可发现性。针对政府开放数据质量，data. gouv. fr 首先提到数据质量是开放数据成功的一个基本要素，并通过分析调查用户（2020 年 6~9 月的 905 名受访者），以此了解平台用户对数据质量的真实期望。受访者报告所反映的问题包括经常过时的数据集、存在的文档不足或不准确、数据集的多样性较差、尽管有评论系统但数据生产者和用户之间缺乏交流等。由此，可将公众的意见反馈作为后续提高政府开放数据质量的重要参考。此外，为促进新数据遵循某种模式的出现，data. gouv. fr 还开发了一种新的 Beta 测试工具，并在数据质量主题月中进行简单的工具演示③。

总之，法国政府数据开放平台 data. gouv. fr 在为公众提供基本数据信息的基础上，会通过举办季度发布活动来集中性地为公众提供某一专题的数据服务，包括专题介绍、相关数据工具演示、公众反馈意见收集等。通过此种方式，可以接收到针对具体专题的公众反馈意见，这对于改进政府数据开放工作具有重要的指导作用。

（二）我国政府数据开放平台现状调研分析

本小节将以我国政府数据开放平台发展较好的贵阳、上海、武汉和北京四个

---

① 黄如花，林焱. 法国政府数据开放共享的政策法规保障及对我国的启示［J］. 图书馆，2017（3）：1 - 6.

② 陈美. 政府开放数据的隐私风险评估与防控：法国的经验［J］. 情报资料工作，2020，41（2）：99 - 105.

③ data. gouv. fr［EB/OL］.［2021 - 08 - 08］. https：//www.data. gouv. fr/fr/posts/.

城市为例进行现状调查，并分析各地方平台建设中存在的优势与不足。

1. 贵阳市政府数据开放平台

贵阳市政府数据开放平台（http：//www. gyopendata. gov. cn）由贵阳市大数据发展管理委员会统筹、贵阳市信息产业发展中心承建、贵阳市各政府部门共同参与完成，于2017年1月开始试运行。该平台致力于提供贵阳市政府部门可开放的各类数据的查询、浏览、下载、API调用等数据服务，为企业和个人开展政府数据资源社会化开发利用提供数据支撑，促进政府数据的增值利用，推动大数据"双创"及相关产业发展。《2017年中国地方政府数据开放平台报告》显示，贵阳市数据集的总量在已开放数据的19个城市中排名第三，可机读格式数据集数量为1006条，排名第一，API接口数量排名第七，元数据条目数量排名第一，并且所有的数据都免费开放、明确保障非歧视性[①]。

截至2018年6月4日，贵阳市政府数据开放平台已开放52个市级部门、13个区县的6325437条数据、2754个数据源。2018年4月，平台3.0版升级上线，此平台是全国首个地级市一体化政府数据开放平台，践行"政府主导、市场参与、产业推动、数据惠民"16字方针。从网页设计上看，贵阳市政府数据开放平台包括数据、应用、网站分析、资讯动态、互动交流五大类，提供元数据目录及检索栏目，以方便用户查阅。从数据开放内容上看，重点开放领域主要有统计、交通、旅游休闲、商贸、医疗、教育等；全局图谱主要分为领域、部门、主题三个栏目；开放动态分为数据无限、数说贵阳、行业解读三个栏目，每个栏目下面都有对应的最新的文件；数据热点分为热门数据、最新数据、推荐数据三个栏目，为用户浏览和检索带来了极大的方便。可下载的数据集格式包括CSV、JSON、XML、XLS。

2. 上海政府数据服务网

上海政府数据服务网（http：//www. datashanghai. gov. cn）是由上海市人民政府办公厅、上海市经济和信息化委员会牵头，相关政府部门共同参与建设的政府数据服务门户，于2012年6月开始运行，是中国成立最早的数据门户。其目标是促进政府数据资源的开发利用，发挥政府数据资源在本市加快建设"四个中心"和具有全球影响力科技创新中心、产业结构调整和经济结构转型中的重要作用，满足公众和企业对政府数据的知情权和使用权，向社会提供政府数据资源的浏览、查询、下载等基本服务，同时汇聚发布基于政府数据资源开发的应用程序

① 肖敏，郭秋萍，莫祖英. 政府数据开放发展历程及平台建设的差异分析——基于四个国家的调查[J]. 图书馆理论与实践，2019（3）：38 – 43.

等增值服务①。

截至 2018 年 6 月 4 日，上海政府数据服务网已开放 25624 条数据、1613 个数据资源、42 个数据部门。从内容与设计上来看，网站分为首页、数据、接口、地理信息、应用、移动应用、互动交流七大栏目，其中"地理信息"又分为养老机构、医疗机构、福利彩票等十大类目，每一类目都对应有地图显示、列表显示两种选择，设置非常人性化。"互动交流"分为最新消息、调查问卷、数据概览等七大类目，"最新消息"类目下显示，最新的一条信息发布于 2017 年 8 月 28 日，数据更新无规律并且更新时间间隔较长。"数据概览"类目可对数据进行可视化，主要涉及数据领域、数据类型等。在网页下方设置了数据、应用、接口、移动应用、最新数据快速通道，方便用户查阅。从数据开放内容方面看，该网站涵盖了经济建设、资源环境、教育科技、道路交通、城市建设等 12 个领域，并且分为场景和领域两大版块，方便用户浏览下载。在可下载数据集格式上，主要采用 XLS、CSV、JSON、XML 等机读格式，但也有部分 DOC、PDF、JPG 等非机读格式。

3. 武汉市政务公开数据服务网

针对武汉市政务公开数据服务网的调研分析，首先从作为数据开放主体的政府机构、作为数据发布载体的政府数据、作为数据利用主体的公众用户、作为数据开放统筹的平台构建四个方面对武汉市政务公开数据服务网进行全面的调研，在具体调研数据的支撑下，再从政府机构、政府数据、公共用户、平台构建四个方面分析武汉市政府开放数据中存在的质量问题。

（1）武汉市政府开放数据现状调研。

根据湖北省政府信息公开平台发布的《2018 年政府网站工作年度报表》，截至 2019 年 3 月，武汉市政务公开数据服务网已经全面开放了经济发展、公共服务、政府机构等 12 个领域主题的数据资源，整合了 101 个政府部门，共记录 117474 条数据。其中，可下载数据 2310 项、地图服务 205 个、APP 应用 54 个、Excel 文件 683 条、图片 149 张、数据文件 5 个、PDF 文件 763 个、csv 文件 735 个。此次对武汉市政府开放数据现状调研，分别从数据开放主体、数据发布载体、数据利用主体、数据开放统筹四个方面对武汉市政务公开数据服务网的数据公开情况进行了全面的调查评估，从网站数据分布情况统计、网站发布频率统计、网站浏览和下载内容次数较高的统计等诸多方面入手进行调研与分析。统计时间段为 2012 年 2 月 23 日至 2019 年 3 月 25 日。

1）数据开放主体——政府机构。自武汉市政务公开数据服务平台上线以来，

---

① 上海市政府数据服务网［EB/OL］.［2018 - 05 - 23］. http：//www. datashanghai. gov. cn/home！toHomePage. action.

在部门开放总量上号称是最多的，整合了 101 个政府部门。2012～2019 年网站数据显示，在数据目录机构分类的 44 个重要政府部门中，发布量最高和最多的部门为武汉市统计局（见图 3-1），发布了 222 条数据和服务。武汉市统计局的工作职责是承担和协调全市统计工作，所以市统计局几乎涵盖了全市所有领域的数据，可以说市统计局兼顾了该网站"数据库"的角色。其次是武汉市农业委员会（213 条）、武汉市国土资源规划局（102 条）、武汉市黄陂区（98 条）、武汉市环境保护局（85 条）。此外，根据该网站 2012～2019 年各政府机构发布数据总量统计（见图 3-2），发布数据量仅 1 条的部门有 23 个，仅 2 条的有 11 个部门。根据全网委办局统计，从未发布过数据的部门有 11 个。

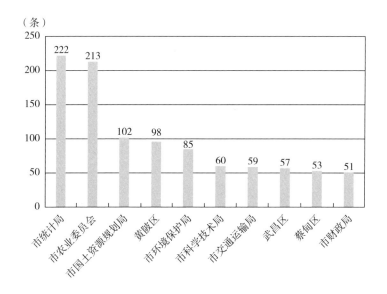

图 3-1　武汉市政务公开数据服务网数据发布排名前十的政府机构

　　图 3-1 数据显示，整体来看，该网站各个政府机构发布的数据量还比较稳定，平均每个部门发布 80 条左右，市统计局、市农业委员会较多，蔡甸区、市财政局较少。

　　图 3-2 反映了武汉市政务公开数据服务网部门种类虽多，实际上各部门发布量却极不均衡。依据该网站各政府机构数据分布情况，有相当一部分数据开放量呈现低迷状态，数据量 1～10 条的所占比例最高，有 33 个部门。其次是 11～20 条的有 19 个，21～30 条的有 17 个，未发布数据的机构就有 11 个，这充分显示了部分机构数据开放积极性不高，导致大量宝贵的数据资源长期无法得到有效利用。

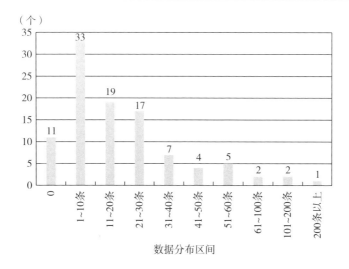

图 3 - 2 武汉市政务公开数据服务网的各政府机构发布数据总量统计

2）数据发布载体——政府数据。本部分将依据武汉市政务公开数据服务网的数据发布周期和数据类型对政府数据进行调研，依此发现该平台在政府数据方面存在的问题。

a. 数据发布周期

2012～2019 年武汉市政务公开数据服务网政府机构各月份发布的数据频率统计如图 3 - 3 所示。

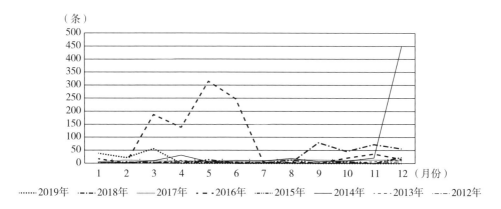

图 3 - 3 2012～2019 年武汉市政务公开数据服务网政府机构各月份发布数据频率统计

结合图 3 - 3 中显示，2014 年 12 月是该网站数据量转变节点，发放数据高达 450 条，笔者认为很可能与该政府数据网站刚正式上线有关，而且 2014 年是我国推广政府数据网站平台力度最大的一年。相比之下，2012～2013年处于平台未正式上线时期，全网数据发布量整体较少，各月份所发布数据平均量为个位数；2015年是该网站正式开通后的第一年，最高发布量仅为23条，数据开放效果并不理想；2016年数据发布量最大，年度发布总量高达986条，尤其3～6月数据发放量大、频率高，开始进行定期定量的数据发布，且发布数量和频率都比较稳定。这与武汉市政府所发布的《湖北省大数据发展行动计划（2016－2020年）》有关，该文件主要用于响应国家《促进大数据发展行动纲要》的号召，深入推进数据资源共享开放，持续夯实大数据应用基础，以此来扭转2015年数据开放低迷趋势，推动建设武汉市开放数据平台；2017年数据回落，仅仅126条数据，2018～2019年数据基本保持稳定且定期定量发布。

b. 数据类型

武汉市政务公开数据服务网的数据分类方式其中一种是按主题进行分类，共有包括经济发展、政府机构、教育技术、公共服务、农业农村等方面的12类数据。另一种是按机构进行分类，共有44个部门，包括财政局、统计局、科学技术局、环境保护局等部门。具体数据分布情况如表3-1所示。

表3-1 2012～2019年武汉市政务公开数据服务网数据数目分布情况

单位：条

按数据主题分类		按机构分类	
数据主题	数据数目	机构	数据数目
经济发展	537	市统计局	222
政府机构	493	市农业委员会	213
公共服务	425	市国土资源规划局	102
农业农村	199	黄陂区	96
能源环境	164	市环境保护局	85
教育科技	137	市科学技术局	60
交通服务	112	市交通运输局	59
医疗卫生	64	武昌区	56
文化娱乐	59	蔡甸区	53
法律服务	55	市财政局	51
金融服务	50	市保密局	0
公共安全	34	团市委	0

根据表3-1可以看出，武汉市政务公开数据服务网发布的数据覆盖面较广，有关于经济发展、政府机构、教育技术、公共服务、农业农村等12个方面的数

据。同时该网站数据类型众多，也有明确的机构分类，共分为 44 个部门，包括市统计局、市农业委员会等发布数据量较多的机构，也有市保密局、团市委等未发布过数据的机构。通过对该平台发布的数据内容分析，发现所发布数据多为业务流程中产生的、可公开的、与社会发展较为贴近的专题数据，如该网站在数据主题中关于经济发展、政府机构、公共服务方面发布的数据量最多，而与公众生活较贴近的环境保护、交通旅游、教育医疗、文体娱乐等方面的发布数据比例较低。此外，在机构分类中，市保密局、团市委在遵循相关法律法规，及对个人隐私数据保护的前提下，其数据开放量为零。

　　3）数据利用主体——公共用户。将武汉市政务公开数据服务网 2012～2019年 3 月底的全部数据项作为样本，对全网单次浏览次数（见图 3－4）、下载次数（见图 3－5）等 2256 条量化数据进行统计、整理与分析，发现整体浏览和下载次数区间分布差异较大，只有个别数据浏览和下载次数较高。

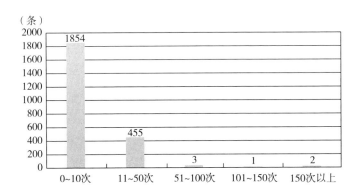

图 3－4　2012～2019 年武汉市政务公开数据服务网的浏览次数总量统计

　　该网站浏览量和下载量较高的数据多集中于各年份国民经济主要指标、国民经济和社会发展统计表、工业经济运行情况表等，都是与社会经济发展相关的统计报表。而像平安好车主、公积金缴存提取受理网点、武汉市司法局部门决算等，与公共安全、金融法律服务相关的数据报表浏览量和下载量却很少。由此可以看出，该网站的数据受众群体对象多偏向于政府企业类办公，受众群体不广泛，而且随着浏览和下载次数基数的增大，它的浏览和下载数据指数呈现反向回落趋势。

　　根据图 3－4，在 2256 条数据中，浏览次数在 10 次以下的有 1854 条，浏览次数稳定在 11～50 次的有 455 条，而浏览次数在 51～100 次的则只有 3 条，101～150 次的只有 1 条，150 次以上的仅有 2 条。表明该网站在数据量大、数据获取便利的基础上，但浏览量普遍较低。例如，较低浏览次数（1～3 条）的平安好车主、公积金缴存提取受理网点、武汉市司法局部门决算等，都是与公共安全、金融法律服务相关的数据，由此表明该政府网站的数据利用群体很可能局限于政府企业人员，侧面显示政府对该平台的宣传力度不足，社会公众对于该数据平台的参与和利用意识不强。较高的浏览次数（455 条）的各年份国民经济主要指标、国民经济和社会发展统计表、工业经济运行情况表等，都是与社会经济发展相关的统计报表，由此也可以显示出目前用户的类型，以及对于该平台经济发展、政府机构、公共服务数据的偏好。

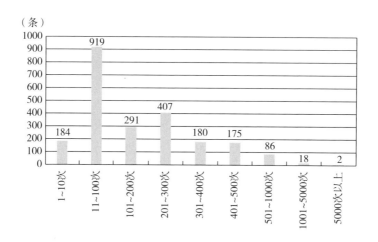

图 3 - 5　2012～2019 年武汉市政务公开数据服务网的下载次数总量统计

如图 3 - 5 所示，武汉市政府公开数据平台通过一站式服务，充分提供了可开放数据的下载与相关服务，但整体结果并不理想。下载次数在 11～100 次的有919 条，201～300 次的有 407 条，1001～5000 次的有 18 条，5000 次以上的仅有2 条。这充分显示了该网站数据下载次数较低，即用户的数据利用率较低。

"热门数据"是各地方平台用户下载量或访问量最高的数据[①]。通过热门数据的统计可以让平台管理者第一时间了解到当前用户对平台资源的利用程度，重视或关注哪些数据。根据表 3 - 2 和表 3 - 3 可以清晰地看到平台访问量和下载量最高的数据是爱社区和云端武汉企业，表明网站用户群主要对与自身需求相关的数据信息给予相对高的关注度。

---

① 夏昊翔，王众托，党延忠．关于信息系统概念基础的一点思考［J］．2001（10）：17 - 24.

表 3 - 2　武汉市政务公开数据服务网的访问次数前十位

单位：次

排行	浏览次数	数据名称
1	25243	爱社区
2	18606	2014 年武汉市国控企业名单
3	6142	智能公交
4	5369	武汉市预防接种门诊名单
5	3502	云端·武汉企业
6	3266	2018 年 1~11 月全市工业经济运行情况
7	3029	武汉人社
8	3014	全市重点区域公益免费 WiFi 覆盖热点一览表
9	2748	1 号线工作日首末班车时间
10	2665	武汉交警

表 3 - 3　武汉市政务公开数据服务网的下载次数前十位

单位：次

排行	下载次数	数据名称
1	862	云端·武汉企业
2	205	2018 年 1~9 月国民经济主要指标
3	165	武汉市统计局统计年鉴—2015
4	156	民情周报—最新民情数据排名（2018 - 07 - 16）
5	131	2017 年武汉市国民经济和社会发展统计公报
6	81	2018 年 1~11 月全市工业经济运行情况
7	74	2016 年武汉市重点监控企业污染源审核的通报
8	52	2018 年武汉 GDP 增长 8.0%
9	49	2018 年 1~7 月武汉市国民经济主要指标
10	45	武汉市水环境状况

表 3 - 2 和表 3 - 3 显示，下载次数最多的是云端·武汉企业，其次是武汉市国民经济主要指标、民情周报—最新民情数据排名、武汉市国民经济和社会发展统计公报，其中爱社区、智能公交、WiFi、地铁线等数据信息浏览次数较多。由此可见，该网站用户关注点主要在于满足自身需求、与日常生活和服务相关的数据

信息，而对与社会事务相关的公共政策、政府财政预算、地区发展规划等方面的数据关注较少。此外，该网站虽在交流互动栏目中设置咨询建议，但是近两年已无更新信息，用户可进行满意度问卷的提交，但对整体满意度结果无从查阅，说明公众对于政府开放数据的参与率和利用率较低，且与政府部门的互动较少。

目前该网站提供 54 款 APP 应用，主要分为移动应用和微信应用，其中移动应用有 42 个，微信应用有 12 个。按特色主题对 APP 进行分类（见图 3-6），主要有六种：便民利民、文体惠民、交通出行、市容环境、教育医疗、日常应用。其中关注度最高的为爱社区、智能公交和云端·武汉企业，其次为武汉人社、武汉交警、城管四月天以及全民城管。网站还提供地图、搜索、公交服务、导航服务四个开放 API，也可以促进公众对在线地理信息的二次开发利用。

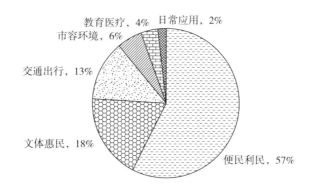

图 3-6　武汉市政务公开数据服务网 APP 用户浏览情况

如图 3-6 所示，便民利民类 APP 所占比例最高，为 57%，其次是文体惠民类（18%）和交通出行类（13%），利用率较少的有市容环境类（6%）、教育医疗类（4%）、日常应用类（2%）。便民利民类 APP 利用率高可以从侧面看出该平台的公共用户多关注与自身日常生活相关的信息及应用；市容环境类、教育医疗类、日常应用类 APP 的利用率低，可以看出该平台用户对于社会政策信息及社会事务类信息关注较少。

4）数据开放统筹——平台构建。本部分将依据武汉市政务公开数据服务网的 APP 和 API 调用情况、平台模块建设情况进行调研，依此发现该平台在政府数据方面存在的问题。

a. APP 和 API 调用情况

目前，我国各地方政府数据开放平台都提供了 APP 应用下载和 API 应用程序编程接口。通过对比北京、上海、山东、广东、武汉、贵阳六个代表性地区的 APP 下载量和 API 调用情况（见表 3-4），以此发现武汉市政府开放数据质量问题。

表3-4 各地方政府数据开放平台APP和API利用情况

平台	APP 应用/个	APP 应用下载量/次	API 接口/个	API 调用量/次
北京市	41	—	1205	1374
上海市	60	15963	651	8938
山东省	43	—	68311	6
广东省	81	761	28	374
武汉市	54	—	4	0
贵阳市	15	515	305	8109

资料来源：马伍翠，刘文云，苏庆收等. 我国地方政府数据开放现状分析及发展对策研究 [J]. 数字图书馆论坛，2019，178 (3): 36-43.

如表3-4所示，通过对六个地方政府数据开放平台APP和API利用情况的对比发现，上海、贵阳两地平台的APP、API利用率较高，这与两地政府数据开放平台上线早发展快有关；其他平台如北京市API调用率不高的原因可能在于北京市数据开放平台API接口于2018年才正式上线。而武汉市政府开放数据平台虽提供地图、搜索、公交服务、导航服务四个开放API，但该平台仅供浏览APP功能简介，不能进行APP应用下载，导致APP应用无下载数据等问题，总体来看，该平台API和APP的功能服务不健全，APP和API利用状况不理想，说明政府部门未意识到政府开放数据所能带来的潜在社会效益。

b. 平台模块建设

我国地方政府开放数据平台的设计有相同之处也有差异性，如北京、上海、山东、广东、贵阳、武汉六个地方的政府数据开放平台都设有开放数据集、数据总量、数据格式类型、主题数据数目、网站统计、地理信息、用户登录、数据评分等基本模块。通过对各地方政府开放数据模块情况进行对比分析（见表3-5），以此来发现武汉市开放数据质量存在的问题。

表3-5 各地方政府数据开放平台模块建设情况

平台	数据集	数据总量/条	数据格式	主题数目/个	网站统计	地理信息	用户登录	数据评分
北京市	1302	7916 万	CSV, TXT, XLSX	20	√	×	√	×
上海市	2015	3.2 万	CSV, TXT, XLSX, PDF, DOCX	12	√	√	√	√
山东省	33066	55900 万	JSON, XML, CXV, XLS	20	√	√	√	√
广东省	3083	13900 万	XLS, XML, DOX, DOCX	12	×	√	×	√
武汉市	2468	11.9 万	XLS, PDF	12	√	√	×	√
贵阳市	3059	823 万	CSV, XLS, XML, JSON	20	√	√	√	√

资料来源：同表3-4。

根据表 3 - 5 所示，北京、上海、山东、广东、武汉、贵阳均提供了数据总量，但广东和武汉没有提供网站统计，北京和武汉两地政府数据开放平台对于数据总量只提供了文字描述，没有设置动态更新机制及数据评分模块。总之，通过对六个地方平台模块的建设情况统计，可以看出武汉市平台建设情况并不乐观，无论是在数据集、数据总量、数据格式，还是在数据数目、网站统计、数据评分方面的模块建设都有待完善。造成此类现象的原因是武汉市数据开放平台只提供简单的数据信息及资源描述，并没有对所提供数据进行清晰具体的配套描述，这将在一定程度上造成数据社会化利用程度低、难以发挥数据潜在价值等问题，从而与数据开放平台的建立初衷相背离。

（2）武汉市政府开放数据质量问题分析。

综合以上数据要素的分析情况，可以看出武汉市数据开放平台既有优势又有不足。武汉市政府开放数据质量问题主要有以下四个方面：

1）从政府机构上看，武汉市参与数据开放的部门有 101 个，总体数量较多，但仍存在未参与数据开放的部门，政府数据开放平台的构建要以足量开放数据为支撑，这就要求各政府部门积极参与数据开放工作，以避免将平台建设流于形式。

2）从政府数据上看，通过对武汉市数据发布量、数据类型及热门数据的分析，武汉市数据发布量较高的年份为 2014 年和 2016 年，而近两年数据发布量较平稳，总体数据开放量较低。而政府开放的数据类型多集中于公共服务、政府机构、农业农村等与社会发展相关的数据，关于福利、文体娱乐的数据较少。此外，所开放的政府数据目前未能充分满足社会不同层次、不同用户的数据需求。

3）从数据用户上看，通过对 2012～2019 年武汉市政务公开数据服务网的下载和浏览次数总量进行统计，发现用户浏览量和下载量较低。在数据开放平台的交流互动模块中，针对用户所提供的反馈问题，平台解答回复不及时，且近两年关于用户满意度的调查反馈结果无从查询。

4）从平台构建上看，通过对比北京、上海、山东、广东、武汉、贵阳六个代表性地区的 APP 下载量、API 调用情况、开放数据集、数据总量、数据格式类型、主题数据数目、网站统计、地理信息、用户登录、数据评分等情况，可以看出武汉市开放数据平台建设不完善，存在 APP 和 API 未被有效利用的问题，且该平台只提供简单的数据信息和相应描述，并没有对数据进行清晰具体的配套描述，这将在一定程度上造成数据的社会化利用程度低、难以发挥数据的潜在价值等问题。

总之，武汉市政府在进行数据开放的同时未注重开放数据质量的保障和提高。首先，武汉市数据开放总量虽多，但大部分为 PDF 格式，数据可机读比例仅占 54%，由此导致用户无法对数据进行直接利用，且数据开放实质是以信息公开为主，未明确赋予并保障公众自由利用、解读、分享政府开放数据的权利。

其次，由于政府部门未对开放数据目录、数据开放频率、公众参与机制给予明确规定，使以满足公众需求为目的所开放的政府数据，并未得到来自公众用户的有效反馈。

4. 北京市政务数据资源网

（1）北京市政务数据资源网现状调研。

截至 2019 年 4 月 1 日，北京市政务数据资源网共有 56 个政府部门发布的 1261 类数据集，数据量为 7731 万条，分为 20 个一级类目、57 个二级类目和 83 个三级类目。通过对北京市政务数据资源网的数据在数据分类、数据更新与下载、数据格式与元数据三个方面进行调研与分析，在调研过程中，查询了数据分类方式、数据的更新时间、数据的下载量与浏览量、数据下载的格式、数据是否缺失乱码、下载数据是否需要注册账号等，并进行记录。

1）数据分类。

第一，类目划分不合理。一级类目中，财税金融、信用服务、经济建设 3 个类目并没有下设二级类目与三级类目，没有体现类目下的主要内容。一级类目政府机构与社会团体中，虽然下设了二级类目，但是没有划分出三级类目①。

第二，类目划分不详细。一级类目房屋住宅下，只有房屋建设和房屋服务 2 个二级类目及住房建设工程 1 个三级类目，一级类目生活安全下，只有紧急避难和安全服务 2 个二级类目，避难场所 1 个三级类目，划分不够具体详细。一级类目交通服务下，设有飞机、汽车、地铁、执法监管 4 个二级类目，但三级类目不够详细，缺乏各交通工具的时刻表信息，以及机场和地铁的相关数据资源。

第三，数据集种类不全面。一级类目劳动就业下，只有就业服务、职业技能、职业介绍 3 个二级类目，数据集仅有 4 个，未能完全覆盖这个类目涵盖的内容。具体数据如表 3-6 所示。

表 3-6　北京市政务数据资源网各级类目数量

单位：个

一级类目	二级类目	三级类目
经济建设	无	无
信用服务	无	无
财税金融	无	无
旅游金融	3	10
交通服务	4	6

---

① 李晓彤，翟军，郑贵福. 我国地方政府开放数据的数据质量评价研究——以北京、广州和哈尔滨为例 [J]. 情报杂志，2018，37（6）：141-145.

续表

一级类目	二级类目	三级类目
餐饮美食	3	3
医疗健康	5	12
文体娱乐	4	6
消费购物	2	4
生活安全	2	1
宗教信仰	2	2
教育科研	3	3
社会保障	7	5
劳动就业	3	3
生活服务	3	10
房屋住宅	2	1
政府机构与社会团体	4	无
环境与资源保护	3	4
企业服务	5	11
农业农村	2	2

2）数据更新与下载。在目前上传的所有数据集中，更新时间集中在2018年，超过65%的数据集在2018年更新，少数在2019年、2017年和2016年更新，还有一部分在2015年之前更新（见图3-7）。最早的更新时间在2012年7月19日，最晚的更新时间是2019年4月1日。

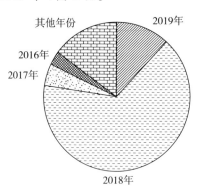

图3-7 不同年份上传/更新数据集圆饼图中各部分所占比例

目前该网站累计数据下载量达到121518次，在所有一级类目中，累计下载量最多的是经济建设、旅游金融、交通服务、教育科研、企业服务，下载量均达到了一万次以上，但是各类目包含的数据集个数并不多，如表3-7所示。旅游金融、交通服务类目下包含的数据集数量不到50次，经济建设、教育科研、企业服务3个类目的资源相对完善。

表3-7　北京市政务数据资源网各类目数据集数量及下载量

单位：次

一级类目	数据集数量	下载量	浏览量	浏览量/下载量比值
经济建设	323	15681	103925	6.63
信用服务	27	1321	20789	15.74
财税金融	47	1437	9787	6.81
旅游金融	39	10494	104619	9.97
交通服务	41	12279	135424	11.03
餐饮美食	6	589	7382	12.53
医疗健康	50	7592	72083	9.49
文体娱乐	113	6230	69674	11.18
消费购物	7	825	11591	14.05
生活安全	14	1537	28533	18.56
宗教信仰	7	1977	17709	8.96
教育科研	85	13608	175098	12.87
社会保障	72	4357	43077	9.89
劳动就业	30	1445	15355	10.63
生活服务	72	8517	99594	11.69
房屋住宅	27	950	8930	9.40
政府机构与社会团体	66	8696	85338	9.81
环境与资源保护	74	6936	83352	12.02
企业服务	68	12066	128874	10.68
农业农村	37	4981	17243	3.46

由此可知，在数据更新与下载方面，存在以下质量问题：

第一，数据更新不及时。北京市政务数据资源网上传数据更新并不及时，许多数据集的版本过于老旧，存在多数常年不更新的数据集，说明平台网站的管理者在数据集的管理上存在疏忽[①]。

第二，数据下载量与浏览量相差较大。如餐饮美食、消费购物、宗教信仰类数据，数据集数量与用户下载量都较少。同时在每一类数据集中，浏览量远高于

----

① 梁玮欣. 基于层次分析法的地方政府开放数据的评价研究——以北京市、贵阳市和佛山市南海区为例 [J]. 办公自动化, 2018, 23 (6): 52-60, 16.

下载量，反映出数据集与用户需求存在一定的不匹配，数据集的质量有待提高。

3）数据格式与元数据。目前网站中的数据集下载格式只提供 ZIP、XLS、CSV 三种形式，XLS 格式提供最多，能同时具备可读性与机读性；其次是 CSV 格式，只具备机读性；ZIP 格式最少，需要解压使用①。在数据格式与元数据方面，存在以下质量问题：

第一，数据内容过于简单。大多数的数据内容信息只有简单的序号、名称、地址、联系电话等信息，数据量也明显较少，缺乏更详细的内容。例如，环境与资源保护类目下的市道路清扫保洁面积数据集，只单纯提供道路清扫保洁总面积，并未细分出各街道的保洁面积，未能全面提供此类目所包含的具体数据。

第二，缺少关键性数据。医疗健康下的北京市三级中医医疗机构信息数据汇总数据集，只含有序号、名称、地址、电话、网址、预约挂号方式等内容，并未给出各三级中医医疗机构的科室信息、医生信息、门诊信息等病患迫切需要的信息；房屋住宅类目下的北京市预售商品房住宅项目信息数据集，仅含有序号、项目名称、预售证号、发证时间等内容，并未给出预售商品房地址信息、面积信息、价格信息等内容，未能给目标用户提供全面的信息。

第三，数据利用不便捷。医疗健康下的北京市医疗服务价格信息数据集，只提供序号、编码、项目名称、价格信息等内容，并且价格信息栏中全部显示为"详见《北京市医疗服务价格信息.ZIP》"，需要用户自行下载《北京市医疗服务价格信息.ZIP》来得到目标数据，在一定程度上导致用户利用数据的不便捷性。

第四，数据不完整。在下载的数据中，明显可见部分数据项的缺失，出现数据完整性不足的数据质量问题（见图 3 - 8）。

| 2 | 中电报（北京）音像出版社有限公司 | 丰台区南四环西路188号七区18号楼402 | 100070 | 中电传媒股份有限公司 | 西城区白广路二条1号 | 国家能源局 | 西城区月坛南街38号 | 有限责任公司或有限公司 | 出版科技、教育方面的音像制品；科技、教育方面的电子出版物 |
| 3 | 中影音像出版发行有限公司 | 北京市西城区北展北街7号E座 | 100044 | 中国电影股份有限公司 | 北京市西城区北展北街7号E座 | 国家新闻出版广电总局 | 北京市复兴门外大街2号 | | 出版文艺方面的录像制品及其影视中以音乐为主的录音制品 |

图 3 - 8 《音像出版单位》截图

---

① 林焱. 我国政府数据开放的元数据管理研究 [D]. 武汉：武汉大学硕士学位论文，2018.

（2）北京市政务数据资源网现状分析。

1）可见的优势。

第一，北京市政务数据资源网对平台中的数据进行具体分类，并涵盖社会大众关心的各方面数据，提供多种查询方式，保障了用户对数据的可获得性。

第二，网站数据更新及时，大部分数据是最新的数据，可使用户检索到实时准确的数据。并且平台的数据大多数是统计数据，由专门机构整理提供，为用户提供更加系统及时的数据，满足用户不同方面的需要①。

第三，平台的数据下载之后，并未看到数据乱码、数据不对应、时间日期格式混乱等质量问题。平台提供的数据下载格式都具有较强的可读性和机读性，用户可根据自身需要直接进行数据分析与使用。

2）存在的劣势。

第一，网站的分类细致程度不够，许多专题下划分不够详细，数据集的数量以及覆盖范围不够广泛②。

第二，对开放数据资源的解释较为简洁，也未使用固定的格式进行解释，网站管理部门应对数据集不断完善，添加有利于用户数据使用的资源注解与标识。

第三，目前平台只提供简单的数据信息，这会造成数据难以被公众用户使用，使数据隐含价值难以被挖掘，难以实现政府数据开放网站建设的初衷。

第四，数据下载格式种类相对较少，限制了用户或计算机对数据的分析使用，同时数据的组织和呈现方式过于专业，便于专业人员和研究人员使用，但同时也在一定程度上限制了社会公众对数据的理解使用。

第五，下载的平台数据集存在部分数据缺失的现象。数据中的个别条目只提供几条数据，在数据完整性无法保障的前提下，就会影响用户后续对开放数据的分析利用，也会降低数据隐含价值的发挥。

3）可遇的机会。大数据时代的到来，使数据之间的联系增强，数据的蕴含价值得到挖掘，也提供了发现新知识的可能性。国内大数据行业作为新一代信息技术的新兴产业，近年来也受到政府、社会和业界的广泛关注，大数据分析与挖掘成为各企业的核心竞争力，也成为社会经济发展的重要趋势。

在大数据时代背景下，政府和企业应紧紧抓住大数据的发展机遇，在必要的人力、物力与资金的支持下，让作为大数据特殊形式的政府大数据得以发展，使政府开放数据更好地发挥经济效益与社会效益。

4）遍布的威胁。政府向社会公众开放相关部门数据，可通过相关利益者的

①　翟军，陶晨阳，李晓彤．开放政府数据质量评估研究进展及启示［J］．图书馆，2018（12）：74－79.

②　李荣峰．中国政府数据开放平台建设问题研究［D］．长春：吉林大学硕士学位论文，2018.

合作进行数据价值的挖掘，但政府数据开放是一把双刃剑，在提供价值的同时也会带来相应的威胁。

对于政府数据开放来说，首先需要明确数据开放的范围领域与格式等问题。同时，在前期需要国家层面的政策支持，各地方政府也要在国家政策的基础上，根据各地实际进行具体的政策细化，还要兼顾数据开放中的风险管控与监督问责。

此外，政府数据开放中会涉及数据安全与数据保密，也会涉及公众的个人隐私，为确保政府开放数据的可利用性，政府部门需明确数据公开目录，注重数据开放过程中的脱敏处理，在数据收集、预处理、存储、处理、分析及可视化各阶段注意数据安全与隐私问题。由于我国的政府数据开放工作起步较晚，在此方面可考虑借鉴国外的解决方案。

二、国内外政府数据开放政策现状调研与分析

完善的法律法规体系是政府数据开放的重要支撑，也是各地政府数据开放工作得以顺利实施的必要前提。针对国外政府数据开放政策现状，本节选择以英、法、美、加四个国家为调研对象进行分析，以此来把握国外政府数据开放政策的现状；对于我国的政府数据开放政策，首先从宏观视角分析我国政府数据开放政策的整体现状，随后以上海市为对象进行政府数据开放政策的个案调研分析。

（一）国外政府数据开放政策现状调研分析

美国是世界上最早开展政府数据开放工作的国家，英国居于第二位，加拿大和法国也是政府数据开放程度较高的国家。本小节拟对英国、加拿大、法国、美国四个国家的政府数据开放相关政策进行现状调研与分析。

1. 英国

英国是世界上第二个实施开放政府数据（Open Government Data，OGD）的国家，2017年《开放数据晴雨表》全球报告显示，英国的政府数据开放程度排名跃升为世界首位。时任英国首相布朗在2009年6月对外宣布政府数据公开计划，自此"让公共数据公开"倡导计划正式启动①。英国内阁办公室于2013年11月1日正式发布《G8开放数据宪章国家行动计划》，该计划要求开放高价值

---

① 罗博. 国外政府数据开放计划：进展与启示［J］. 情报理论与实践，2014（12）：138－144.

数据集并将其上升到国家战略的高度，同时启动"国家信息基础设施"计划，为实现 OGD 目标和保持国际领先地位提供良好的政策支持。2014 年，启动"地方开放数据调查"项目，该项目主要是联合当地的组织对巴西、加拿大、美国等国家的城市进行调查，深入了解当地政府数据开放状况，并为地方政府在数据开放方面提供建议①。2015 年，英国内阁办公室出台《国家信息基础设施实施文件》，规定"安全、以用户为中心、良好管理、可靠、维护、灵活性以及互联与可用性"这七项为"国家信息基础设施"（The National Information Infrastructure, NII）的指导原则②。2016 年 5 月，英国发布《2016～2018 年英国开放政府国家行动计划》（UK Open Government National Action Plan 2016 to 2018），该计划涉及教育、金融、交通、住房、医疗等众多领域。

纵观英国政府数据开放历程，能够在短期内赶超美国，英国针对政府数据开放所发布的政策起到了至关重要的作用。首先，英国政府对于数据开放运动给予了必要的重视，在前期发布相关政策，将政府开放数据集建设上升到了国家战略的高度，并进行国家信息基础设施建设，这就为政府数据开放的后期各项工作提供了重要的前提条件。其次，英国重视在政府数据开放方面的跨国合作，通过国家间的联合行动推动政府数据开放相关政策的执行，也由此完善国内的政府数据开放政策体系。此外，英国发布的以用户为中心或以促进公众参与为原则的政府数据开放政策，有效提高公众对政府数据开放工作的参与度和责任感，接收公众用户对政府开放数据的反馈意见，从而作用于政府开放数据质量的提高。

2. 加拿大

《开放数据晴雨表》全球报告数据显示，2013 年加拿大政府数据开放程度排名第十，2017 年跃居第二名，近年来加拿大政府在开放数据的实施与管理上投入较大，政府数据开放水平不断提高。2011 年，加拿大政府颁布《开放政府协议》，持续推进政府数据开放进程；2012 年发布了《加拿大政府数据开放许可》，2015 年发布《开放数据宪章——加拿大行动计划》等 10 余项法规政策与指南，对加拿大政府数据开放政策体系进行一系列改革。2016 年，制订了《开放政府合作伙伴的第二次两年计划（2016 - 2018）》，这为加拿大政府数据开放改革指

①　翟军等．开放数据背景下政府高价值数据研究——数据供给的视角［J］．图书馆学研究，2017，22（12）：76 - 84．

②　The National Information Infrastructure（NII）Implementation document［EB/OL］．［2018 - 05 - 10］．https：//www. gov. uk/government/uploads/system/uploads/attachment_ data/file/416472/National_ Infrastructure_ Implementation. pdf.

明了方向，也为其提供了最全面的指导①。2017 年，加拿大政府为加深公众对数据开放的理解以及提升政府数据开放能力，制定了《开放数据 101》，主要内容是通用的数据开放原则与指南。

加拿大政府在进行数据开放工作中真正体现了以用户为中心，重视公众用户参与。例如，《加拿大政府数据开放许可》在颁布之初，就曾邀请社会各界对其进行讨论，通过反馈信息以求完善，该举措引起国内外积极反响，收到了来自加拿大国内和多个国际开放存取组织的反馈，最终加拿大政府根据反馈意见修订了原有的一些条款。由此可以看出，加拿大政府所接收的关于政府开放数据的公众反馈得到了真正落实，也使公众用户真正参与到政府数据开放工作中，在提高公众参与感的同时也会增强公众对政府工作的认同感，提高政府公信力。

此外，加拿大政府数据开放政策法规相互关联并不断进行修订完善。例如，《信息获取政策》和《信息获取法管理指导》就是作为《信息获取法》的补充而颁布的。《信息获取法》主要针对加拿大政府数据开放中的开放机构范围、开放和保护的对象进行规定，而后颁布的《信息获取政策》和《信息获取法管理指导》是作为《信息获取法》的补充和延伸，对数据开放机构的部门设置、工作内容、工作职责等细则作出相关规定②。同时，加拿大多项政府数据开放政策都在具体实施中进行了相关修订和完善，使加拿大的政府数据开放政策根据实际情况实时进行调整，以适应当下社会环境对政府数据开放政策所提出的需求。

3. 法国

根据《开放数据晴雨表》全球报告数据，2017 年法国政府数据开放程度排名跃居第三。法国于 2014 年 4 月 24 日加入"开放政府合作联盟"（OGP）组织，截止到目前，该组织由最初的 15 个成员增加至 65 个。2014 年底，法国第一个开放式法案《数字共和国法案》签署，该法案主要关注数据安全、加强网络数据监管等内容，首要讨论的主题是政府数据开放，高度重视提高政府数据开放水平③。2015年，发布《2015~2017 年国家行动计划》，该计划由民间和政府协同创建，政府在提升透明度和公众参与度方面下了很大的功夫。2016 年，发布了以保障用户使用数据的权利并保护个人数据隐私、确保互联网用户能够免费获得自己的数据、设置互联网接入的最低门槛三个部分为主的《数字共和国法案》④。

① 周文泓，夏俊英. 加拿大政府开放数据的特点研究及启示 [J]. 情报理论与实践，2018，41（4）：150－154.

② 胡逸芳，林焱. 加拿大政府数据开放政策法规保障及对中国的启示 [J]. 电子政务，2017（5）：2－10.

③ 刘凌，罗戎. 大数据视角下政府数据开放与个人隐私保护研究 [J]. 情报科学，2017，32（2）：112－118.

④ 筱雪等. 法国政府开放数据发展现状及启示研究 [J]. 现代情报，2017，37（7）：138－143.

首先，从总体来看，法国政府针对政府数据开放所颁布的政策在不断增加和完善，由此可有效提升政府数据开放的相关法律地位，提高政府部门工作人员对数据开放工作的重视程度。法国在重视国内政府数据开放的同时也积极参与国际政府数据开放运动，加入"开放政府合作联盟"（OGP）增强与其他参与国在政府数据开放中的共同联系。

其次，政府数据开放中的数据安全和个人隐私也是需要重视的问题。而法国早在2014年颁布的《数字共和国法案》中，就主要关注网络数据监管和数据安全等问题。同时，法国也颁布相关法律进行个人隐私数据的保护，提倡开放公共数据时可选择不公开个人数据，或在基本不破坏政府数据原始性、完整性的原则之下，对敏感数据进行脱敏处理。《行政文书公开法》中也规定不予公开私人生活、个人医疗档案中的隐私数据[1]。由此可避免政府数据开放中的数据安全问题，以及个人隐私泄露问题，可有效提高政府数据开放的效率。

Etalab作为法国协调国家数据领域战略的设计和实施部门，致力于协调国家公共服务部门间的数据利用。Etalab通过协调政府数据开放共享政策，以促进公共信息的传播和再利用，有助于部门之间的数据流动和交换，同时Etalab秉承"开放政府"的原则，通过接收公众的反馈意见以及公众参与政府有关活动，有效提高了政府工作透明度[2]。因此，在Etalab的有效监管下，可促进法国政府数据开放平台最大限度地保障公众的信息获取权利。总之，法国政府数据开放政策，有效保障了法国在政府数据开放方面的国际合作、数据安全、隐私保护、部门监管等，是法国政府数据开放工作顺利开展和完善的必要条件。

4. 美国

美国在1985年发布的《联邦政府信息资源管理政策》中首次提出"政府数据开放"这一概念[3]。时任美国总统奥巴马在2009年签署了《透明和开放的政府》备忘录，提出美国政府将共同努力确保公众信任，建立透明、协作、公众参与的政府体系，通过开放的政府提高美国的民主程度，以及美国政府的工作效率[4]。同年，美国政府建立了开放数据网络平台data. gov，随后又颁发了《开放政府指令》，要求各部门各机构在data. gov上传首批可供公众获取的数据。可以

① 黄如花，林焱. 法国政府数据开放共享的政策法规保障及对我国的启示 [J]. 图书馆，2017（3）：1-6.

② Etalab - data. gouv. fr [EB/OL].［2021-08-09］. https：//www. data. gouv. fr/fr/organizations/etalab/.

③ The federal government information resources management policies [EB/OL].［2016-06-06］. http：//www，whitehouse. gov/omb/circular_ a130_ a130trans4.

④ Transparency and Open Government [EB/OL].［2021-08-10］. https：//obamawhitehouse. archives. gov/the - press - office/transparency - and - open - government.

看出，在美国政府数据开放初期，其颁布的政策都致力于政府数据开放的意义阐释和数据开放平台的构建，这就为后期政府数据开放工作提供了坚实的基础，切实践行了开放政府的构想。

2013年5月，奥巴马签署行政指令《将政府信息开放与可机读性默认为政府工作》，该指令强调所发布的政府开放数据形式应具有机器可读性，以确保政府开放数据易于被公众用户查找获取和使用。《开放数据政策——将信息作为资产进行管理》更是详细提出了政府数据开放的政策要求和实施策略，如数据格式要机器可读、开放、标准以及开放协议和元数据的要求，数据目录的设立方式等，保证了政府数据的有效发布和利用[①]。同时，在行政指令《将政府信息开放与可机读性默认为政府工作》的第二节《开放数据政策》中提到，政府机构应当在信息生命周期的每一个阶段进行完善的个人隐私、保密信息和安全风险分析，从而甄别出不应被公开的信息[②]。此外，美国政府后续也颁布了专门针对信息安全和个人隐私保护的相关政策。

总之，美国政府数据开放政策是随着政府数据开放的发展阶段而不断补充和完善的。在政府数据开放前期，发布的政策主要致力于保障数据开放平台网站的构建和使用，使政府数据开放工作具备官方的发布和沟通渠道。之后的政府数据开放政策侧重于对政府开放数据的可机读性和数据质量提出要求，以使美国政府开放数据在数量和质量上得到双重保障，提高政府开放数据的有效利用。在政府数据开放运动发展过程中，美国政府针对数据安全和个人隐私这一重要制约因素也提供了相应的政策保障，从国家政策角度确保了政府开放数据和个人隐私数据的安全和平衡，有助于构建和谐安全的政府数据开放环境。

（二）我国政府数据开放政策现状调研分析

对于我国政府数据开放政策现状的调研分析，本小节将从宏观和微观两个视角，分别对我国整体的政府数据开放政策和上海市政府数据开放政策进行实际调研和分析，以对我国政府数据开放政策现状有完整而全面的了解和把握。

1. 我国整体上政府数据开放政策调研分析

（1）我国整体上政府数据开放政策调研。

2004年我国出台的《关于加强信息资源开发利用工作的若干意见》中强调，要加强对政府数据和信息资源的探索和研究力度，开发其更深层次的价值并加以利用，促进国内信息化发展和建设工作；2008年5月我国发布的《中华人民共

---

① 白献阳. 美国政府数据开放政策体系研究［J］. 图书馆学研究, 2018 (2)：40-44.

② 蔡婧璇, 黄如花. 美国政府数据开放的政策法规保障及对我国的启示［J］. 图书与情报, 2017 (1)：10-17.

和国政府信息公开条例》中指出，政府信息资源的公开必须要有一个严格的规定来保证信息资源的安全和质量，主要包括政府信息资源的公开程度、公开方法和公开过程这三个方面①；国务院在 2013 年 7 月颁布的《当前政府信息公开重点工作安排》公开了九个重点领域信息；国务院于 2015 年 4 月印发的《2015 年政府信息公开工作要点》中指导地方政府加强管理制度机制、搭建更好的服务平台；2015 年 8 月发布的《促进大数据发展行动纲要》中指出要把建设政府数据开放平台规格提升到国家层面上来；2017 年 2 月国家通过了《关于推进公共信息资源开放的若干意见》，要求充分发挥政府信息资源的社会经济价值②；2018 年 1月，国家网信办、发展改革委、工业和信息化部联合颁发了《公共信息资源开放试点工作方案》，试点地区要结合实际抓紧制定具体实施方案，明确试点范围，细化任务措施，积极认真有序开展相关工作，着力提高开放数据质量、促进社会化利用，探索建立制度规范③。从国家颁布的政策法律来看，我国法律法规主要重视政府信息资源的公开，但没有把政府信息资源和开放数据的概念区分开，没有为政府数据开放工作出台专门的政策法规。

为对我国政府数据开放政策有更加具体的把握，采用随机抽样方法（对我国各副省级城市进行编号，随机抽取十五个进行研究）对我国各地政府近年来颁布的政府数据开放相关政策进行总结，并以表格形式呈现出来，如表 3 – 8 所示。

表 3 – 8 我国地方政府数据开放相关政策

城市	政策	发布时间
广州	《加快全市电子政务建设工作方案的通知》	2010 – 05 – 14
	《广州市人民政府办公厅关于促进大数据发展的实施意见》	2017 – 01 – 7
	《广州市信息化发展第十三个五年发展规划（2016 – 2018）》	2017 – 01 – 14
深圳	《深圳市推进互联网 + 政务服务暨一门式一网式政府服务模式改革实施方案》	2016 – 04 – 22
	《深圳市促进大数据发展行动计划（2016 – 2018 年)》	2016 – 10 – 25
南京	《南京市"互联网 + 政务"实施方案》	2017 – 01 – 10
	《政务信息资源共享管理暂行办法》	2017 – 10 – 26

---

① 周文泓. 我国地方政府开放数据政策构建的进展与优化策略研究［J］. 图书馆学研究，2018（15）：39 – 45.

② 魏吉华、王新才. 我国政府信息资源开发利用策略探讨［J］. 电子政务，2007（Z1）：78 – 83.

③ 中共中央网络安全和信息化委员会办公室. 中央网信办、发展改革委、工业和信息化部联合开展公共信息资源开放试点工作［EB/OL］. ［2021 – 08 – 11］. http：//www. cac. gov. cn/2018 – 01/05/c_1122215495. htm.

城市	政策	发布时间
武汉	《市人民政府关于加快大数据推广应用促进大数据产业发展的意见》	2014 – 07 – 11
	《武汉市政务数据资源共享管理协议》	2015 – 11 – 20
	《武汉市国民经济和社会发展第十三个五年规划纲要》	2016 – 04 – 19
西安	《陕西省人民政府关于加快推进全省"互联网 + 政务服务"工作的实施意见》	2016 – 12 – 28
成都	《四川省人民政府关于印发四川省加快推进"互联网 + 政务服务"工作方案的通知》	2017 – 09 – 14
济南	《济南市"互联网 +"行动计划（2016 – 2018 年)》	2016 – 03 – 024
杭州	《杭州市政务数据资源共享管理暂行办法》	2015 – 02 – 15
	《杭州市人民政府办公厅关于推进杭州市智慧电子政务建设工作的若干意见》	2015 – 04 – 28
	《市政府关于推进"互联网 +"行动的实施意见》	2015 – 11 – 24
哈尔滨	《哈尔滨市人民政府关于印发哈尔滨市促进数据发展若干政策（试行）的通知》	2016 – 08 – 15
	《哈尔滨市推进政府数据向社会开放工作实施方案》	2017 – 03 – 10
	《哈尔滨市加快推进"互联网 + 政务服务"工作方案》	2017 – 04 – 13
长春	《长春市信息化促进办法》	2013 – 06 – 3
大连	《大连市加快推进"互联网 + 政务服务"工作实施方案》	2017 – 05 – 8
	《大连市政务信息资源管理暂行办法》	2017 – 08 – 15
青岛	《关于促进大数据发展的实施意见》	2017 – 05 – 23
厦门	《厦门市促进大数据发展工作实施方案》	2013 – 03 – 2
宁波	《宁波市人民政府关于加快发展信息经济的实施意见》	2015 – 06 – 24
沈阳	《关于推进"互联网 + 政务服务"工作实施方案》	2017 – 05 – 11

通过对表 3 – 8 中各项数据的统计，对发布的政策数量与时间的关系、政策数量与地域的关系进行分析，如图 3 – 9 和图 3 – 10 所示。

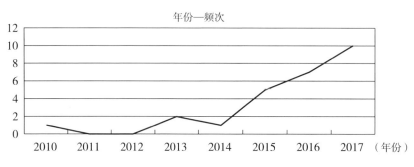

图 3 – 9 我国政策与年份关系的折线统计

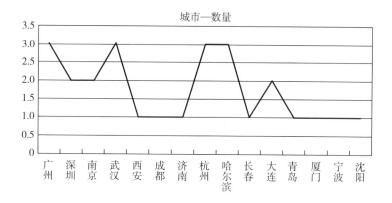

图 3-10　我国政策数量与城市关系的折线统计

图 3-10 显示：①我国关于政府数据开放政策的数量随时间逐步增长，尤其在 2014 年以后，增长速度加快，这说明我国已逐步意识到政府数据开放的重要性，而且通过发布各项政策文件来保障我国政府数据开放工作的稳步发展。②从地域分布看，广州、武汉等城市发布的有关政府数据开放政策比较多，这说明我国经济发展比较发达的城市较重视政府数据开放工作，而经济稍落后城市的政府数据开放工作还有较大发展空间。

（2）我国整体上政府数据开放政策分析。

通过以上对我国政府数据开放相关政策的调研，本部分主要从法律法规建设、数据开放与共享、数据安全三个方面对其进行分析。

1）法律法规建设。建设完善的政策体系是我国政府开放数据工作的有力保障。把政府开放数据政策的相关法律设定列入政府工作重点的只有广州、武汉、宁波三个城市。其中武汉和宁波仅简单提及需要完善政府法律法规、制定政府日志章程和文件，并未细化具体措施。只有广州提出了涉及数据开放、电子政务、网络经济模式、个人信用、数据安全等多方面的具体法律和规章制度。总之，我国地方政府和公众对开放政府数据的概念认知并不清晰，未意识到政府开放数据的意义所在，政府也未建立完善的法律体系来支持和保障政府数据开放工作。

2）数据开放与共享。发挥政府开放数据应用价值的前提是要实现政府数据的开放与共享，其中主要包括政府开放数据潜在价值的挖掘与利用，使政府开放数据的价值真正作用于社会发展。由以上调查可知，大多数城市都发布了数据开放、数据共享、数据应用的相关政策，这说明我国各地方政府在如何开放政府数据、开放政府数据的具体过程以及开放条件等方面基本达成共识。

在数据开放共享过程中有两个重要影响因素：一是开放数据的广度与深度；

二是对政府开放数据的质量监管。《杭州市政务数据资源共享管理暂行办法》和《大连市政务信息资源共享管理暂行办法》就为地方政府开展数据开放工作提供了具体参考，并严格制定了政府在数据开放工作中应履行的基本行为准则。

对于如何拓宽大数据在开放政府数据过程中的应用，主要有以下两点：第一，政府部门要利用开放数据进行数据产品的开发与推广，同时要鼓励社会单位与个人参与政府开放数据的开发利用。《广州市人民政府办公厅关于促进大数据发展的实施意见》和《青岛市关于促进大数据发展的实施意见》等政策都提出政府数据开放的主要目标就是促进政府大数据的有效利用。第二，由以上的政策分析可知，政府数据开放工作顺应如今大数据快速发展的时代潮流，为推动政府数据开放工作的全面完善，哈尔滨市发布的《哈尔滨市人民政府关于印发哈尔滨市促进数据发展若干政策（试行）的通知》中还专门提到建设大数据工作实验项目，以实现政府开放数据的增值利用，充分发挥其社会价值。

3）数据安全。数据安全问题是政府开放数据共享利用的重要制约因素。如果政府在开放数据过程中出现错误或者安全漏洞，很可能会有不法分子借机侵入政府数据开放平台，带来安全隐患和社会危害。目前，我国很多城市大多在信息安全管理、电子信息安全等相关质量保障措施中提及数据安全问题，并没有针对数据开放过程中的数据安全问题颁布相关法律法规，缺乏对政府开放数据安全问题的必要重视。

据调查，武汉市发布《武汉市政务数据资源共享管理办法》，但该政策中并没有对数据安全问题做出详细分析；深圳市和杭州市在《政务信息资源共享管理暂行办法》中专列一章提及数据安全问题，表明其对政府数据安全问题的重视；此外，《西安市综合经济数据库数据安全管理暂行规定》《青岛市人力资源和社会保障一体化信息系统数据管理制度（试行）》以及济南市发布的《全市就业信息数据安全保密管理制度》中也有专门针对数据安全方面的管理办法。

除数据安全问题外，政府开放数据政策体系还涉及开放数据质量问题及知识产权保护问题等。但总体来看，数据质量和知识产权方面的政策总量较少，且政策内容不够清晰。在政府开放数据的质量方面，国家层面没有完整系统的指标来具体评估政府开放数据的质量；在所调研城市中，有五个城市没有颁布相关政策，另外十个城市虽意识到政府开放数据质量的重要性，但并没有制定明确的保障措施；对政府开放数据的质量监管，主要依靠电子政务信息质量评测系统来完成，但评测内容模糊，条理不清晰，缺乏专门的政府开放数据评估准则和评估系统。在开放数据的知识产权保护方面，国家层面未出台相关政策，调研城市中也只有两个城市在所发布政策中提及开放数据知识产权保护问题，其他城市均未提及。

2. 上海市政府数据开放政策调研分析

（1）上海市政府数据开放政策调研。

上海市政府数据开放政策主要分为核心政策文本和支持性政策文本。核心政策文本是与政府开放数据直接相关的政策；支持性政策文本是辅助和支持上级政策的具体文件。除核心政策文件外其他政策均为支持性政策文本。

虽然上海市政府近年来已出台一系列关于政府数据开放的政策性文件，但一方面并未完全围绕政府数据开放展开，另一方面政策内容过于宽泛。通过访问上海市人民政府网站和上海市政府数据服务网站，收集整理近 10 年关于"政府数据开放"和"政府信息公开"的政策文本，如表 3 - 9 所示。

表 3 - 9　上海市政府数据开放政策文本

政策类型	发布时间	发布者	政策名称及编号	关键词
核心政策文本	2018 - 04 - 18	市经济信息化委	1. 政务数据资源共享和开放 2018 年度工作计划	数据开放
	2016 - 02 - 29	上海市人民政府	2. 政务数据资源共享管理办法	数据共享
	2016 - 09 - 15	上海市政府数据服务网	3. 上海市大数据发展实施意见	数据发展
	2014 - 05 - 15	上海市人民政府	4. 关于推进政府信息资源向社会开放利用工作实施意见	信息开放
支持性政策	2019 - 03 - 26	上海市人民政府	5. 关于印发 2019 年上海市推进"一网通办"工作要点的通知	数据发展
	2017 - 06 - 02	上海市委	6. 关于全面推进政务公开工作的实施意见	政府数据开放
	2019 - 03 - 27	上海市人民政府	7. 2019 年上海市政务公开工作要点	政府数据开放
	2018 - 05 - 16	上海市人民政府	8. 2018 年上海市政务公开工作要点	政府数据开放
	2017 - 04 - 21	上海市人民政府	9. 2017 年上海市政务公开工作要点	政府数据开放
	2016 - 05 - 25	上海市人民政府	10. 2016 年上海市政务公开工作要点	政府数据开放
	2016 - 10 - 28	上海市人民政府	11. 2016 年度上海市政务公开考核评估实施方案	政务公开
	2015 - 06 - 10	上海市人民政府	12. 2015 年上海市政务公开工作要点	政府数据开放
	2014 - 06 - 30	上海市人民政府	13. 2014 年上海市政务公开工作要点	政府数据开放
	2013 - 08 - 02	上海市人民政府	14. 本市当前政府信息公开重点工作安排	信息公开
	2012 - 06 - 07	上海市人民政府	15. 2012 年上海市政务公开工作要点	政府数据开放
	2011 - 04 - 18	上海市人民政府	16. 2011 年上海市政务公开工作要点	政府数据开放
	2010 - 04 - 12	上海市人民政府	17. 2010 年上海市政务公开工作要点	政府数据开放
	2009 - 04 - 17	上海市人民政府	18. 上海市人民政府关于进一步加强政府信息公开工作的若干意见	信息公开

上海市政府数据开放工作有具体的核心政策支撑，加之支持性政策的补充，有利于共同促进政府数据开放。从已发布的政策文本来看，上海市政府数据开放政策形式以通知和意见为主。现阶段，上海市政府数据开放政策中通知性文本数量较多，纲领性文本数量较少，政府亟须制定统一的纲领性政策文件。

由表 3 - 9 可知，2009 年至今上海市政府有关"政府数据开放"和"政府信息公开"的政策文件累计 18 篇。2009～2015 年的政策数量较为平稳，每年随政府数据开放的发展趋势进行政策的更新与完善。2016 年至今，政策颁布数量呈上升趋势，这一变化的重要影响因素为 2015 年《促进大数据发展行动纲要》的出台。

综观上海市发布有关"数据开放""政务公开"的 18 个政策文本，其核心关键词包括资源管理平台、数据资源目录、开放原则、开放领域、安全保障五个方面，具体如表 3 - 10 所示（文件编号对应表 3 - 9）。

表 3 - 10　上海市政府数据开放政策关键词分布

关键词	文件编号及对应内容
数据资源管理平台	2. 加快建设政府数据统一开放平台。8. 建设完善上海市政府数据服务网。9. 依托数据服务资源平台。12. 完善上海市政府数据资源平台建设。14. 建成政府信息资源平台
数据资源目录	1. 全面深化政府数据资源目录体系建设。7. 推进政务数据资源目录体系建设。13. 深化政务数据资源目录体系建设
开放原则	4. 政府带头、示范引领。5. 开放共享、融合创新。10. 统筹规划、资源整合
开放领域	3. 重点推进资源环境、城市建设等领域的开放。6. 重点推进经济、环境、安全、文化等领域的公共数据资源开发。11. 逐步推进经济、交通、教育、卫生等领域的民生服务。17. 进一步扩大政府信息资源向社会开放试点单位范围。18. 重点推进环境、统计、文化、经济、交通等领域的公共数据资源发放
安全保障	15. 加强安全保障和隐私保护。8. 保障公共利益和个人隐私。16. 保障安全有序全面开放政府数据资源

（2）上海市政府数据开放政策内容分析。

本部分从数据质量角度出发，对上海市政府数据开放政策内容进行分析。从政策的类型来看，上海市政府所发布的针对政府数据开放的核心政策，对政府数据开放工作具有明确的指导意义。

1）政府数据开放过程管理。《政务数据资源共享管理办法》对数据资源目录、共享与使用、数据资源管理平台、数据采集等数据开放过程进行了阐述和明确划分。数据资源目录要求政府部门对所拥有的政府数据资源进行整理，并按照技术标准在资源管理平台上进行目录编制，且每年至少进行一次资源目录的全面检查；共享与使用是除涉及国家机密的非公开数据外，政府部门应该进行必要的数据公开，以开放为原则，不开放为例外；数据资源管理平台包括交换系统和目录管理系统，要求政府部门以计算机可读取的形式，向数据资源管理平台提供访问接口，从而保障数据资源的实时联通与同步更新；数据采集要求除非公开数据外，其他数据都遵循"一数一源"原则，确保政府开放数据的准确性、完整性、时效性。

　　2）政策制定的连贯性。从表3－9中可以看出，上海市根据政府数据开放工作的开展进程，保持相关政策的更新与完善。2010年至今，上海市政府每年都出台《上海市政务公开工作要点》，使政策的制定与实际工作开展的需要相适应，体现出政策制定的连贯性。从国家角度来看，针对政府数据开放颁布的纲领性政策，可为地方政府的进一步政策细化指明方向；从公众角度来看，公众数据利用意识的加强，可有效提高政府开放数据的利用，而公众的意见反馈可为政策内容的完善提供有力依据。

　　3）政府数据开放范围。《上海市大数据发展实施意见》和《关于推进政府信息资源向社会开放利用工作实施意见》都提出要扩大政府数据开放范围，制定兜底条款，除规定的非公开数据外，其他数据资源都要开放。同时要求数据开放范围向事业机构延伸，引导具备公共部门进行数据开放，从而扩大数据开放范围。政府开放数据涉及的领域包括经济发展、卫生健康、文化娱乐、道路交通、教育科技、能源与环境等。截至2019年5月，上海市政府数据开放平台所开放数据总量为31633条，开放数据资源2108个，开放数据部门45个。

　　4）政策法规体系。从政策内容上看，上海市政府所颁布的政府数据开放政策，更注重宏观层面的引导，对整体的数据开放目标、数据开放准则和数据开放要求都有较为明确的规定；而对于具体的数据开放标准、数据开放范围、数据质量把控等方面却未给予足够重视，这无疑是政府数据开放政策体系的空缺，也是推动政府数据开放工作的障碍。此外，核心政策是推动政府开放数据工作的基础，对政策执行情况的监管是政府开放数据工作的必要措施，在发布政府数据开放政策的基础上，加之相关监管政策的配套，可有效提升政府数据开放政策的执行性。

　　（3）上海市政府数据开放政策现状述评。

　　1）现存的优势。上海市政府数据开放政策以国家大数据发展战略和政务公开意见为指导，从上海市的实际情况出发，不断进行改革创新，充分展现出上海市政府对数据开放工作的积极落实。

第一，数据开放目标明确。《上海市大数据发展实施意见》提出，到2020年形成创新社会治理，推动经济转型升级，提升科技创新能力的大数据发展格局。从公共政策的角度来看，政府制定公共政策应把实现社会效益最大化放在首位，上海市政府以此为出发点，积极推动各部门、各层级、跨领域的数据开放，鼓励数据开发利用，深度挖掘数据隐含价值，拓宽数据开放领域和范围，致力于发挥数据潜在的经济效益和社会效益。

第二，政策法规与时俱进。上海市在政府数据开放政策的发布方面，始终讲求与时俱进，不断发展完善政府数据开放政策体系。在数据开放初期，上海市所发布的政策以保障公民知情权为主，致力于通过多种措施、多种渠道来提高政府工作的透明度，以提高政府公信力；在国家出台《促进大数据发展行动纲要》后，上海市政府积极响应《上海市大数据发展实施意见》，将数据的开发利用作为重点，以此挖掘数据的经济和社会效益。此外，还提出建设跨领域、跨部门、跨层级的数据协同共享机制，以实现线上线下政务服务一体化联动。

第三，政策制定具有连贯性。以《上海市政务公开工作要点》为例，2010年至今，上海市政府每年都未间断相关政策更新。在保留原政策中重点内容的基础上，结合政府数据开放工作的实际情况，进行具体内容的调整与完善，以充分满足政府数据开放工作的政策需要。从平台建设来看，上海市最初提出建设政府信息资源服务平台，之后提出建设上海市政府数据资源服务平台，最后完善上海市政府数据服务网。通过政府数据开放平台的建设与逐步完善，可以看出上海市政府数据开放政策是以实际的政府数据开放情况为依据，在不同阶段构建适应公众需求的政府数据开放平台，助力政府数据开放的可持续发展。

2）存在的不足。虽然上海市在政府数据开放方面已取得较大进展，且所发布政策与实际现状也具有较高的匹配度，但整体来看，其政府数据开放政策体系还存在相关问题。

第一，政府数据开放政策缺乏具体实施标准。通过对政府发布的18个政策文件进行分析，可以看出政策内容仅从宏观方面提出指导性建议，对具体的实施细节并没有明确的标准。从数据开放格式标准来看，有3个政策文件都提出要重点提升数据开放技术及管理标准，但并没有提出进一步的实施方案。而此政策颁布之后，在某种程度上会造成各部门理解不一致的问题，为后续数据的统一管理和重用造成障碍。

第二，政策执行过程中的监督评估力度有待提高。政策的执行效果是衡量政策是否有效的重要标准，要确保政策的顺利落实，就要对政策执行效果进行实时的监督和评估，在政策的具体实施过程中不断总结经验，从而为后续政策体系的完善提供有价值的参考。纵观所调研的18个政策文件，仅有《上海市大数据发展实施意见》和《关于推进政府信息资源向社会开放利用工作实施意见》中提到要建立数据开放监督评估机制，但并未展开论述具体的构建方案。

第三，缺乏在个人隐私、数据安全、数据协同等方面的政策体系构建。在政府数据开放工作中，数据安全及个人隐私问题是重要的制约因素，要兼顾此方面的政策完备性。同时，在宏观政策的指导下，要对其具体实施方案进行细化，保障政策执行者在实施过程中的一致性，加强跨部门的数据协同治理，避免数据孤岛，确保各层级各部门在政府数据开放过程中对数据的有效利用。

3）总结。近年来，上海市在政府数据开放方面进行诸多尝试，颁布了一系列政策文件。虽然从宏观层面对政府数据开放工作给予目标指导，但未对数据开放标准等具体细节进行明确要求，导致政策与实践脱节，产生信息孤岛现象。上海市政府可考虑从以下三个方面进行政府开放数据政策体系的完善：

第一，颁布相关政策法规，统一数据开放格式、开放边界、技术标准等政府数据开放规范，其中亟须明确政府数据开放标准和数据开放范围。

第二，明确政府开放数据的更新周期，保障政府开放数据的时效性，确保公众对最新的政府开放数据的可获取性，促进政府开放数据的利用。

第三，构建政府开放数据监督问责机制，明确各类政府开放数据的发布权限和责任归属问题，使政府数据开放工作更加透明有序。

三、政府开放数据利用过程中质量问题调研与分析

对于政府开放数据利用过程中质量问题的调研分析，首先通过对北京、上海、武汉、广州、贵阳五个地区的数据有用性与易用性进行评价，把握政府开放数据利用现状；其次在界定政府开放数据质量评价标准的基础上，选取北京市政务数据资源网、上海市政府数据服务网、武汉市政务公开数据服务网和深圳市政府数据开放平台为调研对象，分别对其政府开放数据易利用程度进行调研分析，并对四个城市政府开放数据质量问题进行对比分析；最后从政策法规、平台建设、数据标准三个方面进行讨论总结。

（一）政府开放数据利用现状

从政策规划来看，当前以美国为首的西方国家（如英国、澳大利亚等）都

通过颁布政策法规，建立了较为完善的政府数据开放战略规划，积极鼓励和引导社会公众利用政府开放数据，并在社会治理、交通管理、医疗卫生、天气预报和灾害预防方面取得一定成效[①]。此外，欧盟在所提出的"地平线计划"中，就将数据基础设施建设作为首要任务，专门征集如FP7Call8的政府数据研究项目[②]。

通过对政府开放数据利用过程中的数据有用性进行评价，发现北京、上海、武汉、广州、贵阳地区在数据有用性方面存在较大差异，主要表现在数据总量、数据时效性和数据的多格式储存方面。其中武汉市数据开放平台的数据集总量最大，但数据格式较单一；北京和广州数据开放平台的数据量均为300条左右，所开放数据总量总体较少；北京、上海、广州和贵阳四个城市的政府开放数据格式多样，且具有较强的可读性。

通过对政府开放数据利用过程中的数据易用性进行评价，发现各城市间没有明显差异。其中武汉市政府数据开放平台的移动端适配性较高；广州、贵阳和上海的政府开放数据易获得性较强，同时所配套设置的数据评级系统，有利于用户进行数据的检索过滤；广州和北京政府数据开放平台的交流互动功能较完善，有利于政府与公众的双向沟通。

北京、上海、武汉、广州、贵阳五个城市政府数据开放平台的数据有用性及易用性比较，如表3-11、表3-12所示。

表3-11　各数据开放平台数据有用性比较

观察指标	北京	上海	广州	贵阳	武汉
时效性	更新不及时	按要求更新	更新不及时	新上线未更新	无更新频率描述
数据量	39个部门	41个部门	46个部门	50个部门	85个部门
	346个数据集	724个数据集	316个数据集	630个数据集	1787个数据集
元数据	13种 较详细	12种 较详细	6种 较详细	12种 较详细	9种 较详细
数据格式	四星评级	四星评级	三星评级	四星评级	一星评级

---

① 张聪丛，邰颖颖，赵畅，杜洪涛. 开放政府数据共享与使用中的隐私保护问题研究——基于开放政府数据生命周期理论［J］. 电子政务，2018（9）：24-36.
② 王芳，陈锋. 国家治理进程中的政府大数据开放利用研究［J］. 中国行政管理，2015（11）：6-12.

表 3 – 12 各数据开放平台数据易用性比较

观察指标	北京	上海	广州	贵阳	武汉
授权方式	无须授权	无须授权	无须授权	无须授权	无须授权
检索方式	分类检索 较方便	分类检索 较方便	分类检索 较方便	分类检索 较方便	分类检索 较方便
数据可视化	部分可生成 可视化图表	可进行网页 预览查询	程度高 可生成多种图表	程度较高 可生成资源图谱	程度较低 仅能进行网页预览
交互性	交互性强且 形式多样	交互性较强	交互性较强	交互性一般	交互性 一般
移动端适配性	无移动端网页 16 个相关 APP	无移动端网页 63 个相关 APP	无移动端网页 8 个相关 APP	无移动端网页 9 个相关 APP	有 APP 和微信 42 个相关 APP

如表 3 – 12 所示，将数据的易用性划分为授权方式、检索方式、数据可视化、交互性、移动端适配性五个方面。五个数据开放平台的授权方式都为无须授权直接登录，所采用的检索方式都为分类检索；广州与贵阳数据开放平台的数据可视化程度较高，可生成数据知识图谱，北京数据开放平台仅有部分可生成可视化图表，上海数据开放平台可进行数据可视化预览，武汉的数据可视化程度较低，仅能进行网页浏览；北京数据开放平台交互性强，广州和上海数据开放平台交互性较强，贵阳与武汉数据开放平台交互性一般；在移动端适配方面，上海市开发有 63 个开放数据 APP，数量最多，但无移动端网页适配，武汉市有官方微信公众号，同时有 42 个相关 APP，北京、广州、贵阳相关 APP 数量分别为 16个、8 个、9 个，且均无移动端网页适配。

（二）政府开放数据利用过程中的质量问题调研

1. 政府开放数据质量标准及数据获取

综合考虑政府开放数据在用户利用过程中所涉及的质量维度，在此将质量评价指标界定为完整性、准确性、及时性、易用性四个维度，如表 3 – 13 所示（以北京市为例）。完整性是指在法律允许范围内，以数据开放为准则，不开放为例外，并对不予开放的数据进行具体说明；准确性是指所开放数据不包含虚假、揣测（预测报表除外）、模糊等内容；及时性是指数据更新的频率与速度；易用性是指数据使用过程中无过多授权限制的可获得性。以上四个维度可被统称为数据易利用程度。

表 3 – 13　政府开放数据质量评价表

指标	实例	存在问题
完整性	描述"零售商店"只有"店名"和"地址"两列（北京）；武汉"旅行社"和"有出境权旅行社"两个数据文件的标题命名不一致	描述实体的字段太少 各数据集字段命名不一致、类型不一致等
准确性	本市汽、柴油最高零售价格中的"价格"无单位（佛山）；字段命名既有英文又有拼音缩写	未定义数据值单位 字段名命名方式模糊不清、不一致或错误
及时性	北京市常住人口受教育程度只更新到 2016 年	数据更新不及时
易用性	数据在 PDF 或 Word 中；"高考报名人数"的类型为 Varchar（青岛），应为整型（数值型）	类型定义错误，如数字被错误地储存为文字等 数据可利用形式陈旧

　　随机选取北京市政务数据资源网（www. bjdata. gov. cn）、武汉市政务公开数据服务网（www. wuhandata. gov. cn）、深圳市政府数据开放平台（opendata. sz. gov. cn）、上海市政府数据服务网（www. datashanghai. gov. cn）作为调研对象，登录以上四个数据开放平台，选择教育科技（北京市政务数据资源网中为教育科研，在此统称为教育科技）、经济建设、交通服务、信用服务四个领域，分别获取其下载次数和更新时间排序靠前二十的数据，如有重复则按照排序顺延，每个数据开放平台共得到 160 份目标数据，检索日期为 2019 年 3 月 15 日。

　　2. 政府开放数据质量调研及问题分析

　　据调查，政府数据开放平台所提供的用户指南中明确规定，用户对开放数据的操作如浏览、下载等均不收取费用，但多数政府数据开放平台在未登录状态下只能对数据进行浏览；所提供的政府开放数据下载格式以 XLS、XML、JSON、CSVD 为主，未能兼顾数据的可读性与机读性；少数政府开放数据提供 Excel 文本下载，但其数据时效性得不到保证。根据以上对政府开放数据的质量标准界定，本部分对北京、武汉、深圳和上海政府开放数据易利用程度问题进行具体分析。

　　（1）北京市政府开放数据易利用程度问题。

　　通过对北京市各数据质量评价指标，所导致政府开放数据质量问题的频次进行统计（见图 3 – 11），得出数据质量问题的百分比图表（见图 3 – 12）。

　　在对北京市政府开放数据样本调查中，共发现 89 个数据质量问题，其中最多的是数据完整性问题，共出现 31 次，占比 35%；第二是数据及时性问题，共出现 27 次，占比 30%；第三是数据易用性问题，出现 20 次，占比 23%；准确性问题出现 11 次，占比 12%，如图 3 – 12 所示。

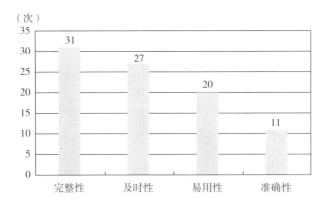

图 3 – 11　北京市政府开放数据质量问题出现频次

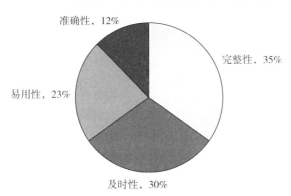

图 3 – 12　北京市政府开放数据质量问题占比

（2）武汉市政府开放数据易利用程度问题。

通过对武汉市各数据质量评价指标，所导致政府开放数据质量问题的频次进行统计（见图 3 – 13），得出数据质量问题的百分比（见图 3 – 14）。

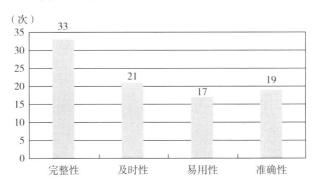

图 3 – 13　武汉市政府开放数据质量问题出现频次

同北京市相比，武汉市政府开放数据质量问题中数据及时性问题大为减少，共出现 21 次，占比 23%；数据完整性问题同样严重，共出现 33 次，占比 37%；数据准确性问题共出现 19 次，占比 21%；数据易用性问题共出现 17 次，占比 19%，如图 3 – 14 所示。

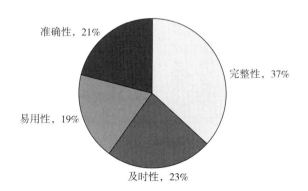

图 3 – 14　武汉市政府开放数据质量问题占比

（3）深圳市政府开放数据易利用程度问题。

　　通过对深圳市各数据质量评价指标，所导致政府开放数据质量问题的频次进行统计（见图 3 – 15），得出数据质量问题的百分比（见图 3 – 16）。

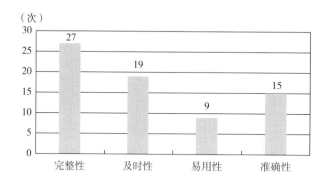

图 3 – 15　深圳市政府开放数据质量问题出现频次

　　深圳市政府开放数据的质量问题，与北京市和武汉市相比总体较好，在所调查的全部数据样本中，各类数据质量问题出现总次数为 70。其中最严重的仍为数据完整性问题，占比 39%；其次为数据及时性问题，共出现 19 次，占比 27%；数据准确性问题出现 15 次，占比 21%；出现次数最少的为数据易用性问题，占比 13%，这与深圳市政府数据开放平台提供有 RDF 格式数据具有重要联系，使数据易用性问题大为减少，如图 3-16 所示。

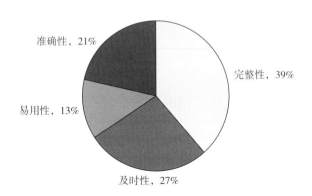

图 3-16 深圳市政府开放数据质量问题占比

（4）上海市政府开放数据易利用程度问题。

通过对上海市各数据质量评价指标，所导致政府开放数据质量问题的频次进行统计（见图 3-17），得出数据质量问题的百分比（见图 3-18）。

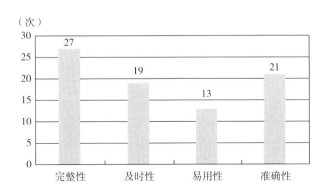

图 3-17 上海市政府开放数据质量问题出现频次

上海市政府开放数据质量问题也较严重，各类数据质量问题共出现 80 次。其中出现次数最多的仍是数据完整性问题，共出现 27 次，占比 34%；其次是数据准确性问题，共出现 21 次，占比 26%；数据及时性问题出现 19 次，占比 24%；数据易用性问题出现 13 次，占比 16%，如图 3-18 所示。

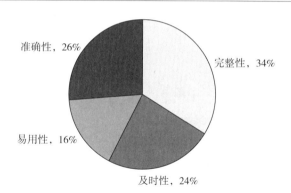

图 3 - 18　上海市政府开放数据质量问题占比

（5）四个城市政府开放数据质量问题对比分析。

总体来看，各个政府数据开放平台的数据质量都有待提升，各个数据开放平台的数据完整性问题最为突出。北京市的政府开放数据的完整性和及时性问题较严重，同时数据准确性问题在四个城市中占比最低；与北京市相比，武汉市政府开放数据质量除占比最高的数据完整性外，其他三个质量指标占比相差较小，应考虑从整体提高政府开放数据质量；深圳市政府开放数据质量问题中，数据易用性问题占比是四个城市中最低的，但数据完整性问题占比为39%，达到四个城市数据完整性问题的最高占比；上海市的数据完整性问题在四个城市中占比最低，但数据准确性问题在四个城市中占比最高。

（三）讨论与总结

通过以上调研分析，现从政策法规、平台建设、数据标准三个方面对政府开放数据质量问题的根源进行总结分析。

（1）政策法规体系不完善。

政府数据的开放利用涉及数据收集、加工、存储、分析等多个步骤，每个步骤都需要相应法律法规的指导。目前我国出台的《政府信息公开条例》《促进大数据发展行动纲要》《国家信息化发展战略纲要》《政务信息资源共享管理暂行办法》都给政府数据开放工作提供了宏观指导[1]。上海市所发布的《上海推进大数据研究与发展三年行动计划（2013－2015年）》提到，将在三年之内完成医疗、卫生、教育、安全、交通五个方面的社会数据统合建设。由此，在国家政策的宏观指导与地方政策的具体细化下，将有助于促进政府数据开放和公众对政府

---

① 梁偲，王雪莹，常静．欧盟"地平线2020"规划制定的借鉴和启示［J］．科技管理研究，2016，36（3）：36－40.

开放数据的开发利用。

　　上海作为我国的前线城市，其政府数据开放工作相比国内多数城市来说，配套的政策体系较完善。但多数地方政府并未在国家政策的指导下，结合地方政府数据开放情况进行具体的政策细化，且各地方政府"各自为政""多头领导""相互分割"的情况时有发生①。因此，只有致力于推动国家层面的政策指导，以及详细的地方战略规划，形成由中央到地方的纵向政策体系，确保最初的政府数据开放构想得到真正落实，才能够真正解决政府开放数据利用过程中的质量问题。

　　（2）数据开放平台功能不健全。

　　从国外政府数据开放进程来看，在确保政府数据开放的基础上，更多注重政府开放数据的利用与维护，重点提升政府开放数据的利用价值。此外，国外政府数据开放平台功能较完善，注重所开放数据的质量把控，并利用数据开放平台提高政府开放数据的利用率，以及公众对政府开放数据的质量反馈。

　　目前，虽然我国还未建立全国统一的政府数据开放平台，但前线城市的地方政府作为我国政府数据开放的领军者，已经建立地方政府数据开放平台。然而，各个地方政府开放数据在数据集的发布与利用方面，仍未形成统一标准，缺乏对所开放数据集的维护与更新，极易造成政府开放数据的质量问题。例如，上海市为政府开放数据制定了包括准确性、及时性、可用性、满意度等用户评价指标，但就网站内所显示的综合得分来看，0 分数据集共 1490 个，1 分数据集 29 个，2 分数据集 24 个，3 分数据集 45 个，4 分和 5 分数据集分别为 434 个和 85 个；北京市政务数据资源网的"数据评论功能"，须先登录实名注册的账号才能进行评论，且只能进行文字评论而并未设置相关打分系统，这将极大影响用户的评价意愿，政府数据开放平台由此也难以收集到公众有价值的意见反馈。在实际的使用体验中，某些政府数据开放平台还时常出现连接中断、转跳后重新提交表单等问题，政府应着力提高数据开放平台的技术投入，健全数据开放平台功能建设。

　　（3）数据组织标准不统一。

　　数据组织主要是用相同的组织标准对数据进行分类、整理和存储的一种活动。只有经过严谨的数据组织，才能有效进行政府开放数据的统一管理。目前，我国还未形成统一的政府开放数据管理体系，从而导致数据质量低下、数据更新频率低、数据格式不统一等问题。由于缺乏统一的管理标准，导致各地政府开放数据质量具有明显差异，如北京市多数政府开放数据仅提供 PDF 格式，这给后续的数据加工带来了极大障碍，也限制了数据利用主体进行跨地域数据产品的

　　①　陈尚龙.大数据时代政府数据开放的立法研究［J］.地方立法研究，2019，4（2）：103－117.

开发。

从数据更新速度上来看，当前政府数据开放平台所发布数据多为静态数据，如报表、文档、图片等，但其更新频率较低，无法有效保障政府开放数据的时效性，由此会降低公众对政府开放数据的利用率。从数据可读性方面来看，不同的数据标准会极大影响后续的数据利用，难以进行数据整合加工，在降低政府开放数据易用性的同时，影响政府开放数据潜在价值的发挥。

总之，本章通过对国内外政府数据开放平台、相关政策、数据利用三个方面的现状进行调研与分析，现将政府开放数据质量现状及问题调研分析总结如下：

第一，通过对政府数据开放平台的调研分析，可以看出由于国外政府数据开放运动起步较早，其政府数据开放平台在数据总量、数据分类、数据下载方式、平台功能建设等方面都较完善；同时在健全平台顶层数据架构的基础上，国外政府数据开放平台注重收集公众的意见反馈，通过公众反馈可有效提高政府开放数据的质量。从整体政府数据开放工作来看，国外典型政府数据开放平台的建设是自上而下，国家都颁布具体政策来支持政府数据开放平台的发展；我国政府数据开放平台的建设是自下而上，先由前线城市试点再推广全国，加之我国政府数据开放政策体系不健全，极易影响政府开放数据质量。

第二，通过对政府数据开放政策的调研分析，可以看出国外对政府数据开放工作都给予足够重视，在政府数据开放运动初期，通过颁布相关政策，将政府数据开放工作提升到国家战略的高度，并根据实际情况制订阶段性计划，同时注重公众参与和国际合作，由此使整个政府数据开放政策体系相互关联且不断完善。我国政府数据开放政策的地区差异明显，首先国家层面要构建完善的政策法规体系作为支撑，同时切实提高地方政府对数据开放工作的重视程度。此外，我国在政府数据开放政策的具体制定中，首先要明确数据开放范围和标准，注重政策制定的连贯性，以及政府数据开放过程中的数据安全和个人隐私保护问题。

第三，通过对政府开放数据利用过程中质量问题的调研分析，发现我国政府开放数据在完整性、准确性、易用性和时效性方面都有待完善。要提高政府开放数据质量，可考虑从政府开放数据质量评价指标入手，提高政府开放数据的各方面质量影响因素；同时借鉴国外利用政府数据开放平台进行公众意见收集，通过完善政府数据开放平台的功能建设，保障政府开放数据的质量。总体来说，政府数据开放平台建设、政策体系与数据质量是相互联系的有机整体，只有健全政府数据开放政策体系，完善政府数据开放平台建设，提升政府开放数据质量，才能共同促进我国政府数据开放工作的全面可持续发展。

第四章　政府开放数据质量影响因素分析及测度模型构建

由于政府开放数据是大数据的一种重要类型，因此本章在对政府开放数据质量影响因素的分析及测度模型的构建中，首先从大数据视角出发，分析政府开放大数据处理流程中的数据质量影响因素，并形成基于大数据流程的政府开放大数据质量影响模型；其次，在此基础上，进行大数据质量测度指标分析，构建政府开放大数据质量测度模型；最后，进行政府开放数据质量问题的分析，并以贵州省为例对政府开放数据质量问题进行问卷调查和深度访谈，采用 IPA 分析方法识别关键性质量问题。

一、政府大数据处理流程中的数据质量影响分析

大数据时代，强调对总体数据的处理与分析，关注事物之间的相关关系，以及对发展趋势的分析预测。同样，政府大数据的特殊性、规模性及形式上的多样性，使数据更可能产生不一致和冲突，这些都会导致政府大数据质量问题，因此需要对政府大数据进行质量管理。本节将逐一分析大数据处理流程中数据收集、数据预处理、数据存储、数据处理与分析、数据可视化及应用等环节对政府大数据质量的影响因素，从而构建基于政府大数据流程的质量影响模型。

（一）基于处理流程的政府大数据质量影响分析

政府大数据处理流程主要包括数据收集、数据预处理、数据存储、数据处理与分析、数据展示/数据可视化、数据应用等环节，其中数据质量贯穿于整个政府大数据流程，每个数据处理环节都会对政府大数据质量产生影响作用[1]。通常，一个好的大数据产品要有海量的数据规模、快速的数据处理、精确的数据分

---

[1]　莫祖英. 大数据处理流程中的数据质量影响分析 ［J］. 现代情报，2017，37（3）：69－72，115.

析与预测、优秀的可视化图表以及简练易懂的结果解释，本节将基于以上环节分别分析不同阶段对政府大数据质量的影响及其关键影响因素。

1. 数据收集

数据收集是获取原始政府大数据集合的过程。大数据通常由不同数据源产生，且由机器自动生成，然后通过网络传输到指定的位置，这是一种政府大数据生成即收集的方式；或者由企业或组织根据自身需求，有针对性地从各种来源收集所需数据，如用户的各种数据等。总之，数据收集需从不同数据源实时地或及时地收集各种类型数据，并发送给存储系统或数据中间件系统进行后续处理。数据收集可分为设备数据收集和 Web 数据爬取两种，由各种数据收集软件和网络爬虫完成。数据收集环节对政府大数据质量的真实性、完整性、一致性、准确性、时效性、安全性等维度均产生影响作用。

（1）数据源。

在数据收集过程中，数据源会影响政府大数据质量的真实性、完整性、一致性、准确性和安全性。大数据的数据源主要指各种网站、系统、传感器设备等，这些数据源的安全运行、防止恶意攻击与篡改是保障政府大数据真实性、准确性和安全性质量的重要条件。同时，数据源运行的稳定性、无间断性是保障政府大数据完整性的重要条件。不同数据源之间的统一编码、相互协调是保障同构或异构政府大数据的一致性质量的重要前提，它要求数据源之间的同步与协作。故在数据收集环节，数据源是影响政府大数据真实性、完整性、一致性、准确性和安全性质量的重要因素之一。

（2）数据收集方式。

数据的实时收集方式可有效保障政府大数据的时效性质量，确保政府大数据分析与预测结果的时效性和价值性。设备收集多为实时的数据收集，且以流式数据进行采集、处理与分析，从而确保政府大数据的时效性质量。对于 Web 数据，多采用网络爬虫方式进行收集，这需要对爬虫软件进行时间设置以保障收集到的数据时效性质量。故数据收集方式是影响政府大数据时效性质量的重要因素之一。

（3）数据收集技术。

数据收集技术在这一阶段是非常重要的技术因素，收集技术的好坏直接决定了数据收集的速度和质量。通常数据收集分为两种——设备数据收集和互联网数据爬取，常用的收集软件有 Splunk、Sqoop、Flume、Logstash、Kettle 以及各种网络爬虫，如 Heritrix、Nutch 等①，这些软件是大数据发展与应用的重要一环，也是英特尔、Facebook、谷歌等公司可以获取大量数据的直接原因。故数据收集技

---

① 中国电子技术标准化研究院. 大数据标准化白皮书 V2.0 [EB/OL]. [2015-12-29]. http://www.cesi.ac.cn/cesi/guanwanglanmu/biaozhunhuayanjiu/2015/1224/12264.html.

术是影响政府大数据原始质量的重要因素之一。

2. 数据预处理与存储

（1）数据预处理。

大数据采集过程中通常有一个或多个数据源，这些数据源包括同构或异构的数据库、文件系统、服务接口等，易受到噪声数据、数据值缺失、数据冲突等影响，因此需首先对收集到的政府大数据集合进行预处理，以保证政府大数据分析与预测结果的准确性与价值性。大数据的预处理环节主要包括数据清理、数据集成、数据归约与数据转换等内容，可以大大提高政府大数据的总体质量，是政府大数据过程质量的体现。

数据清理技术包括对数据的不一致检测、噪声数据的识别、数据过滤与修正等方面，有利于提高政府大数据的一致性、准确性、真实性和可用性等方面的质量；数据集成则是将多个数据源的数据进行集成，从而形成集中、统一的数据库、数据立方体等，这一过程有利于提高政府大数据的完整性、一致性、安全性和可用性等方面质量；数据归约是在不损害分析结果准确性的前提下降低数据集规模，使之简化，包括维归约、数据归约、数据抽样等技术，这一过程有利于提高政府大数据的价值密度，即提高政府大数据存储的价值性。数据转换处理包括基于规则或元数据的转换、基于模型与学习的转换等技术，可通过转换实现数据统一，这一过程有利于提高政府大数据的一致性和可用性。总之，数据预处理环节有利于提高政府大数据的一致性、准确性、真实性、可用性、完整性、安全性和价值性等方面质量，而政府大数据预处理中的相关技术是影响政府大数据过程质量的关键因素。

（2）数据存储。

在大数据存储中，分布式存储与访问是其关键技术，它具有高效、经济、容错性好等特点。分布式存储技术与数据存储介质的类型和数据的组织管理形式直接相关。数据存储介质的类型主要有内存、磁盘、磁带等，数据组织管理形式主要包括以行、列、键值、关系等进行组织，不同的存储介质和组织管理形式对应于不同的政府大数据特征和应用。

分布式文件系统，它是大数据领域最基础、最核心的功能组件之一，其关键在于实现分布式存储的高性能、高扩展和高可用性。文档存储，支持对结构化数据的访问，支持嵌套结构、二级索引，以实现数据的高效查询。列式存储可减少数据存取量、提高数据处理效率。键值存储可有效减少读写磁盘的次数，但不提供事务处理机制。图形数据库可实现事物之间相关关系的存储，并使用图模型来映射这些网络关系，实现对真实世界中各种对象的建模存储。内存存储是将数据库的工作版本放在内存中，其设计目标是提高数据库的效率和存储空间的利用率。总之，不同的数据存储技术具有不同的特征与优势，它们对于提高政府大数据的时效性、安全性、可用性和准确性等质量维度具有重要影响。

3. 数据处理与分析

（1）数据处理。

大数据的分布式处理技术与存储形式、业务数据类型等相关，针对大数据处理的主要计算模型有 MapReduce 分布式计算框架、分布式内存计算系统、分布式流计算系统等。MapReduce 是一个批处理的分布式计算框架，可对海量政府数据进行并行分析与处理，它适合对各种结构化、非结构化数据的处理。分布式内存计算系统可有效减少数据读写和移动的开销，提高政府大数据处理性能。分布式流计算系统则是对数据流进行实时处理，以保障政府大数据的时效性和价值性。总之，无论哪种大数据分布式处理与计算系统，都有利于提高政府大数据的价值性、可用性、时效性和准确性。政府大数据的类型和存储形式决定了其所采用的数据处理系统，而数据处理系统的性能与优劣直接影响政府大数据质量的价值性、可用性、时效性和准确性。因此，在进行政府大数据处理时，要根据政府大数据类型选择合适的存储形式和数据处理系统，以实现政府大数据质量的最优化。

（2）数据分析。

大数据分析技术主要包括已有数据的分布式统计分析技术和未知数据的分布式挖掘、深度学习技术。分布式统计分析可由数据处理技术完成，分布式挖掘和深度学习技术则在数据分析阶段完成，包括聚类与分类、关联分析、深度学习等，可挖掘大数据集合中的数据关联性，形成对事物的描述模式或属性规则，可通过构建机器学习模型和海量训练数据提升数据分析与预测的准确性。数据分析是政府大数据处理与应用的关键环节，它决定了政府大数据集合的价值性和可用性，以及分析预测结果的准确性。在数据分析环节，应根据政府大数据应用情境与决策需求，选择合适的数据分析技术，提高政府大数据分析结果的可用性、价值性和准确性质量。

4. 数据可视化与应用

数据可视化是指将大数据分析与预测结果以计算机图形或图像的直观方式显示给用户的过程，并可与用户进行交互式处理。数据可视化技术有利于发现金融、通信、商业等业务数据中隐含的大量规律性信息，以支持管理决策。数据可视化环节可大大提高政府大数据分析结果的直观性，便于用户理解与使用，故数据可视化是影响政府大数据可用性和易于理解性质量的关键因素。

大数据应用是指将经过分析处理后挖掘得到的大数据结果应用于管理决策、战略规划、市场营销等的过程，它是对大数据分析结果的检验与验证，大数据应用过程直接体现了大数据分析处理结果的价值性和可用性。同样，政府大数据应用对政府大数据的分析处理具有引导作用。在政府大数据收集、处理等一系列操作之前，通过对应用情境的充分调研、对管理决策需求信息的深入分析，可明确政府大数据处理与分析的目标，从而为政府大数据收集、存储、处理、分析等过程提供明确的方向，并保障政府大数据分析结果的可用性、价值性和用户需求的满足。

（二）政府大数据质量影响模型

由以上分析可知，政府大数据质量与其整个数据流程有关，影响政府大数据质量的重要因素包括数据源、数据收集方式与技术、预处理技术、存储系统与技术、数据处理系统、数据分析技术、数据可视化技术等[①]，技术性是政府大数据质量影响因素的主要特征。它们的影响关系如图 4-1 所示。

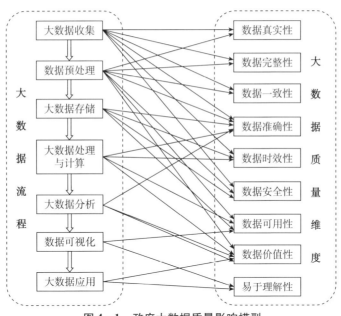

图 4-1 政府大数据质量影响模型

由图 4-1 可知，政府大数据流程中的前期处理环节对政府大数据质量的影响较大，尤其是大数据收集和预处理阶段，影响最大。而在政府大数据质量的各维度中，数据可用性、数据准确性和数据价值性受政府大数据处理流程的影响较大，这说明通过对政府大数据流程的管理与控制，可有效保障政府大数据的可用性、准确性和价值性。

---

① 莫祖英. 大数据处理流程中的数据质量影响分析 [J]. 现代情报, 2017, 37 (3): 69-72, 115.

二、政府大数据质量测度模型构建

政府大数据质量与数据收集、处理、存储、分析、可视化等过程密切相关，而在不同的阶段其质量内涵不同。本节拟从原始质量、过程质量和结果质量三个方面来分析政府大数据质量测度的指标，并通过专家访谈与调研，构建政府大数据质量测度模型，为实现政府大数据的质量评价与管理提供理论框架与指导。

（一）测度指标分析

政府大数据在不同阶段的数据质量会受到各种处理技术、存储技术、数据源、采集方式、大数据分析能力、预测能力、用户的需求与感知、业务需求等各方面的影响，而不同类型的政府大数据所采用的分析与处理方法不同，数据质量的测度指标也不尽相同，本小节将分别从政府大数据的原始质量、过程质量和结果质量三个方面分析政府大数据质量的测度指标。

1. 原始质量测度指标

（1）数据源的规范性。

数据源的规范性决定了所采集的政府大数据的规范性，它是保证在政府大数据中获取有效数据的重要因素。不规范的数据源会带来大量的无效数据和无效的数据加工[①]。

（2）数据源的安全稳定性。

它是保证采集到的政府大数据具有真实性的重要条件。只有使不断产生数据的数据源安全、稳定地运行，才能做到准确无误地反映其描述的对象与实体，这就需要对数据源进行自动检测与修复，以保证数据的真实性和准确性。

（3）数据采集的实时性。

它是保障政府大数据时效性和价值性的重要条件，尤其是对于一些客观事实类、动态变化类的数据以及它的时间特征，需做到数据采集的实时性。

（4）数据采集的无误性。

即确保所采集数据的准确性，不能存在与客观事实不符的数据描述。需要对数据源进行自动检测、修复等，以及设置基于规则的、基于主数据的错误发现。

（5）数据采集的完整性。

政府大数据强调的是总体数据、全数据的分析与挖掘，因此在数据采集时尽

---

① 莫祖英. 大数据质量测度模型构建［J］. 情报理论与实践，2018，41（3）：11 – 15.

可能保证所需数据的完整性。当然，数据不可能完全没有缺失，其关键在于数据的缺失是否在不影响分析结果的可接受范围内，或者可通过数据统计等方法来弥补缺失数据。数据采集的完整性可采用空值频率等指标来表示。

（6）数据定义的一致性。

政府大数据是异构数据，且类型多样，要实现对多种数据类型、数据格式进行集成处理，需进行统一的数据定义与数据编码，避免数据被模糊定义或错误定义，为后期的数据处理与分析埋下隐患。

（7）数据的时间一致性。

在从不同数据源连接、关联和适配数据时，需对流数据进行时间校准，当发现存在时间偏移时，应及时更正，使其在时间上保持一致。它是保障政府数据准确性的重要条件。

（8）数据到达率。

它是指在数据生成后是否能准确、无误地传送到数据采集设备上，主要指流数据的采集，包括是否能持续到达、数据到达是否有时间上的间隔、是否存在突发性数据等方面。

（9）数据描述框架。

它是数据采集过程中数据描述的指南，可依据此框架对数据源进行描述与评价。数据描述框架的完整性、完备性会影响采集到的数据质量，即政府数据的原始质量。

2. 过程质量测度指标

政府大数据的过程质量与数据预处理技术、数据存储技术与存储方式等因素相关，包括数据的可用性、安全性、准确性、完整性、一致性等方面[①]。政府大数据在带来更大价值的同时也带来了更多的数据噪声，如拼写问题、不合法值、空值、不一致值、简写、同一实体的多种表示（重复）、不遵循引用完整性等。在进行数据分析前需对数据进行清洗、去冗等预处理。数据清洗是检测数据中存在的错误和不一致并剔除或改正它们，以提高政府数据质量，通常包括数据分析与定义、搜索与识别错误记录、修正错误三个阶段。对于政府大数据过程质量的测度指标，具体将从数据预处理、数据存储和预处理后的数据质量三个方面来分析，具体包括以下 12 个测度指标：

（1）预处理效率。

大数据的规模和速度可能要求采取流式的、内存中的分析来净化数据以降低存储要求，因此对数据预处理效率要求较高。它也是保证数据实时性、时效性的

① 莫祖英. 大数据质量测度模型构建［J］. 情报理论与实践，2018，41（3）：11-15.

必要条件。数据预处理要保证在可接受的处理速度范围内。

（2）数据清洗粒度。

数据清洗的任务是过滤或修改那些不符合要求的数据，主要包括不完整数据、错误数据和重复数据三大类型。在数据清洗时须谨慎选择清洗粒度，若清洗的粒度过细，很容易将有用数据过滤掉，若清洗粒度过粗，又无法达到理想的清洗效果，故需在质与量之间权衡，也需要优化机器硬件和算法。

（3）数据清洗的准确性。

数据清洗主要是通过利用模式规则方法、数据统计方法、数据挖掘方法等将脏数据转化为满足数据质量要求的数据，包括数据检查、数据词法分析、数据校正、记录匹配等；数据属性的清洗包括空缺值、噪声数据、不一致数据等方面的清洗。在这些数据清洗过程中，需避免信息丢失程度过高。总之，数据清洗的准确性直接影响数据质量能否满足政府大数据分析的要求，能否获得有价值的分析结果。

（4）数据清洗的实时性。

传统的数据仓库系统要求的处理时间不高，但在大数据应用中，由于政府大数据的实时性等特征，对数据清洗的时间指标要求较高，需考虑清洗的实时性与快速性。

（5）数据存储方式的适用性。

政府大数据具有实时动态性，在政府大数据分析时会不断进行数据存取，频繁地执行增、删、改等操作，这就需要采用合适的政府大数据存储方式以适应这一特点，因此需探索适合不同政府大数据类型与特点的存储方式。

（6）数据存取效率。

数据存取效率需保证政府大数据分析过程中数据存储与分析交互过程的一致性。具体的衡量指标包括是否具有高度可扩展性、高度容错性、支持异构环境、分析延迟低、开放接口、易用、向下兼容等特征[①]。

（7）数据存储资源调度的合理性。

在进行政府大数据分析时，需有效配置其存储资源并实现弹性调度，在不确定环境下建立面向任务需求的数据分析动态响应机制。要形成有效的资源调度算法及策略，以实现存储资源的最大利用率和最佳分析效果。

（8）数据存储的安全性。

政府大数据分析与应用高度依赖数据的存储与共享，故要特别注重数据存储的安全性。在存储环节，需寻求各种方法消除可能存在的漏洞和隐患，对存储中的安全风险如安全访问、隐私保护等进行有效管控。

---

① 官思发等．大数据分析研究现状、问题与对策［J］．情报杂志，2015（5）：98－104．

（9）数据的一致性。

一致性指描述同一实体的同一属性的值在不同系统、不同环节中是否保持一致。由于政府大数据预处理过程包括数据归约、数据转换处理等环节，这一过程需注意保持数据的一致性。

（10）数据的置信度。

数据预处理的目的之一就是将噪声数据过滤掉，提高数据的置信度。其衡量标准有数据是否满足用户定义的条件或在一定的域值范围内、是否与其对应的客观实体的特征相一致、是否存在缺失数据或重复数据等，这些都会影响数据的置信度。可通过建立数据质量的业务规则，再根据这些规则建立数据置信区间，实现对置信度的测量。

（11）数据的有效性。

即经过预处理后的数据是否为有效数据、是否可执行政府大数据分析。具体的衡量指标包括数据是否在其有效期内，是不是稳定的、用户可用的等。

（12）数据的集成性。

政府大数据分析需要将多种来源的不同数据进行融合计算，因此需将多源数据进行集成处理，为政府大数据应用提供全面的数据共享。

3. 结果质量测度指标

政府大数据的结果质量指经过大数据分析、挖掘等增值处理后以可视化形式向用户展示的数据质量，主要包括数据的价值性、适用性、直观性等特征，受数据分析、数据挖掘、数据可视化等过程的影响，其质量高低由是否满足用户需求、企业业务需求来衡量[1]。政府大数据分析是针对类型多样、增长快速的各种结构化、非结构化数据，以期找到能够支持决策的隐含模式、数据间未知的相关关系以及其他有价值的信息，主要包括描述性分析、预测性分析和定性分析三类，涉及文本分析学和机器学习两大技术问题。不同类型的大数据，其分析与处理的方法不同，如社会媒体大数据，主要采用可视化分析技术，将交互可视化、自动化分析等方法进行集成运用。对于政府大数据结果质量的测度指标，将分别从数据分析、数据预测和结果数据三个方面来分析，具体包括以下 6 个指标：

（1）数据分析方法。

分析方法的优劣直接决定了数据分析结果的质量与价值，并最终影响政府大数据的应用结果。不同的数据类型采用的分析方法不同，如复杂数据上的实体识别技术、社会媒体大数据的可视化分析技术等，需根据政府大数据类型与特征选择合适的数据分析方法。由于政府大数据的非结构化特征，需进一步整合基于弱

① 莫祖英. 大数据质量测度模型构建［J］. 情报理论与实践，2018，41（3）：11－15.

可用的数据分析方法。

（2）数据建模能力。

政府大数据分析涉及数据建模问题，即通过分析现有数据的统计特征和语义特征，挖掘其中存在的规律，并将其概括抽象为数据分析模型，为以后的数据分析提供依据。针对海量数据的分析与挖掘，需构建由多个模型组成的模型库，为政府大数据分析提供支持。

（3）数据分析效率。

政府大数据本身的实时性、海量性特征要求数据分析的高效率，以及时发现政府大数据潜在价值，确保分析结果的时效性。主要衡量指标包括数据分析处理的速度快慢、花费的时间长短等。通常数据规模越大，分析处理的时间会越长，这就需要在数据规模与处理速度上进行折中考虑。

（4）数据预测的准确性。

它与大数据计算模型、采用的预测模型与算法有关。数据预测的准确性与否，直接影响政府大数据分析的结果质量，也是政府大数据价值的重要体现。

（5）可视化结果的直观性与易于理解性。

政府大数据分析的结果通常以可视化形式展现给用户，故需引入可视化技术对分析结果进行直观展示，还需要人机交互技术或数据起源技术①，使用户在得到结果的同时更好地理解结果的由来，提高数据分析结果的直观性和易于理解性。

（6）结果数据的价值性。

政府大数据分析处理的最终目的是挖掘数据背后的规律以支持管理决策，故结果数据的价值性主要体现在有效支持管理决策上。这一价值性需由分析结果的使用者来评价与判断，不同的用户对价值性的评价会有所不同，它与用户需求、用户期望、企业业务需求等因素有关。

（二）测度模型构建

在分析政府大数据质量测度指标的基础上，将分别从政府大数据原始质量（RQ）、过程质量（PQ）和结果质量（EQ）三个方面构建质量测度模型。政府大数据结果质量测度是以政府大数据的结果质量指标为测度项目，对经过一系列大数据分析与处理后得到的可视化结果质量进行测度，以反映政府大数据分析与应用的实际效果与价值。政府大数据原始质量和过程质量测度则是以实现政府大数据质量的过程管理与控制为目标，对整个政府大数据获取、处理流程中的数据质量进行测度，以便及时发现这一过程中存在的数据质量问题，实现基于过程管

---

① 李芬等．大数据发展现状及面临的问题［J］．西安邮电大学学报，2013（9）：100－103.

理的政府大数据质量控制。

本小节在构建政府大数据质量测度模型时，通过专家访谈和问卷调查对各质量测度指标的重要性进行调研，并采用 Linket 7 级量表进行打分，以表明指标的重要性程度①。通过对 12 名专家的访谈和问卷调查，得到政府大数据质量测度指标重要度打分的最大值、最小值和均值，如表 4-1 所示。

表 4-1 政府大数据质量测度指标重要度得分　　　　　单位：分

质量测度指标	最小值	最大值	均值	质量测度指标	最小值	最大值	均值
数据源的规范性（RQ1）	4	7	5.67	数据存取效率（PQ6）	4	7	5.4
数据源的安全稳定性（RQ2）	4	7	5.5	数据存储资源调度的合理性（PQ7）	3	7	5.3
数据采集的实时性（RQ3）	4	7	5.3	数据存储的安全性（PQ8）	4	7	5.3
数据采集的无误性（RQ4）	3	7	5.4	数据的一致性（PQ9）	4	7	5.7
数据采集的完整性（RQ5）	4	7	5.5	数据的置信度（PQ10）	4	7	5.5
数据定义的一致性（RQ6）	4	7	5.1	数据的有效性（PQ11）	4	7	5.5
数据的时间一致性（RQ7）	3	7	5.25	数据的集成性（PQ12）	4	7	5.33
数据到达率（RQ8）	3	6	4.8	数据分析方法（EQ1）	4	7	5.8
数据描述框架（RQ9）	4	7	5.3	数据建模能力（EQ2）	4	7	5.83
预处理效率（PQ1）	3	7	5.2	数据分析效率（EQ3）	3	7	5.4
数据清洗粒度（PQ2）	3	7	5.2	数据预测的准确性（EQ4）	4	7	5.7
数据清洗的准确性（PQ3）	4	7	5.9	可视化结果的直观性与易于理解性（EQ5）	4	7	5.5
数据清洗的实时性（PQ4）	3	7	5.0	结果数据的价值性（EQ6）	4	7	6.08
数据存储方式的适用性（PQ5）	4	7	5.42				

由表 4-1 中的数据可知，在政府大数据原始质量的 9 个测度指标中，均值介于 4.8~5.67 分，属于较为重要的范围。这些测度指标的重要性程度从高到低依次为：数据源的规范性（5.67 分）、数据源的安全稳定性（5.5 分）、数据采集的完整性（5.5 分）、数据采集的无误性（5.4 分）、数据采集的实时性（5.3分）、数据描述框架（5.3 分）、数据的时间一致性（5.25 分）、数据定义的一致性（5.1 分）、数据到达率（4.8 分），体现了政府大数据原始质量在规范性、真实性、完整无误性、时效性等方面的重要性较高，而在数据达到率、数据定义等方面的重要性稍低。

---

① 莫祖英. 大数据质量测度模型构建［J］. 情报理论与实践, 2018, 41 (3)：11-15.

在政府大数据过程质量的 12 个测度指标中，均值介于 5.0～5.9 分，即这些指标都是较为重要的。它们的重要性程度从高到低依次为：数据清洗的准确性（5.9 分）、数据的一致性（5.7 分）、数据的置信度（5.5 分）、数据的有效性（5.5 分）、数据存储方式的适用性（5.42 分）、数据存取效率（5.4 分）、数据的集成性（5.33 分）、预处理效率（5.3 分）、数据存储资源调度的合理性（5.3 分）、数据存储的安全性（5.3 分）、数据清洗粒度（5.2 分）、数据清洗的实时性（5.0 分），说明政府大数据过程质量在数据准确性、一致性、置信度、有效性、适用性、存取效率等方面的重要性较高，而在数据清洗的实时性、清洗粒度、存储安全性、资源调度等方面的重要性稍低。

在政府大数据结果质量的 6 个测度指标中，均值介于 5.4～6.08 分，是三类大数据质量中重要度较高的一类。这些测度指标的重要性程度由高到低依次为：结果数据的价值性（6.08 分）、数据建模能力（5.83 分）、数据分析方法（5.8 分）、数据预测的准确性（5.7 分）、可视化结果的直观性与易于理解性（5.5 分）、数据分析效率（5.4 分），说明政府大数据结果质量在价值性、分析能力、预测性等方面的重要性较高，强调政府大数据的应用性，而在分析结果可视化、分析效率等方面的重要性较低。

根据以上 27 个质量测度指标的重要性得分，计算它们的相对重要性，并进行归一化处理，得到其指标权重值。具体如下：政府大数据原始质量测度指标的权重值分别为数据源的规范性（0.119）、数据源的安全稳定性（0.115）、数据采集的完整性（0.115）、数据采集的无误性（0.113）、数据采集的实时性（0.111）、数据描述框架（0.111）、数据的时间一致性（0.110）、数据定义的一致性（0.106）、数据到达率（0.100）；政府大数据过程质量测度指标的权重值分别为数据清洗的准确性（0.091）、数据的一致性（0.088）、数据的置信度（0.085）、数据的有效性（0.085）、数据存储方式的适用性（0.083）、数据存取效率（0.083）、数据的集成性（0.082）、预处理效率（0.082）、数据存储资源调度的合理性（0.082）、数据存储的安全性（0.082）、数据清洗粒度（0.080）、数据清洗的实时性（0.077）；政府大数据结果质量指标的权重值分别为结果数据的价值性（0.177）、数据建模能力（0.170）、数据分析方法（0.169）、数据预测的准确性（0.166）、可视化结果的直观性与易于理解性（0.160）、数据分析效率（0.158）。

通过计算政府大数据原始质量、过程质量和结果质量三组中指标重要度得分的平均值可知，原始质量重要性均值为 5.31 分，过程质量重要性均值为 5.40 分，结果质量重要性均值为 5.72 分，即政府大数据结果质量的重要性程度明显高于原始质量和过程质量，说明政府大数据质量的重点在于面向应用的结果质量上，而结果质量的形成离不开原始质量和过程质量的保障。

通过以上数据与计算，得到政府大数据质量测度模型，如图4-2所示。

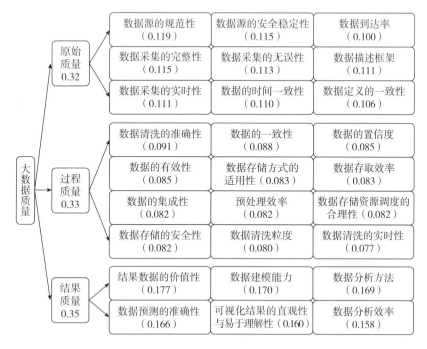

图4-2　政府大数据质量测度模型

由图4-2政府大数据质量测度模型可知，各质量指标的权重已实现量化，通过对政府大数据处理流程中的各质量指标进行打分，即可实现对政府大数据总体质量、原始质量、过程质量和结果质量的量化测度。该模型为实现政府大数据质量评价提供了框架与基础，而政府大数据质量评价是进行质量管理与控制的前提与基础，是优化数据质量、建立管理机制的重要手段。

三、政府开放数据关键性质量问题分析

数据质量是实现政府开放数据价值的关键。本节在分析政府开放数据质量问题的基础上，以贵州省为例对政府开放数据质量问题进行问卷调查和深度访谈，并采用IPA分析方法识别关键性质量问题。

（一）政府开放数据现有质量问题纵析

政府数据开放过程包括建设政府数据统一开放平台，制定相应的开放目录和数据采集标准,按照规范的数据格式上传至统一开放平台,面向全社会开放政府数据①。在政府数据开放中,数据质量是开放过程中需重点关注的问题之一。根据复旦大学数字与移动治理实验室发布的《2018 年中国地方政府数据开放报告》,政府开放数据质量在评估体系中,将数据标准、数据质量、数据类别等定义为最受重视的二级指标②。政府开放数据质量会受到众多因素的影响,如数据处理速度、数据开放范围、数据分级分类方式、数据开放方式、开放数据类目设置、开放数据的用户需求、政府部门的日常操作等。通过相关文献研读和政策调研分析,总结政府数据开放过程中可能存在的数据质量问题③,具体如下:

(1) 数据时效性问题,即由数据产生的速度快、实时性特点而导致数据开放过程中的时效性问题;

(2) 数据碎片化问题,即政府部门积累的数据多为分散的数据碎片,缺乏统一的标准使其体系化;

(3) 数据割据化现象,即不同领域、不同部门的业务数据标准格式不统一,系统异构、数据异构使政府数据存在数据割据;

(4) 数据孤岛现象,即不同部门的数据保护主义造成数据孤岛;

(5) 数据可用性问题,即从大量无用数据与可用数据并存的政府数据中挑选出可用数据开放给用户;

(6) 数据复杂性问题,即大量复杂的政府数据需进行规范化处理后才能进行数据开放;

(7) 数据规范化问题,不同部门之间的数据交换与共享要求进行数据规范处理;

(8) 数据一致性问题,即不同数据之间有冲突和不一致现象;

(9) 数据标准化问题,即数据开放标准不清晰、缺乏标准化依据;

(10) 数据权属划分不清晰问题,造成数据使用的困扰;

(11) 数据开放平台问题,即开放平台不完善,给数据开放带来困难和困扰;

(12) 数据安全问题,即政府开放数据是否存在安全威胁;

(13) 数据隐私保护问题,即政府数据开放中是否存在隐私保护的困扰;

(14) 数据开放动力不足问题,即是否存在需求不足或者没有发现需求的情况,造成数据整合与开放动力不足;

① 贵州省人民政府. 中国贵州政府门户网站云平台集约化建设专题 [EB/OL]. [2019 – 01 – 15]. http://www.gzgov.gov.cn/ztzl/yptjyhjszt/cjwtjd/201703/t20170323_ 712498. html.

② 复旦大学数字与移动治理实验室. 中国地方政府数据开放平台报告 [R]. 2018.

③ 莫祖英等. 基于 IPA 分析的政府开放数据关键性质量问题研究 [J]. 情报资料工作,2021,42 (1):88 – 94.

（15）数据开放片面性问题，即是否存在单一部门数据开放具有片面性，难以实现开放数据价值。

将上述问题整理成访谈提纲和调查问卷的形式，对贵州省政府数据开放相关部门进行实地调研，从问题严重性和问题重要性两个方面分析政府数据开放过程中的数据质量问题，为实现质量管理与控制提供建议和依据。

（二）实证研究设计

1. 案例研究法

案例研究法是实证研究的一种。通常选择一个或几个场景为对象，系统地收集数据和资料进行深入研究，用以探讨某一现象在现实生活环境下的状况[①]。根据已发布的 2018 年中国地方政府数据开放平台报告，省级"开放数林指数"中贵州排名第二，处于第一梯队[②]；在开放数据层面上，贵州省在数据集总量、优质数据集数量方面均位列第一，具有良好的数据基础。故本小节选择贵州省作为调研对象，具有一定的代表性。

在实地调研中，通过走访贵州省大数据发展管理局、贵州省统计局计算处、花溪区政府政务公开部门、贵州省统计局综合处和贵州省民调中心 5 个部门，并对涉及政府数据开放工作的相关人员进行访谈和问卷调研。访谈提纲和调查问卷均围绕前文 15 个方面的数据质量问题展开，调查问卷主要调查工作人员对这些质量问题的严重性和重要性的实际感知，访谈内容则主要涉及是否存在这些问题以及这些问题背后的原因所在[③]。在调研过程中，走访 5 个部门，每个部门实际访谈 1～2 人，共访谈相关工作人员 9 名，每位访谈者的访谈时间在 1 小时左右，采用全程录音的方式保证完整记录访谈内容；同时，邀请参与政府数据开放工作的人员填写调查问卷，共收回有效问卷 17 份。由于各部门中实际参与数据开放工作的人员较少（3～4 人），故收回的有效问卷数量总体不高。

2. 质性与定量综合问卷调查分析

本次调查问卷分为两个部分：政府开放数据质量问题的严重性和重要性，采用 Linket 5 级量表进行打分，其中 5 表示问题非常严重/非常重要，1 表示问题很不严重/不重要；如果项目中描述的问题不存在，则选 0。质量问题主要根据前文提出的政府数据开放过程中可能存在的数据质量问题，分别考察了这些问题在

① 王金红．案例研究法及其相关学术规范［J］．同济大学学报（社会科学版），2007（3）：87－85，124.

② 郑磊．开放的数林：政府数据开放的中国故事［M］．上海：上海人民出版社，2018：61－63.

③ 莫祖英等．基于 IPA 分析的政府开放数据关键性质量问题研究［J］．情报资料工作，2021，42（1）：88－94.

实际工作中的严重性和重要性，以发现关键性问题。

根据收回的 17 份有效问卷在性别、学历、年龄、学科等方面的分布发现，在调研的 5 个部门中，政府数据开放工作人员以男性为主，多是本科学历，年龄多为 35 岁以下，是部门中的新生骨干力量。其学科背景以理工科为主，个别具有经济学等其他背景。

3. 信度与效度检验指标有效性测试

在进行数据分析之前，须对问卷总体作信度与效度检验。本次使用 SPSS 19.0 软件，采用内在一致性分析方法对问卷内容进行信度检验，内在一致性分析往往用 Cronbach's α 值来衡量。由检验结果（见表 4-2）可知，"问题严重性"指标的总体 Cronbach's α 值为 0.868，"问题重要性"指标的总体 Cronbach's α 值为 0.832，其系数值均大于 0.7，说明这些指标的可靠性较高，具有良好的内在一致性。

在效度检验中，此次采用因子分析法计算量表的建构效度进行检验。使用 SPSS 19.0 软件采用主成分分析法析取公因子，公因子的大小表示题项所欲测量的共同特征的高低，如表 4-2 所示。由表中数据可知，质量问题严重性和重要性的共同性特征值均高于 0.6，故通过效度检验。

表 4-2　调研数据信度与效度检验结果

问题严重性（绩效表现）		问题重要性	
Cronbach's α 0.868	公因子	Cronbach's α 0.832	公因子
数据时效性问题	0.636	数据时效性问题权重	0.803
数据碎片化问题	0.801	数据碎片化问题权重	0.870
数据割据化现象	0.830	数据割据化问题权重	0.747
数据孤岛现象	0.915	数据孤岛问题权重	0.800
数据可用性问题	0.770	数据可用性问题权重	0.924
数据复杂性问题	0.777	数据复杂性问题权重	0.774
数据规范化问题	0.878	数据规范化问题权重	0.838
数据一致性问题	0.833	数据一致性问题权重	0.696
数据标准化问题	0.636	数据标准化问题权重	0.823
数据权属划分不清晰	0.749	数据权属问题权重	0.759
数据开放平台问题	0.807	数据开放平台问题权重	0.674
数据安全问题	0.922	数据安全问题权重	0.849
数据隐私保护问题	0.925	数据隐私保护问题权重	0.916
数据开放动力不足	0.885	开放动力不足问题权重	0.934
数据开放片面性问题	0.875	开放片面性问题权重	0.848

（三）数据分析结果

1. 政府开放数据的割据化现象、数据孤岛、数据碎片化质量问题严重

对调查问卷中 15 个质量问题的严重性得分进行关联性统计分析，计算其平均值和标准差，具体数据如表 4-3 所示。质量问题严重性得分的总体平均值为 2.8978 分，在严重性程度上处于"不严重"与"一般"之间，偏向于"一般"水平，说明总体上政府开放数据质量问题不算突出。从最高值（3.9375 分）与最低值（2.3013 分）看，差距较大，说明质量问题严重性两极分化较为明显，便于发现主要问题。

表 4-3　数据质量问题严重性得分统计

单位：分

问题严重性	平均值	标准差	问题严重性	平均值	标准差
数据时效性问题	2.5981	1.07655	数据标准化问题	2.8125	1.26326
数据碎片化问题	3.4450	1.02758	数据权属划分不清晰	2.8125	1.20934
数据割据化现象	3.9375	0.65511	数据开放平台问题	2.6563	1.13606
数据孤岛现象	3.6525	1.19392	数据安全问题	2.7425	1.17093
数据可用性问题	2.3013	0.95075	数据隐私保护问题	2.8950	1.11846
数据复杂性问题	3.0238	1.34618	数据开放动力不足	2.3200	1.01222
数据规范化问题	3.0938	1.21063	数据开放片面性问题	2.3013	1.01846
数据一致性问题	2.8750	1.31022	总平均值	2.8978	

在 15 个质量问题中，高于平均值的指标从高到低依次为：数据割据化现象、数据孤岛现象、数据碎片化问题、数据规范化问题和数据复杂性问题，且它们的得分值均超过 3，处于"一般"与"严重"之间，说明在政府数据开放过程中，数据割据化、碎片化、孤岛问题、规范化问题和复杂性问题较为严重，尤其是数据割据化现象（3.9375 分），几乎达到严重问题程度，需引起重视①。

质量问题严重性得分较低的依次为数据可用性问题、数据开放片面性问题、数据开放动力不足、数据时效性问题、数据开放平台问题，说明在政府数据开放过程中，开放数据的可用性、时效性、开放均衡性、开放动力、开放平台等方面做得较好，质量问题不严重。

---

① 莫祖英等. 基于 IPA 分析的政府开放数据关键性质量问题研究［J］. 情报资料工作，2021，42（1）：88-94.

2. 政府开放数据的安全问题和隐私保护问题最为重要

对数据质量问题的重要性得分进行统计，具体数据如表4-4所示。这15个指标得分值均大于3，最高值（4.1765分）与最低值（3.1176分）差距很小，说明这些数据质量问题都具有一定的重要性，且较为均衡。

表4-4 数据质量问题重要性得分统计

单位：分

问题重要性	平均值	标准差	问题重要性	平均值	标准差
数据时效性问题	3.9412	1.14404	数据标准化问题	3.8824	1.21873
数据碎片化问题	3.8824	1.16632	数据权属划分不清晰	3.4706	1.06757
数据割据化现象	3.7059	1.10480	数据开放平台问题	3.8618	1.21957
数据孤岛现象	3.7647	1.09141	数据安全问题	4.1765	1.23669
数据可用性问题	3.2941	1.04670	数据隐私保护问题	4.1765	1.33395
数据复杂性问题	3.7647	1.25147	数据开放动力不足	3.6124	1.40964
数据规范化问题	3.7647	1.39326	数据开放片面性问题	3.1176	1.21873
数据一致性问题	3.9412	0.89935	总平均值	3.7571	

质量问题重要性得分的总体平均值为3.7571分，处于"一般"与"比较重要"之间，偏向于比较重要，说明总体上政府开放数据质量问题在政府数据开放过程中较为重要。

这些指标中，高于总体平均值的质量问题从高到低依次为数据安全问题、数据隐私保护问题、数据时效性问题、数据一致性问题、数据碎片化问题、数据标准化问题、数据开放平台问题、数据孤岛现象、数据复杂性问题、数据规范化问题10个指标，占比67%，说明大部分质量问题都是较为重要的。数据安全问题（4.1765分）和数据隐私保护问题（4.1765分）已达到"比较重要"程度，是政府数据开放过程中数据质量问题最重要的两个指标。

质量问题重要性得分较低的指标依次为数据开放片面性问题、数据可用性问题、数据权属划分不清晰、数据开放动力不足、数据割据化现象，说明这些质量问题不是重要的，或者不存在相关问题。

3. 政府开放数据的碎片化问题、复杂性问题、规范化问题和数据孤岛现象是关键性质量问题

本部分采用IPA分析方法对政府开放数据质量问题的重要性和严重性进行综合对比分析，以发现关键性质量问题。重要性—绩效性分析（IPA）方法是1977

年由 Martilla 和 James[①] 提出的，其基本思想是顾客对产品/服务的满意感源自其对于该产品/服务各属性的重视程度，以及对各属性绩效表现程度的评价，这一分析方法有助于业者理解顾客满意感并明确服务质量应优先改进的领域，分析结果直观明了。

利用 SPSS 软件进行 IPA 分析，得到 IPA 分析图，如图 4-3 所示。其中，横坐标代表绩效表现（即问题严重性），纵坐标代表重要性（问题重要性）。绩效表现指在数据开放过程中实际出现的质量问题严重性的程度，重要性则指从事政府数据开放工作的相关人员根据工作经验、专业背景等方面对数据开放过程中遇到的质量问题重要性程度的判断[②]。

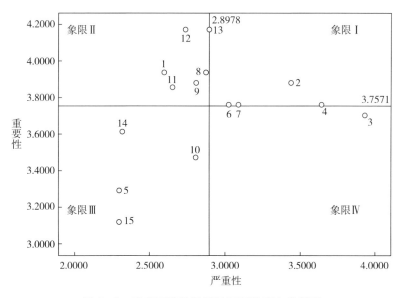

图 4-3 政府开放数据质量问题的 IPA 分析图

由图 4-3 中划分的四个象限及落入不同区域的指标分布可知，象限 I 为"重点改善"区域。在这一区域中质量问题表现为重要性高且问题严重性也较高，因而属于要重点关注的部分。落在这一区域的质量问题主要有数据碎片化问题、数据复杂性问题、数据规范化问题和数据孤岛现象。象限 II 为"继续保持/改善"区域。这一区域主要表现为问题重要性高而严重性低于平均值，说明这些指标很重要，但表现不错，需要继续保持或改善。落在这一区域的指标有数据安

① Martilla J A, James J C. Importance – performance analysis [J]. Journal of Marketing, 1977, 41（1）: 77 – 79.

② 罗毅，莫祖英，占南. 基于用户期望感知的数据库资源质量研究——以 CNKI 数据库为例 [J]. 情报理论与实践，2014，37（9）: 69 – 73.

全问题、数据时效性问题、数据开放平台问题、数据一致性问题、数据标准化问题和数据隐私保护问题。象限Ⅲ为"过度表现"区域，表现为质量问题重要性低且严重性低，说明这一象限指标虽然重要性不高，但表现较好。主要包括数据开放片面性问题、数据可用性问题、数据开放动力不足和数据权属划分不清晰。象限Ⅳ为"无须优先"区域，主要表现为问题重要性低而严重性高，说明虽然落在这一区域的质量问题比较严重，但其重要性较低，所以不是重点关注的部分。这一区域只有数据割据化现象这一指标[①]。

从以上分析可知：①目前政府开放数据质量问题中，数据碎片化问题、数据复杂性问题、数据规范化问题和数据孤岛现象是需要重点关注、亟须解决的4个问题，即关键性质量问题。②目前政府开放数据质量表现较好的主要有数据安全、数据时效性、数据开放平台、数据一致性、数据标准化和隐私保护等方面，需要继续保持或改善。③政府开放数据质量问题重要性与严重性有所偏差的是数据开放片面性、数据可用性、数据开放动力不足和数据权属划分不清晰4个方面，这些问题基本不存在，且不是重要问题，所以它们不是政府数据开放质量保障的关注点。④对于数据割据化问题，是次要问题，适当关注即可。

（四）研究结论

根据上述分析结果，可以得出以下研究结论：

（1）在政府开放数据质量问题严重性方面，目前较为严重的有数据割据化现象、数据孤岛现象和数据碎片化问题；其次是数据规范化和数据复杂性问题，而在数据可用性、开放全面性、开放动力、时效性、平台等方面，质量表现较好。

究其原因，根据人员的深度访谈发现：①数据割据化和数据孤岛现象是由于不同政府部门、不同行业采用的信息系统、数据库各不相同，造成系统异构、数据格式不统一。目前贵州省正在建设统一的数据管理平台——云上贵州，以打通数据割据和孤岛，实现互联互通。②数据碎片化问题主要是政府部门数据标准难以统一而形成的分散的数据碎片。虽然数据开放平台制定了统一的数据标准，但这一标准与各行业数据标准不一致，且难以统一，从而造成碎片化现象。③在数据规范化和复杂性问题方面，由于数据分级分类的开放标准与行业标准不统一，且有大量复杂数据需进行转换，造成规范化工作的难度增加，使这两方面存在问题。④在数据可用性、数据开放平台、时效性等方面，根据贵州省大数据发展管理局2017年发布的《云上贵州数据共享交换平台数据资源发布管理使用指南》，对数据发布流程、发布方式、数据管理等进行统一规定，在一定程度上保障了数

① 莫祖英等. 基于IPA分析的政府开放数据关键性质量问题研究［J］. 情报资料工作, 2021, 42 (1)：88-94.

据可用性、时效性、开放平台等。

（2）在政府开放数据质量问题重要性方面，数据安全和隐私保护最为重要，其次为数据时效性、一致性、碎片化、标准化、开放平台、数据孤岛、复杂性、规范化等方面。

①通过访谈发现，几乎所有工作人员都强调政府开放数据的安全性和个人的隐私保护，它们成为政府数据开放中最受关注的两个方面。安全性是开放数据利用的前提和基础，隐私保护与数据开放之间需寻求合理的平衡点，实现数据效益最大化。②数据的时效性、一致性、碎片化、标准化、复杂性、规范化等主要体现了数据的内容质量，是政府开放数据质量较为重要的方面。

（3）政府数据开放动力不足、数据权属划分不清晰、不考虑用户需求和数据可用性等问题严重[1]。

由以上数据分析可知，数据开放片面性、数据可用性、权属划分不清晰、开放动力不足、数据割据化现象等属于不太重要的问题，但在对相关人员的深度访谈中发现，政府数据开放过程中的重要问题体现在开放动力不足、数据权属划分不清晰、不考虑用户需求和数据可用性等方面。王芳等[2]通过理论分析和实践回顾，指出我国政府数据开放与共享涉及数据的采集、存储、整理、发布、挖掘和分析等整个过程，需要行政机关付出人力和物力等成本，但数据拥有部门和数据使用部门之间的成本分摊、利益分派以及权责归属却难以清晰界定，导致部门间的数据共享利用存在很大障碍。这一结论与访谈结论基本相符。徐慧娜等[3]对比分析了政府开放数据的有用性特征，发现上海与纽约存在较大差距；在用户利用效果对比中，上海政府数据用户对数据集的浏览、下载和开发应用与纽约市也存在较大的差距。在访谈中发现，贵州省政府数据开放同样不考虑用户需求和数据利用的问题。究其原因，贵州省政府数据开放还处于初期，目前统一的开放共享平台已建成，且较为完善，但在数据建设、管理与统筹规划方面还不够成熟，这是一个不断探索、逐渐完善的过程。

（4）结合严重性和重要性两个方面，目前数据碎片化问题、数据复杂性问题、数据规范化问题和数据孤岛现象是政府开放数据质量中的关键性问题。

这些问题均是由各部门数据标准和分级分类标准不统一、系统异构造成的，它们是当前急需解决的重要问题。而在数据安全、开放平台、时效性、一致性和隐

① 莫祖英等. 基于 IPA 分析的政府开放数据关键性质量问题研究 [J]. 情报资料工作，2021，42（1）：88－94.

② 王芳，陈锋. 国家治理进程中的政府大数据开放利用研究 [J]. 中国行政管理，2015（11）：6－12.

③ 徐慧娜，郑磊. 面向用户利用的开放政府数据平台：纽约与上海比较研究 [J]. 电子政务，2015（7）：37－45.

私保护方面，目前表现较好。根据深度访谈可知，"云上贵州"作为贵州省统一的数据开放共享平台，其数据存储、平台性能等方面均可满足各部门需求，较为成熟。在数据时效性方面，有规定的数据开放时限要求，以保证数据新颖性。

综上所述，现将本章政府开放数据的质量影响因素、测度模型和关键性质量问题研究结论总结如下：

第一，通过对政府大数据处理流程中的数据质量影响进行分析可知，数据收集环节对政府大数据质量的真实性、完整性、一致性、准确性、时效性、安全性等维度均产生影响；数据预处理和数据存储环节有利于提高政府大数据的一致性、准确性、真实性、可用性、完整性、安全性、时效性和价值性等方面的质量；数据处理和分析阶段，处理系统与分析技术的优劣直接影响数据质量的价值性、可用性、时效性和准确性；数据可视化与应用环节是保障数据分析结果的可用性、价值性、易于理解性和用户需求满足的关键因素。通过由此构建的政府大数据质量影响模型可以得出，政府大数据流程中的收集和预处理阶段对政府大数据质量的影响最大；在政府大数据质量的各维度中，数据可用性、数据准确性和数据价值性受数据处理流程的影响较大。

第二，在将政府大数据质量测度指标解析为9个原始质量、12个过程质量、6个结果质量的基础上，通过对各质量测度指标的重要度打分得出，原始质量在规范性、真实性、完整无误性、时效性等方面的重要性较高，而在数据到达率、数据定义等方面的重要性稍低；过程质量在数据准确性、一致性、置信度、有效性、适用性、存取效率等方面的重要性较高，而在数据清洗的实时性、清洗粒度、存储安全性、资源调度等方面的重要性稍低；结果质量在价值性、分析能力、预测性等方面的重要性较高，而在分析结果可视化、分析效率等方面的重要性较低。之后，通过计算原始质量、过程质量和结果质量三组中指标重要度得分的平均值可知，结果质量的重要性程度明显高于原始质量和过程质量，说明政府大数据质量的重点在于面向应用的结果质量上。最终由以上数据的计算分析，得到政府大数据质量测度模型。

第三，在分析政府开放数据现有质量问题的基础上，整理访谈提纲和调查问卷，对贵州省政府数据开放相关部门进行调研。通过具体的调研分析可知，在政府开放数据质量问题严重性方面，目前数据割据化现象、数据孤岛现象和数据碎片化问题较严重，其次是数据规范化和数据复杂性问题；在政府开放数据质量问题重要性方面，数据安全和隐私保护最为重要，其次为数据时效性、一致性、碎片化、标准化、开放平台、数据孤岛、复杂性、规范化等方面；结合严重性和重要性两个方面，目前数据碎片化问题、数据复杂性问题、数据规范化问题和数据孤岛现象是政府开放数据质量中的关键性问题。

第五章　我国政府开放数据质量
评价模型构建研究

本章首先通过借助 Nvivo 11 编码软件开展扎根研究获取政府开放数据质量影响因素，分别是表达质量、内容质量、效用质量、技术支持、服务质量、组织环境以及数据素养水平，据此构建了由内部驱动、外部驱动和保障三大要素组成的政府开放数据质量影响因素模型。其次，依据科学性、客观性、系统性、实用性原则构建了政府开放数据质量评价的指标体系，综合利用网络分析法和专家调查法确定各个指标及具体要素权重，由此构建政府开放数据质量评价模型。最后，选取三个代表性的地方政府数据开放平台进行实证评价，提出政府开放数据质量发展的建议与对策。

一、政府开放数据质量影响因素模型构建

本节按照扎根理论三级编码程序对访谈资料进行深度解析，进而归纳出影响政府开放数据质量的因素，从而构建政府开放数据质量影响因素模型并进行模型阐释。

（一）研究设计与数据收集

1. 研究过程

扎根理论作为定性研究方法被越来越多的学者使用，孙晓娥介绍了扎根理论三级编码操作方法，并以留美科学家参与国内科研活动的访谈资料为例进行具体说明[①]。柯平等以山东图书馆 23 个馆员的工作记录和访谈资料为研究样本，分析

[①]　孙晓娥. 扎根理论在深度访谈研究中的实例探析［J］. 西安交通大学学报（社会科学版），2011，31（6）：87－92.

馆员对公共图书馆组织文化的感知情况①。李文博将衍生企业作为研究对象，运用田野调查法和扎根理论建立了衍生企业创业行为影响因素模型②。可见扎根方法逐渐被应用在不同领域中。本小节利用扎根理论，展开开放性编码—主轴编码—选择性编码分析，按照从原始资料到概念，从概念到范畴，从范畴归纳出主范畴，进而掌握各范畴间的关系结构，直至构建政府开放数据质量影响因素理论模型。具体研究流程如图 5－1 所示。

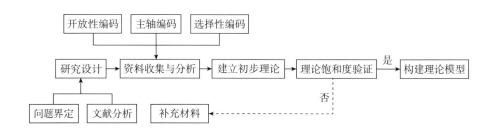

图 5－1　扎根理论研究流程

2. 研究设计

此次研究主要采用实地调研法和深度访谈法，针对政府数据开放过程存在的问题进行调查，了解实际工作中可能影响政府开放数据质量的因素。

结合这一研究目标，选择某一地方政府，访谈相关部门的工作人员，获取关于政府开放数据质量影响因素的原始资料，以此展开分析。贵州省作为首个国家级大数据综合试验区，具有独特的生态、能源、产业、基础设施等方面的优势并深受国家政策扶持。在国家政策的引导下，贵州省人民政府在政府数据开放方面出台了一系列政策，大力发展政府数据开放。政策支持、开放数据思维以及信息技术支撑已成为贵州省经济高速发展的强劲动力，对于完善政府治理方式、提高政府监管能力、创新经济增长和社会进步具有重要意义，将其作为研究对象具有一定的代表性③。

3. 访谈资料收集与处理

为适应本研究目的，选择贵州省作为调研对象，通过与当地数据开放部门工

---

①　柯平，张文亮，李西宁，等．基于扎根理论的馆员对公共图书馆组织文化感知研究［J］．中国图书馆学报，2014，40（3）：37－49.

②　李文博．集群情景下大学衍生企业创业行为的关键影响因素——基于扎根理论的探索性研究［J］．科学学研究，2013，31（1）：92－103.

③　侯征．我国政府开放数据质量评价模型构建研究［D］．郑州：郑州航空工业管理学院硕士学位论文，2021.

作人员进行访谈，获取原始访谈资料。从研究目的来说，访谈而来的一手资料具有真实性和可靠性，资料内容能更好地反映研究问题，从而保证研究的有效性。本研究通过一个月的时间，对访谈大纲不断修订，按照问题界定、资料收集、数据分析及编码、理论构建的步骤进行，利用半结构化访谈对政府开放数据质量影响因素进行研究。

以上，笔者实地走访了贵州省大数据管理局、统计局、交通厅、民调中心、某区政务公开部门、云上贵州项目管理部共 7 个相关部门，并对涉及数据开放工作的相关人员进行深度访谈。访谈提纲定为半结构式，访谈内容主要围绕实际工作中遇到的开放数据质量问题及原因来灵活进行。在调研过程中，每个部门实际访谈 1～2 人，共访谈相关工作人员 9 名。根据实际访谈情况每位访谈者用时不等，征得受访者同意后进行录音完整记录访谈内容。访谈结束后及时通过科大"讯飞听见"语音转录功能得到共计一万七千余字的原始资料，统一命名并以 Word 文件格式存放，后续将借助质性分析软件 Nvivo 11 进行扎根编码①。

（二）基于扎根理论的政府开放数据质量影响因素分析

本小节按照扎根理论研究流程，依次对原始资料进行三级编码分析，获取政府开放数据质量影响因素的主范畴、子范畴以及逻辑关系并进行效度检验，直至构建政府开放数据质量影响因素模型。

1. 开放性编码

开放性编码通过现象摘要、发展概念、提炼范畴三个环节，将资料集逐步进行概念化和范畴化。在编码时，首先对原始语句进行解读，其次从原始语句中提取标签，再次从标签中提取概念，最后从概念中提取范畴②。为避免个人主观影响分析结果，同时为保证此阶段过程中的信度，笔者邀请了另外两名同专业研究生组成研究小组。整个过程注重对所获原始资料进行逐字逐句分析，并排除掉重复次数小于 2 次以下的初始概念，当出现意见分歧时通过小组讨论的方式对问题进行探究，并查阅相关资料进行佐证。以上，通过不断比较、分析、商议，最后从原始资料中抽取 62 个初始概念，归纳了 18 个子范畴，具体编码结果如表 5－1 所示。

---

① 科大讯飞听见 ［EB/OL］. ［2020－10－15］. https://www.iflyrec.com/.

② 侯征. 我国政府开放数据质量评价模型构建研究 ［D］. 郑州：郑州航空工业管理学院硕士学位论文，2021.

表 5-1 开放式编码结果

子范畴	初始概念
B1 标准化程度	A1 各单位自行界定数据开放等级，标准不一；A2 数据平台存在数据分级问题；A3 行业标准和数据标准不一样；A4 数据分级标准不明确；A5 数据开放的标准不明确；A6 顶层规则不一样；A7 统计口径不一样；A8 统计范围不同
B2 机器可读性	A9 未达到可机读要求；A10 数据格式不通用；A11 数据格式不好用
B3 简洁性	A12 数据表述用户难以理解；A13 数据表述不简洁
B4 完整性	A14 数据缺失；A15 不完全公开的数据；A16 长期不公开的数据需要管理机制推动；A17 各单位公开本部门的数据开放目录；A18 涉及重大民生民情的数据主动开放；A19 涉及重大决策及政务服务结果的数据主动开放；A20 涉及政府行政执法类数据主动开放权力清单
B5 安全性	A21 数据的安全；A22 数据的开放与隐私保护；A23 数据防止被篡改
B6 准确性	A24 存在数据冲突问题；A25 存在数据不一致现象；A26 处理流程不一致产生数据误差；A27 产生数据错误；A28 因人工填写有数据被污染的可能；A29 采集的数据质量差；A30 公开的数据保证质量；A31 实行谁公开谁负责的质量保障制度
B7 可用性	A32 数据的应用情况不了解；A33 数据的应用不够深入；A34 因全过程数据获取难导致利用价值低；A35 数据利用率低；A36 数据价值挖掘不够深入；A37 用户使用依申请公开的数据时要遵循使用程序；A38 用户使用主动公开的数据时没有使用程序
B8 时效性	A39 数据处理会影响时效性；A40 数据开放的及时性；A41 数据的发布时限依据文件规定
B9 相关性	A42 用户需求不明确；A43 数据处理造成时间成本增加；A44 数据开放整合动力不足；A45 涉密数据不会考虑用户需求；A46 数据缺乏需求场景分析
B10 平台功能	A47 数据整合功能不完善；A48 个别数据下载功能未开通
B11 平台设计	A49 平台设计有待完善
B12 开放数据的安全防范	A50 政府部门对开放数据和电子政务实行内外网运行；A51 政府部门负责处理数据开放后的黑客攻击
B13 数据利用服务	A52 举办数据商业创新大赛；A53 为企业招投标和政府采购做决策参考；A54 为用户提供数据查询和下载
B14 与用户进行信息交流	A55 采用电话、信箱、微博微信方式与用户交流
B15 财政支持	A56 开放数据的处理需要投入大量的行政成本
B16 部门文化	A57 因责任制度存在开放顾虑；A58 缺乏数据共享环境
B17 数据开放的意识	A59 主观积极性不高；A60 开放意愿不强
B18 数据开放的能力	A61 向社会征求意见少；A62 缺乏宣传和引导

因该阶段编码工作量较大，篇幅有限，仅列举代表性原始材料语句及对应形成的初始概念，其中 Pn 代表访谈材料中对应访谈人员并附有原始访谈语句，A1 ~ A62 表示从访谈材料中提取的初始概念，B1 ~ B18 表示开放性编码得到的子范畴，部分示例如表 5 – 2 所示。

表 5 – 2　部分开放性编码过程示例

子范畴	初始概念	原始语句
B1 标准化程度	A1 各单位自行界定开放等级，标准不一	P1："各单位自己整理自己的数据，按照这一标准将数据分成这四个开放等级，自行划分，各单位自己界定"
	A3 行业标准和数据标准不一样	P4："数据标准问题同样存在于统计局内部，行业不一样数据标准也不一样"
	A6 顶层规则不一样	P9："数据从顶层就不统一，比如人社，它的数据统计口径和公安统计数据的口径不一样的，叫法可能也不一样"
B2 机器可读性	A9 未达到可机读要求	P1："目前很多开放的数据可能都是以网页的格式，达不到可机读要求"
	A10 格式不通用	P4："云上贵州的格式和统计局的不能通用"
	A11 格式不好用	P7："在与政府部门数据对接时，很多都是扫描版，如 PDF 格式，不能编辑，不好用，这个信息化做得比较粗糙"
B3 简洁性	A12 数据表述用户难以理解	P6："数据还需要进一步还原，用人类可以看得懂的形式还原"
	A13 数据表述不简洁	P6：交通厅等行业数据专业性较强，跟政府数据开放平台难以融合，这些行业数据复杂度比开放数据复杂度要高"
B4 完整性	A14 数据缺失	P6："比如某些数据空着，没有数据。比如一个项目的数据不全，完整性不够，这本身就是一个问题"
B5 安全性	A21 数据的安全	P9："我把这个数据与其他数据关联分析，隐私问题或者出现其他问题，或者会不会出现危害国家安全？"
	A22 数据的开放与隐私保护	P1："数据安全、隐私，与开放是一个矛盾体"
B6 准确性	A24 存在数据冲突问题	P5："同一个名称的统计数据，两个不同的统计得到的数据结果是不同的、有冲突的"
	A27 产生数据错误	P6："这种误差通常是数据在操作过程中存在错误，数据错位了，才会有这种问题"
	A28 因人工填写有数据被污染的可能	P6："这些标准数据（通过人工填写）很可能会造成虚假数据，被污染"

子范畴	初始概念	原始语句
B7 可用性	A34 因全过程数据获取难导致利用价值低	P7："工程项目数据在实施过程中会发生变化，如预算、进度等，这个数据很有价值，但我们获取不到"
	A38 用户使用公开数据时无使用程序	P1："公开的数据不会指定使用程序" P3："公布的数据没有使用要求"
B8 时效性	A39 数据处理会影响时效性	P1："这需要投入大量的时间和精力，但很多数据的时效性很强，有时处理完后可能已经没有时效性"
	A40 数据开放的及时性	P1："有些统计数据过了一段时间，可能就没有意义了"
	A41 数据的发布时限依据文件规定	P2："何时发布、何时执行，都有文件规定，从源头上规范"
B9 相关性	A42 用户需求不明确	P1："需求不明确，有时候不可能都去做数据处理，而进行开放。但如果需求不明确，就无法对大量数据进行处理，也不能开放"
	A44 数据开放整合动力不足	P5："需求基本没怎么做，具体不知道谁有需求，只能参考国家数据的指标体系、指标范围等"
	A46 数据缺乏需求场景分析	P1："数据要有市场需求，才能去做脱敏处理。如需求，我不知道需求在哪里，怎么去做？"
B10 平台功能	A47 数据整合功能不完善	P3："系统计划将各个部门数据整合起来，目前还不成熟，需要一个过程边运行边调整"
	A48 个别数据下载功能未开通	P5："目前还没有开放下载功能，以后会有这个下载功能，因为数据还没完善，怕有大量数据的下载、比对，出问题"
B11 平台设计	A49 平台设计有待完善	P4："云上贵州平台与垂直部门了解少，一般性了解做的平台，很多部门数据都上不去"
B12 开放数据的安全防范	A50 政府部门对开放数据和电子政务实行内外网运行	P8："政府间数据共享是通过政务外网实现的，对公众开放是在互联网，电子政务是在政务外网"
B13 数据利用服务	A52 举办数据商业创新大赛	P8："创造一些条件将数据开放让企业自己去利用。商业模式大赛，交通厅开放一些数据给参赛组员使用"
	A53 为企业招投标和政府采购做决策参考	P2："企业使用的政府公开信息有招投标、政府采购，这些对企业做产业投资帮助很大"

续表

子范畴	初始概念	原始语句
B14 与用户进行信息交流服务	A55 采用电话、信箱、微博微信与用户交流	P3："了解用户需求渠道，如首问责任窗口、电话咨询、局长信箱、微博、微信、统计系统 APP"
B15 财政支持	A56 开放数据的处理需要投入大量的行政成本	P1："因为需要投入大量的行政成本。数据开放需要对数据处理，数据处理需要大量的成本投入"
B16 部门文化	A57 因责任制度存在开放顾虑	P1："有时候检查说我知道你有那个数据，你没有开放。但开放数据也需要承担责任。很多处长都担心这一问题，开放数据要承担责任"
B17 数据开放的意识	A58 缺乏数据共享环境	P1："我们都知道数据是资源，都想获取别人的资源，但自己又不想开放自己的数据资源"
	A59 主观积极性不高	P5："他们的数据感觉有些粗。各个部门很多也是应付，没有把真正的他们的东西拿出来"
	A60 开放意愿不强	P5："有的部门不配合工作，开展缓慢；管理机制如再不报数据就通报这些单位，我们跟大数据局有联合，可以通报"
B18 数据开放的能力	A61 向社会征求意见少	P2："政府数据开放推进过程中存在的问题：缺乏征求群众意见"
	A62 缺乏宣传和引导	P6："有些宣传不对，很多企业级的，认为我的很多数据可能涉及商业机密，你都要传上去，所以就会下意识地抵制。而政府引导又不对，导致数据难以上传。下面的人对这件事较为抵制，推行很慢"

2. 主轴编码

开放性编码阶段整理出来的各种概念还显得比较模糊，需要主轴编码对各概念之间的内在联系和逻辑关系进行挖掘，将独立分散的概念连接起来。通过对开放性编码获得的 62 个概念和 18 个子范畴进行逻辑筛选和反复比较，将同一类型的子范畴进行划分聚类，最终获得 7 个主范畴。其中主范畴包括：C1 表达质量、C2 内容质量、C3 效用质量、C4 技术支持、C5 服务质量、C6 组织环境和 C7 数据素养水平，为方便后续分析，将 7 个主范畴进一步归纳为所属维度。主轴编码后形成的主范畴结果如表 5－3 所示。

表 5 - 3　主轴编码后的主范畴结果

所属维度	主范畴	子范畴	范畴的具体内涵
内部驱动因素	C1 表达质量	B1 标准化程度	指开放数据涉及的相关标准是否规范，能够清晰地表达数据
		B2 机器可读性	指政府开放数据在表现形式上能否被识别和处理
		B3 简洁性	指开放数据的表述是否简洁、易于理解
	C2 内容质量	B4 完整性	指政府开放数据在内容上应该是全面的、无遗漏的
		B5 安全性	开放的数据应保持数据的真实性；数据开放更不能侵犯个人隐私
	C3 效用质量	B6 准确性	指政府开放数据的内容是正确的，没有数据是错误的
		B7 可用性	指政府开放数据可被用户利用的程度
		B8 时效性	指政府开放数据是否及时进行发布和更新以便达到最大的利用率
		B9 相关性	指政府开放数据与用户数据需求的匹配程度
外部驱动因素	C4 技术支持	B10 平台功能	指政府数据开放平台的查询、下载等功能是否齐全
		B11 平台设计	指政府数据开放平台的设计、效果等表现程度
		B12 开放数据的安全防范	指开放数据过程中保障数据安全的技术手段
	C5 服务质量	B13 数据利用服务	指政府主体提供的各种数据利用服务
		B14 与用户进行信息交流服务	指管理者与使用者交流的渠道和方式
保障因素	C6 组织环境	B15 财政支持	指数据开放工作所投入的经济成本
		B16 组织文化	指部门内部关于数据开放所形成的工作方式、价值观念、部门形象等的综合
	C7 数据素养水平	B17 数据开放意识	指具备数据开放、数据共享的意识和思维，保持对数据的敏感性和规范利用
		B18 数据开放能力	指具备数据的获取、分析和处理能力

3. 选择性编码

选择性编码要进一步对各范畴和概念进行整合精练，确定核心范畴，并将其他范畴与核心范畴间的关系进行联结，以"故事线"的形式构建一个能够体现原始资料的模型。本研究的核心范畴与研究主题紧密相关，即"政府开放数据质量"。在主轴编码阶段，我们得到了表达质量、内容质量、效用质量、技术支持、服务质量、组织环境和数据素养水平 7 个主范畴，并归纳出内部驱动、外部驱动以及保障三大因素。根据主范畴的内在联系和研究情境，将各个主范畴串联起来，系统地建立主范畴与核心范畴间的关系结构，对关系内涵进行揭示，并附上访谈人员的原始语句加以验证。如表5-4所示。

表5-4 核心范畴与主范畴的典型关系结构

关系结构	关系结构的内涵	受访者的代表性语句（验证关系结构假设）
表达质量—开放数据质量	表达质量体现了开放数据能否清晰明了地将数据表现出来，它能够影响政府开放数据质量	P6：某些行业的数据复杂度比开放数据复杂度要高，因此数据还需要进一步还原，用人类可以看得懂的形式还原
内容质量—开放数据质量	开放的数据在内容上的相符程度代表内容质量，这将直接推动政府开放数据质量	P6：比如某一个项目的数据不全，完整性不够，这本身就是一个质量问题
效用质量—开放数据质量	效用质量是指开放数据在多大程度上让用户感知有用并满足需求的程度，它将直接促进政府开放数据质量	P1：但如果需求不明确，就无法对大量数据进行处理，也不能开放，质量问题更谈不上了
技术支持—表达质量	开放数据相关技术的水平能直接影响数据表达质量，如数据的标准化和简洁性	P3：开放数据系统计划将各个部门数据进行统一整合，形成一个标准。目前技术上还不成熟，需要一个过程，边运行边调整
服务质量—效用质量	政府提供数据服务的质量会影响数据的效用价值	P1：通过手机APP，可以查询的数据都是开放的、公众可以使用的；用户可以对多个地区的年鉴数据综合分析与使用
服务质量—内容质量	政府提供数据服务的质量会影响数据的内容质量	P8：比如商业模式大赛有关交通行业数据挖掘，会开放一些数据给参与企业自己去利用，也是检验数据是不是准确的
组织环境—服务质量	开放数据工作所处的组织环境的好坏会影响服务的质量	P1：我们都知道数据是资源，都想获取别人的资源，但自己又不想开放自己的数据资源。但开放数据也需要承担责任，有的部门也就没有开放
数据素养水平—组织环境	政府部门工作人员的开放意识和能力高低会影响整个组织环境	P6：有些宣传跟不上，很多企业认为自己的很多数据可能涉及商业机密，所以就会下意识地抵制
数据素养水平—服务质量	政府部门工作人员的开放意识和开放能力高低会影响政府的服务质量	P5：他们的数据感觉有些粗。各个部门很多也是应付，没有把真正的他们的东西拿出来
数据素养水平—技术支持	政府部门工作人员的开放意识和开放能力会影响相关的技术水平	P5：政府数据开放平台上的数据，有些不是指标数据，有原始数据。他们的数据感觉有些粗。各个部门很多也是应付，逐步完善吧

为直观地进行分析，按照建立的关系结构进一步构建出各主范畴与核心范畴的影响路径（见图 5 - 2）。由图 5 - 2 可知，各影响因素路径由左至右，数据素养水平影响组织环境、服务质量以及技术支持，组织环境和技术还对服务质量有所影响，而服务质量影响着内容质量、效用质量以及表达质量，内容质量和表达质量还影响着效用质量，最后内容质量、效用质量以及表达质量影响着政府开放数据质量①。

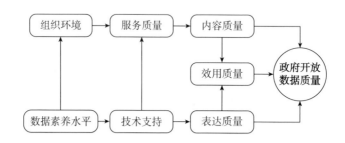

图 5 - 2 　核心范畴"政府开放数据质量"的影响路径

4. 效度检验

本部分进行效度检验。资料再编码法是扎根理论中常用的效度检验方法。研究人员通过选取一部分资料和研究过程中产生的备忘录资料，按照三级编码过程，再次检查是否产生新的概念和范畴。本研究对后面 5 位受访者（P5 ~ P9）的原始访谈资料和在研究过程中撰写的备忘录再次分析重译编码，进行理论饱和度检验，结果表明并未出现新的主范畴关系结构，故事线仍旧以政府开放数据质量为核心范畴进行展开。故认为检验通过，该模型在理论上饱和。因篇幅有限，文中附上部分饱和度检验材料：

P5：数据感觉有些粗糙。各个部门很多也是应付，没有把真正的他们的东西拿出来，逐步完善吧。（A59 主观积极性不高—B17 数据意识—C7 数据素养水平）

P6：政府大数据下的应用五花八门。比如下午咱们看的我那个系统，工程上的一个变更，如果把它做透就会很好。要深入下去，不能太表面。（A33 数据的应用不够深入—B7 可用性—C3 效用质量）

P7：在与政府部门数据对接时，很多都是 PDF 加密格式，不能编辑，不好用。（A11 数据格式不好用—B2 机器可读性—C1 表达质量）

① 侯征. 我国政府开放数据质量评价模型构建研究［D］. 郑州：郑州航空工业管理学院硕士学位论文，2021.

P9：我把这个数据与其他数据关联分析，隐私问题或者出现其他问题，或者会不会出现危害国家安全、个人隐私等问题会暴露出来。（A21 数据的安全—B5 安全性—C2 内容质量）

（三）政府开放数据质量影响因素模型分析

结合以上研究过程和研究结果，以内部驱动、外部驱动以及保障为三大影响因素，由此完成了政府开放数据质量影响因素的理论构建，进而提出影响政府开放数据质量的因素模型（见图 5 – 3）。下面依次对模型各因素间进行阐释。

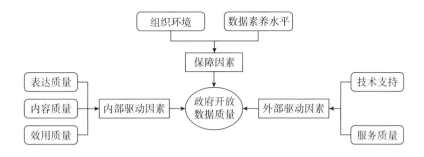

图 5 – 3　政府开放数据质量影响因素模型

1. 开放数据质量内部驱动因素

由图 5 – 3 可知，开放数据质量的内部驱动因素由数据表达质量、内容质量以及效用质量构成。其中数据表达质量是指开放数据涉及的相关标准是否规范，能否清晰地表达数据；政府开放数据在表现形式上能否被识别和处理；开放数据的表述是否简洁、易于理解。内容质量维度具体指政府开放数据在内容上应该是全面无遗漏的；开放的数据不应被修改，保持数据的真实性；数据开放更不能侵犯国家秘密、商业秘密和个人隐私；以及政府开放数据在内容上保证是没有数据错误的。效用质量具体指政府开放数据可被用户利用的程度；政府开放数据是否及时进行发布和更新以便达到最大的利用效率；政府开放数据与用户数据需求的匹配程度。政府开放数据作为取之于民并用之于民的民生服务，其数据本身的质量直接决定了政府开放数据整体的质量，可以说数据质量是基础和前提。综上，表达质量、内容质量、效用质量三大维度构成影响开放数据质量的内部驱动力。

2. 开放数据质量外部驱动因素

外部驱动因素分别是技术支持和服务质量。技术支持是指政府数据开放平台功能是否齐全、平台设计所呈现效果的表现程度，以及在数据开放过程中所需的保障数据安全的相关技术手段。具体表现维度包括平台功能、平台设计、开放数据的安全防范。服务质量主要指政府主体提供的各种数据利用服务以及管理者与使用者交流的渠道和方式。具体维度有数据利用服务与用户信息交流服务。以上这些因素分别从硬件设备和整体服务角度出发，对开放数据质量起着推动作用。一套运作良好的政府治理模式需要充分运用现代化信息技术为基础，并以服务公众、满足公民需要为核心理念。政府开放数据同样离不开信息化技术的支撑，不论是建立政府开放平台，还是开放整个流程中所需的配套技术支持，都依赖于现代化的信息技术和大数据技术，并以各类数据库的形式存储政府数据，实现全面交流共享，为公众提供数据查找、检索、下载等功能以及一系列信息服务，满足公众信息需求。由此，这也是提升政府开放数据质量的外部驱动因素。

3. 开放数据质量保障因素

开放数据质量保障因素分别是组织环境和数据素养水平。其中组织环境包括数据开放一系列工作所投入的行政成本以及所在部门关于数据开放所形成的工作方式、价值观念及部门形象等的综合。具体由组织文化和财政支持两大维度构成。数据素养水平包括数据开放意识和数据开放能力，具体指政府人员具备数据开放与共享的思维，以及数据获取、处理、分析的能力。开放数据质量与工作人员的开放意识和开放能力息息相关。政府开放数据工作全程需要政府部门提供有力的资金支持，在各部门创建数据开放的组织文化，要求政府人员秉持以公共责任为重的思想理念，加强自身数据素质和水平，从而保障开放数据质量。

二、政府开放数据质量评价模型构建

（一）评价指标体系构建

本小节以政府开放数据影响因素及测度模型的构建为基础，依据科学性、客观性、系统性、实用性的构建原则，形成政府开放数据质量评价指标体系。运用网络分析法和专家咨询法，借助 Yaanp 分析软件获取各评价指标间的重要值，由此建立政府开放数据质量评价模型。

1. 构建原则

评价政府开放数据质量需要建立一系列标准且具有严密逻辑关系的量化指标，而构建评价指标体系的关键就是对于指标的设计和选用。本节基于以下原则进行政府开放数据质量评价指标的选用，分别是：

（1）科学性。

科学性原则是指某一指标的选取要有明确的内涵和解释，在设计政府开放数据质量评价指标时，要基于科学的理论知识和合理的评价方法。同时，评价指标的选择要有代表性，强调从基本事实出发，符合事物本质。本研究基于实地调研，采用质性研究方法，严格遵循研究步骤和客观事实，并在评价指标选取的过程中始终遵照科学性原则。

（2）客观性。

客观性原则是指从客观存在的因素出发，使客观因素贯穿于指标选取和确立整个指标体系的每一个环节，尽可能地摒弃个人主观因素带来的影响。本研究认为，评价指标体系应始终立足于客观规律，运用严谨认真的科学方法，选择能够客观体现研究对象特点的指标。因此，本研究基于一定量的文献阅读和专家咨询，选用定量与定性相结合的研究方法，注重客观性原则来确定评价指标。

（3）系统性。

系统性原则强调的是各指标间的内在关系，要求以整体目标为主，各指标之间的逻辑关系必须严谨，与研究目前保持一致。从政府开放数据质量的评价来看，各指标不仅相互影响，而且与外部的整体目标也是相互联系的。对于本研究而言，在进行评价时要把握全局，始终将政府开放数据质量作为核心要素，同时注重各指标间的逻辑连接，实现评价工作的有效运转。

（4）实用性。

政府开放数据质量评价体系应切实可行，不可脱离实际随意想象。这就是实用性原则，也称可操作性原则。在实际操作过程中，要保证指标的易获取、便于操作、简洁明了。本研究在构建评价指标时操作规范，简单直观地反映出分析过程，始终将实用性作为基本原则。

2. 指标体系的确立

遵循相关构建原则，将前文形成的政府开放数据质量影响因素作为评价指标，形成了包括总目标层、7 个一级指标、18 个二级指标在内的政府开放数据质量评价指标体系，如表 5 - 5 所示。

表 5 - 5　政府开放数据质量评价指标体系

总目标层	一级指标	二级指标
政府开放数据质量评价指标体系	C1 表达质量	B1 标准化程度
		B2 机器可读性
		B3 简洁性
	C2 内容质量	B4 完整性
		B5 安全性
		B6 准确性

总目标层	一级指标	二级指标
政府开放数据质量评价指标体系	C3 效用质量	B7 可用性
		B8 时效性
		B9 相关性
	C4 技术支持	B10 平台功能
		B11 平台设计
		B12 开放数据的安全防范
	C5 服务质量	B13 数据利用服务
		B14 与用户进行信息交流服务
	C6 组织环境	B15 财政支持
		B16 组织文化
	C7 数据素养水平	B17 数据开放意识
		B18 数据开放能力

（二）基于 ANP 的政府开放数据质量评价模型构建

1. 构建方法

（1）网络分析法（ANP）的简介。

网络分析法（ANP）用于解决系统内部各元素集间的相互反馈和影响，反映决策结果的一种分析方法。网络分析法的结构由两部分组成：一部分是网络控制层，另一部分是网络影响层。网络控制层中主要包括目标层和决策准则层，其中决策准则层是相互独立的，共同受目标层的支配；而网络影响层则是受决策准则层支配的元素集构成。影响层中，各元素集间以及元素之间存在着相互影响关系。进一步来讲，网络分析法中的网络由元素集和连接元素集之间的影响组成。其中元素集是由组成元素集的元素构成，在元素集中元素间存在相互影响关系，也可与其他元素集中的元素产生相互影响关系。在网络分析法中，相互影响关系用符号"→"表示，例如，"B→C"表示 C 元素集（元素）受 B 元素集（元素）的影响，也可以说，B 元素集（元素）影响 C 元素集（元素），这里所讲到的"影响"主要指对重要性的影响，此外，元素集自身对自己的相互影响则称为"反馈关系"。图 5-4 是典型的网络结构模型。

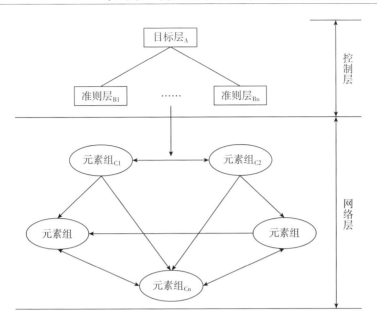

图 5 - 4　典型网络分析法网络结构模型

（2）网络分析法的解决步骤。

网络分析法一般分为三大步骤。第一步，分析问题。对决策问题进行全面的剖析、组合，形成网络结构中的元素集合。这一步主要用来分析判断元素层次内部是否相互独立、是否存在相互依存和反馈的关系，从而确定相对应的准则层和元素。

第二步，构造典型网络结构模型。首先构造网络控制层，即在典型层次分析中设定决策目标和决策准则。然后构造网络影响层，即归类并确定各个元素集、分析网络结构以及分析元素间的相互影响关系。

第三步，构造网络分析的超矩阵计算权重。先构造两两判断矩阵进行各元素集判断矩阵的两两比较，然后确定未加权的超矩阵和超矩阵中各元素集的权重，计算加权超矩阵和极限超矩阵，最终得出各元素的权重值。构造影响元素间的两两判断矩阵是计算权重的第一步，对各级元素进行相互比较，并构建正反判断矩阵。判断矩阵分别由行元素和列元素组成，其中行元素代表准则，列元素代表次准则，判断矩阵中的数值 Q_{ij} 表示第 i 行的元素相比较于第 j 列元素的重要性程度。在图 5 - 4 中，网络影响层中有 N 个元素集，C_i 中有元素 e_{ij}（$i=1, 2, \cdots, n; j=1, 2, \cdots, n$）；在网络层 C_1 中以其中 $e11$ 为准则，元素集 C_1 中的元素对 $e11$ 的影响大小进行间接优势度比较，即构造两两判断矩阵，如表 5 - 6 所示。

表 5-6　两两判断矩阵

e11	e11　e12　e13　e14　e15　e16	归一化特征向量
e11		$W_{11}^{(11)}$
e12		$W_{12}^{(11)}$
e13		$W_{13}^{(11)}$
e14		$W_{14}^{(11)}$
e15		$W_{15}^{(11)}$
e16		$W_{16}^{(11)}$

通过特征根法来得出排序向量（W11 11，W11 12，W11 13，W11 14，W11 15，W11 16），即元素集 C1 中的元素对元素 e11 影响程度的排序向量，以此类推计算其他元素对 eij 的影响排序向量，最后求出超矩阵 W：

$$W_{ij} = \begin{pmatrix} W_{i1}^{(j1)} & W_{i1}^{(j2)} & \cdots\cdots & W_{i1}^{(jnj)} \\ W_{i2}^{(j1)} & W_{i2}^{(j2)} & \cdots\cdots & W_{i2}^{(jnj)} \\ W_{ini}^{(j1)} & W_{ini}^{(j2)} & \cdots\cdots & W_{ini}^{(jnj)} \end{pmatrix}$$

综上，网络分析法通过构建超矩阵来计算权重。通过两两比较得到排序向量来作为超矩阵的每一列，超矩阵 W 是通过元素两两比较而导出，矩阵中的每一列都是以某个元素为准则。若元素集 Ci 中的元素对本身内在的元素没有影响关系，则 Wij = 0（i = 1，2，…，n；j = 1，2，…，n）；上述中 Wij 是列归一化的，若 W 并非归一化，则需要各组元素对准则 Cj（j = 1，2，…，n）的重要性进行两两比较，从而得出加权矩阵。为了使计算更加简便，需要将超矩阵的每一列进行归一化处理，即用加权矩阵乘以超矩阵得到归一化的超矩阵。

2. 模型构建

（1）构建网络结构模型。

根据网络分析法的操作步骤，结合前文构建的政府开放数据质量各指标影响关系路径，本书确定了控制层以政府开放数据质量评价为总目标，网络层以表达质量、内容质量、效用质量、技术支持、服务质量、组织环境以及数据素养水平七大指标共同构成的 ANP 网络结构如图 5-5 所示。

（2）各指标权重的确定方法。

构建政府开放数据质量评价指标模型的网络结构后，需要判断各指标的权重值。依据网络结构，本书的控制层由政府开放数据质量这一目标和内部驱动因素、外部驱动因素以及保障因素三大影响因素构成，因此所有判断矩阵在对应准则下完成比较，通过建立判断矩阵来确定各指标的权重值，再依次比较各指标内所属维度之间的相对权重值。使用 Yaanp 软件进行模型构建及各指标权重计算。

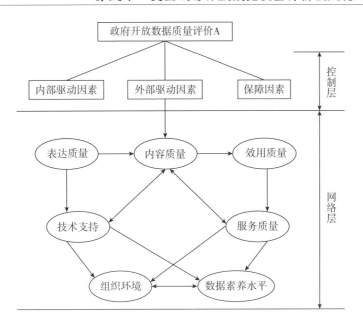

图 5 – 5　"政府开放数据质量评价"的 ANP 网络结构

Yaanp（Yet Another ANP）是一款网络层次分析法辅助软件，与常用的 Super Decisions 软件相比，Yaanp 具备图形化的模型构建、群决策、判断矩阵一致性检查等功能，对于本研究更为合适。同时，通过咨询政府开放数据领域的专家学者来确定两两对比矩阵获取各指标间的优势度，各指标判断矩阵的标度按照"1 – 9"级标度法。具体标度内容如表 5 – 7 所示。确定了各指标权重的计算方法后，结合制定的网络结构模型，利用 Yaanp 软件生成相应的调查问卷，用于发放和回收专家调查数据，政府开放数据质量评价模型专家调查问卷详见附录 B。

表 5 – 7　"1 – 9"级标度法的具体内容

标度值	标度含义
1	表示两个因素相比，同样重要
3	表示两个因素相比，前者比后者稍重要
5	表示两个因素相比，前者比后者明显重要
7	表示两个因素相比，前者比后者强烈重要
9	表示两个因素相比，前者比后者极端重要
2，4，6，8	表示上述相邻判断的中间值
倒数	若因素 i 与因素 j 的重要性之比为 a_{ij}，那么因素 j 与因素 i 重要性之比为 $a_{ij} = 1/a_{ij}$

（3）建立两两判断矩阵及一致性检验。

结合研究目标，本次专家调查问卷邀请了从事信息质量、信息资源管理、政府数据开放等方面的相关专家共 10 人，通过微信或电子邮件的形式发放专家问卷 10 份，收回问卷 10 份，有效回收率为 100%。表 5 - 8 为参与本次问卷调查的专家基本信息说明。

表 5 - 8　专家调查基本信息表

代号	所属单位	研究方向	职称
专家 1	郑州航空工业管理学院	政府数据开放	教授
专家 2	郑州航空工业管理学院	信息资源管理	副教授
专家 3	郑州航空工业管理学院	大数据管理	副教授
专家 4	郑州航空工业管理学院	信息资源管理	讲师
专家 5	河北大学	政府信息管理	教授
专家 6	河北大学	信息资源管理	副教授
专家 7	南昌大学	信息系统分析	教授
专家 8	南昌大学	信息服务	副教授
专家 9	华中师范大学	数据治理	教授
专家 10	华中师范大学	信息质量	副教授

回收问卷后依次在软件中输入专家们的判断数据，为保证计算结果的公正将各专家判断矩阵的权重设为算术平均。为了避免出现矛盾情况，在构建两两判断矩阵后进行一致性检验，通常认为一致性检验指标 CR < 0.1 表示通过检验，反之则表明判断矩阵出现矛盾现象，每个两两对比矩阵均需通过一致性检验。利用 Yaanp 软件的一致性检验功能，分别对所有专家所填数据进行检验，并根据检验结果对个别数据进行自动修正，直至判断矩阵合理[①]。结果均显示通过（CR < 0.1），以专家 1 的判断矩阵检验结果为例，如图 5 - 6 所示。

数据集结方式:计算结果集结 - 算术平均

簇判断矩阵

0.1 集结后的判断矩阵 — 政府开放数据质量评价　　一致性比例: 0.000000; λmax: 7.000000

	C1表达质量	C2内容质量	C3效用质量	C4技术支持	C5服务质量	C6组织环境	C7数据素养水平
C1表达质量	1	0.527792	0.337087	1.441233	0.591717	2.530375	0.732019
C2内容质量	1.894687	1	0.638674	2.730686	1.121119	4.794270	1.386947
C3效用质量	2.966595	1.565744	1	4.275555	1.755386	7.506599	2.171603
C4技术支持	0.693850	0.366208	0.233888	1	0.410563	1.755702	0.507911
C5服务质量	1.689996	0.891966	0.569675	2.435678	1	4.276325	1.237109
C6组织环境	0.395198	0.208582	0.133216	0.569573	0.233846	1	0.289293
C7数据素养水平	1.366085	0.721008	0.460489	1.968847	0.808336	3.456709	1

图 5 - 6　专家 1 的判断矩阵权重及一致性检验

①　莫祖英等. 基于 IPA 分析的政府开放数据关键性质量问题研究 [J]. 情报资料工作，2021，42（1）：88 - 94.

由图 5 - 6 可知，专家 1 的判断矩阵一致性比例 CR = 0. 047917，小于 0. 1，说明通过一致性检验。因篇幅过大，各专家详细的判断矩阵及一致性检验结果见附录 C。

类似地得出每个专家的判断矩阵并通过一致性检验，并将各专家的判断矩阵进行计算合并，得到统一的判断矩阵及对应的一致性检验结果（即 CR < 0. 1），如图 5 - 7 所示。由图 5 - 7 可知，10 位专家的判断矩阵采用算数评价的计算方式进行集结，最终一致性比例 CR = 0，小于 0. 1，说明通过一致性检验。

簇判断矩阵							
1.1 专家1 (0.1000)— 政府开放数据质量评价　一致性比例: 0.047917; λmax: 7.390999							
	C1表达质量	C2内容质量	C3效用质量	C4技术支持	C5服务质量	C6组织环境	C7数据素养水平
C1表达质量	1	1/7	1/8	1/3	1/2	3	2
C2内容质量	7	1	1/2	7	5	8	7
C3效用质量	8	2	1	8	6	9	8
C4技术支持	3	1/7	1/8	1	1/2	2	2
C5服务质量	2	1/5	1/6	2	1	2	2
C6组织环境	1/3	1/8	1/9	1/2	1/2	1	1/2
C7数据素养水平	1/2	1/7	1/8	1/2	1/2	2	1

图 5 - 7　总判断矩阵及一致性检验示意图

（4）未加权矩阵和加权超矩阵。

为进一步获取各指标内的相互影响程度，需要构建未加权矩阵来说明。一般在经过一致性检验后，计算出各矩阵的排序向量。例如在表达质量（C1）中，以标准化程度为准则，机器可读性、简洁性之间相互比较其对于标准化程度的影响力大小，从而获得判断矩阵，进一步计算出排序向量。类似地将获得的三个排序向量集合在一起就构建了表达质量（C1）这个指标的定量表示矩阵。同理，可获得其余各指标的定量表示矩阵。然后在不同维度间以各指标为准则，逐一获得其他维度指标对其影响力大小构成的判断矩阵并获得排序向量，从而构成未加权矩阵。因这部分计算步骤较为复杂，我们将借助 Yaanp 软件完成。将数据输入到软件中，显示所有判断矩阵通过一致性检验，选择计算功能生成结果。因篇幅有限，未加权矩阵结果见附录 D。

而加权超矩阵是通过各元素间两两比较关系构建出未加权超矩阵后，可根据模型中各成分的相对重要性计算加权超矩阵，加权超矩阵可反映出准则对次准则的控制作用，还反映出次准则对准则的反馈作用。因此，根据表达质量（C1）、内容质量（C2）、效用质量（C3）、技术支持（C4）、服务质量（C5）、组织环境（C6）以及数据素养水平（C7）各指标相对重要性建立的两两比较矩阵计算出权重矩阵，进而得出加权矩阵，因篇幅有限详情见附录 E。

（5）计算极限相对排序向量。

在网络分析法中，为了能够更好地反映整体情况通常还需要对加权超矩阵进行稳定性处理，即计算极限相对排序向量，从而更准确地得到单个元素之间的相对权重，并根据极限向量得出对应单个元素的全局权重。综合整理，得出政府开放数据质量评价各一级指标和二级指标的所占权重排序结果如表5-9所示。

表5-9　政府开放数据质量评价各指标最终权重及排序结果

一级指标	一级权重	二级指标	相对权重	二级权重	综合排序
C1 表达质量	0.099936	B1 标准化程度	0.066131	0.038736	12
		B2 机器可读性	0.076985	0.045095	10
		B3 简洁性	0.027495	0.016105	16
C2 内容质量	0.189347	B4 完整性	0.076607	0.044873	11
		B5 安全性	0.094560	0.055388	8
		B6 准确性	0.152087	0.089086	4
C3 效用质量	0.296469	B7 可用性	0.210154	0.123098	1
		B8 时效性	0.133826	0.078389	6
		B9 相关性	0.162154	0.094982	3
C4 技术支持	0.069340	B10 平台功能	0.107880	0.025700	15
		B11 平台设计	0.048982	0.011669	18
		B12 开放数据的安全防范	0.134202	0.031971	13
C5 服务质量	0.168891	B13 数据利用服务	0.432367	0.103004	2
		B14 与用户进行信息交流服务	0.276570	0.065887	7
C6 组织环境	0.039495	B15 财政支持	0.149195	0.026261	14
		B16 组织文化	0.075185	0.013234	17
C7 数据素养水平	0.136521	B17 数据开放意识	0.475528	0.083700	5
		B18 数据开放能力	0.300091	0.052821	9

3. 结果分析

本节对上述计算结果进行分析，从各一级指标权重来看，效用质量、内容质量、服务质量、数据素养水平的权重较高，权重值均大于0.1。具体来看，效用质量权重值约为0.3，内容质量和服务质量权重值分别为0.18和0.16，数据素养水平权重值为0.13。结合专家调查问卷认为专家们对政府开放数据质量评价更注重的是数据的效用质量，其次是数据内容和服务质量，数据素养水平也受到一定关注。而对表达质量、技术支持以及组织环境的关注度相对较低，因而认为评价政府开放数据质量的关键指标有效用质量、内容质量，同时重点关注开放数据的服务质量和数据素养水平，对表达质量、技术支持以及组织环境指标可以保持适当关注。

通过对各二级指标所占权重及其综合排序结果，依次将其划分为关键因素、重要因素以及一般因素三类。第一类关键因素的排名占据第一至第五，如准确性、可用性、相关性、数据利用服务、数据开放意识等，这类因素的所占权重均在 0.08～0.1；第二类重要因素有安全性、时效性、与用户进行信息交流服务、数据开放能力，权重值均在 0.05～0.07；第三类一般因素的指标如简洁性、平台功能、财政支持、组织文化等，权重值大多在 0.04 以下。后续将依据划分的三类因素，在评价政府开放数据质量时有针对性地进行分析。

三、政府开放数据质量评价模型实证研究

本节利用前文构建的政府开放数据质量评价指标模型进行实证研究，选择三个不同发展水平的政府数据开放平台作为测评对象进行评价并提出发展建议。

（一）评价对象选择与标准制定

1. 评价对象选择

本节以当地数据开放指数等级、平台级别、平台所属地区为依据选择测评对象。关于各地数据开放指数等级，本书依据权威公布的《中国地方政府数据开放报告》中各省级综合排名数据划分；数据开放平台方面选择了省级/直辖市上线的地方政府数据开放平台；所处地区方面考虑了我国地区的行政区划。

综上，选取三个省级数据开放平台作为评价对象，这些地方分别是所处华东地区且数据开放水平位列第一等级的浙江省、所处西南地区且数据开放水平位列第二等级的贵州省以及所处华北地区数据开放指数位列第三等级的天津市，各自的数据开放平台分别是浙江数据开放平台、贵州省政府数据开放平台、天津市信息资源统一开放平台。鉴于各省数据开放平台数据集巨大，无法一一进行评价，故选取受关注度较高的主题数据集作为评价对象。

2. 评价标准制定

为了让评价指标体系具有可操作性，基于前文各评价指标的权重明确了二级指标的具体解释及对应评分细则，制定了政府开放数据质量评价标准如表 5-10 所示。该表主要利用各二级指标进行评价，各二级指标下有具体的评分标准，并划分为优秀、良好、一般、不合格四个等级。为了保证评价结果的可靠性，在项

目组内邀请了三名成员，成员们均是在读硕士研究生且具备政府数据开放基本知识。以上项目组成员对浙江、贵州、天津三省市政府数据开放平台数据进行质量评价。

表 5-10　政府开放数据质量评价标准

二级指标	二级指标描述	评分标准
B1 标准化程度	分类分级标准和统计范围是否明确	有明确的分类等级 有明确的统计范围
B2 机器可读性	数据是否可机读，格式是否通用	数据格式可机读 数据格式可以通用
B3 简洁性	数据表述是否简洁，用户是否易理解	数据表述简洁 数据表述易理解
B4 完整性	内容是否完整，是否有开放目录	开放数据内容完整 规定了数据开放目录
B5 安全性	数据是否安全，隐私数据是否限制性开放	显示有安全等级 隐私数据限制性开放
B6 准确性	数据的语法和语义是否存在错误，公开数据是否有责任部门	开放数据无明显错误 显示有主体负责部门
B7 可用性	数据是否被用户利用，是否有用户评价	开放数据能被利用 显示有用户评价
B8 时效性	数据是否显示更新频率和更新日期	更新日期的新颖性 更新频率的长短
B9 相关性	数据是否显示用户下载量和访问量	页面显示访问量 页面显示下载量
B10 平台功能	开放平台是否设立有主题分类版块，是否能下载	设立主题分类版块 主题数据可以下载
B11 平台设计	开放平台页面是否清晰，是否方便操作	页面分类清晰 用户操作时步骤简单
B12 开放数据的安全防范	开放数据平台是否是实名/个人账号认证	需要实名注册 需要个人账号认证
B13 数据利用服务	平台是否设立应用成果版块及数量	设立应用成果版块 应用成果数量多少
B14 与用户进行信息交流服务	平台是否有互动交流版块以及答复时长	设置互动交流版块 答复时长的长短

续表

二级指标	二级指标描述	评分标准
B15 财政支持	开放数据政策文件中是否规定财政投入	明确了专项资金 设立有资金具体比例
B16 组织文化	开放数据政策是否制定责任主体及制度	明确责任主体部门 制定有责任追究机制
B17 数据开放意识	政策文件是否有鼓励措施及惩罚机制	规定有鼓励措施 规定有惩罚机制
B18 数据开放能力	开放数据政策中是否有明确的宣传措施和指导办法	规定了宣传措施 规定了培训指导办法

（二）评价结果分析

本小节对浙江、天津、贵州三省市的数据开放平台进行评价。三名研究人员依次登录浙江省、天津市、贵州省的数据开放平台，下载了数据开放目录文件以及公布的数据开放法规和条例；为更好地分析数据集利用情况，选取了"社保就业""医疗卫生""城建住房""财政金融""信用服务"以及"教育文化"六类主题数据，并对主题内包含的数据集进行调查统计①。以上访问与下载的起止时间为2021年4月1日至4月9日。项目组成员依次进行评价，并将各自的评价结果汇总讨论。下面对各省数据开放平台情况进行分析。

1. 浙江省数据开放平台

项目组成员登录浙江省数据开放平台，经过注册和实名制认证后，按照主题分类依次下载数据集②。该平台数据集需要申请对应数据接口服务，审核通过后方能下载。笔者根据实际情况选取社保就业、医疗卫生、城建住房、财政金融、信用服务、教育文化六类共计241条数据集。数据集主题、数量、下载时间基本情况如表5-11所示。

表5-11　主题数据集基本情况

主题数据集类型	主题数据集数量（条）	评估数据集数量（条）	下载时间
社保就业	11	8	2020-04-08
医疗卫生	60	50	2020-04-08

---

① 侯征. 我国政府开放数据质量评价模型构建研究 [D]. 郑州：郑州航空工业管理学院硕士学位论文，2021.

② 浙江省数据开放平台. http://data.zjzwfw.gov.cn/jdop_front/index.do.

主题数据集类型	主题数据集数量（条）	评估数据集数量（条）	下载时间
城建住房	63	50	2020 – 04 – 08
财政金融	37	35	2020 – 04 – 08
信用服务	50	48	2020 – 04 – 08
教育文化	107	50	2020 – 04 – 08
合 计	328	241	

三名研究人员对数据集依次评价，并将评价结果讨论汇总，表 5 – 12 为项目组成员的综合评价结果。

表 5 – 12　浙江省数据开放平台评价结果

评价指标 ＼ 评价对象	社保就业	医疗卫生	城建住房	财政金融	信用服务	教育文化
标准化程度	良好	优秀	优秀	优秀	良好	优秀
机器可读性	优秀	优秀	优秀	优秀	优秀	优秀
简洁性	良好	良好	优秀	良好	良好	优秀
完整性	良好	良好	优秀	优秀	优秀	优秀
安全性	优秀	优秀	优秀	优秀	良好	良好
准确性	优秀	优秀	优秀	优秀	优秀	优秀
可用性	良好	良好	良好	优秀	优秀	优秀
时效性	优秀	优秀	优秀	良好	良好	优秀
相关性	优秀	优秀	优秀	优秀	优秀	优秀
平台功能	优秀	优秀	优秀	优秀	优秀	优秀
平台设计	优秀	优秀	优秀	优秀	优秀	优秀
数据的安全防范	良好	良好	良好	良好	良好	良好
数据利用服务	优秀	优秀	优秀	优秀	优秀	优秀
与用户进行信息交流服务	优秀	优秀	优秀	优秀	优秀	优秀
财政支持	优秀	优秀	优秀	优秀	优秀	优秀
组织文化	良好	良好	良好	良好	良好	良好
数据开放意识	优秀	优秀	优秀	优秀	优秀	优秀
数据开放能力	优秀	优秀	优秀	优秀	优秀	优秀

根据表 5 - 12 中的数据，现分析如下：

（1）浙江省数据开放平台数据的表达质量、内容质量、效用质量指标表现不错，特别是准确性、相关性具体指标表现优秀。

该省数据开放平台设置了明确的开放目录和受限目录，开放数据集提供了XLS、XML、JSON 等多种数据格式，用户可根据需要下载。每条数据集提供详细的数据项、关联数据、相关应用的链接，方便用户使用。同时，用户可看到每条数据集具体的访问量和下载量，利用后对数据集进行评价，保障了数据的效用质量。

（2）数据的服务质量、技术质量表现不错，尤其是数据开放平台的设计与功能、数据利用服务指标评价等级为优秀。

浙江省数据开放平台整体页面设计简单，还提供了无障碍浏览，用户可根据语音提示进行相应操作，功能设计简易贴心。数据的应用成果十分丰富，涉及类型广泛且形式多样，体现了较高的服务质量。平台设置互动交流版块，相关部门能够及时回复用户提出的问题，答复时间均在一个工作日以内。此外，用户可以利用浙江省数据开放网站中的数据进行应用开发，完成后上传至平台即可使用，大大调动了用户的积极性和参与度。

（3）数据的组织环境和数据素养水平表现很好，大多处在优秀等级。

据 2020 年的中国地方数据开放报告，浙江省在省级排名占据首位，开放等级处于第一等级。当地具备了良好的开放数据氛围，定期举办数据应用大赛，加强了公众和社会组织的参与度。作为国内较早上线数据开放平台的省份之一，浙江省深受国家和地方政策扶持，颁布的相关政策明确了开放数据的责任主体部门，注重专业人才的引进，具有良好的数据素养水平。

2. 贵州省数据开放平台

根据前文制定的评价标准，项目组成员登录贵州省数据开放平台，经过注册和实名制认证后，按照主题分类依次下载数据集①。因各类数据集数量差异较大且部分数据限制下载，笔者根据实际情况选取包括社保就业、医疗卫生、城建住房、财政金融、信用服务、教育文化在内共计 179 条数据集，数据集主题、数量、下载时间基本情况如表 5 - 13 所示。

表 5 - 13　主题数据集基本情况表

主题数据集类型	主题数据集数量（条）	评估数据集数量（条）	下载时间
社保就业	3	2	2020 - 04 - 09
医疗卫生	24	23	2020 - 04 - 09

① 贵州省政府数据开放平台. http：//data. guizhou. gov. cn/home.

主题数据集类型	主题数据集数量（条）	评估数据集数量（条）	下载时间
城建住房	62	50	2020 – 04 – 09
财政金融	118	70	2020 – 04 – 09
信用服务	4	4	2020 – 04 – 09
教育文化	50	30	2020 – 04 – 09
合计	261	179	

　　三名研究人员对数据集依次评价，并将评价结果讨论汇总，表 5 – 14 为项目组成员的综合评价结果。

表 5 – 14　贵州省数据开放平台评价结果

评价对象 评价指标	社保就业	医疗卫生	城建住房	财政金融	信用服务	教育文化
标准化程度	优秀	良好	良好	优秀	良好	优秀
机器可读性	优秀	优秀	良好	良好	优秀	良好
简洁性	良好	良好	良好	良好	良好	良好
完整性	优秀	良好	良好	良好	良好	良好
安全性	良好	良好	良好	良好	一般	良好
准确性	良好	良好	良好	良好	良好	良好
可用性	良好	一般	良好	一般	一般	良好
时效性	一般	良好	一般	一般	良好	良好
相关性	优秀	优秀	良好	优秀	优秀	优秀
平台功能	优秀	良好	良好	良好	良好	良好
平台设计	优秀	良好	良好	良好	良好	良好
数据的安全防范	一般	良好	良好	良好	一般	良好
数据利用服务	良好	良好	良好	良好	良好	优秀
与用户进行信息交流服务	一般	一般	良好	良好	一般	良好
财政支持	良好	良好	良好	良好	良好	良好
组织文化	良好	良好	良好	良好	良好	优秀
数据开放意识	良好	良好	良好	良好	良好	优秀
数据开放能力	优秀	良好	良好	良好	良好	优秀

根据表 5 - 14 中的数据，现分析如下：

（1）标准化程度、机器可读性、简洁性、完整性以及安全性指标表现较好，说明这几类数据的表达质量和内容质量较高。

贵州省数据开放平台主页有详细的开放数据目录，每类开放数据集都标注了安全等级和开放条件，为方便用户理解还设置有该条数据的基本目录，可供预览，同时还提供关联数据的下载，方便用户全面地获取所需数据。

（2）数据的可用性、时效性指标表现一般，用户信息交流服务表现一般，数据的效用质量和服务质量应继续提升。

贵州省数据开放平台显示，用户对数据集的评价较少，与用户互动交流版块虽回复及时，但部分存在回复内容过于流程化，未实际解决用户疑问。今后，可借助社交媒体或定期发放调查问卷的方式向用户征求意见，提供高质量的数据服务。

（3）数据的组织环境和数据素养水平表现很好，处在良好或优秀等级，应继续保持。

当地作为国内较早上线数据开放平台的省份之一，深受国家和地方政策扶持，2020 年还发布了《贵州省数据共享开放条例》，走在地方开放数据实践的前列。政策中明确了开放数据的责任主体部门和相关奖惩制度，具有良好的开放数据组织环境和数据素养水平。

3. 天津市数据开放平台

项目组成员登录天津市数据开放平台，经过注册和实名制认证后，按照主题分类依次下载数据集①。因部分数据集涉及个人隐私且不开放下载权限，笔者根据实际情况选取包括社保就业、医疗卫生、城建住房、财政金融、信用服务、教育文化在内共计 293 条数据集。数据集主题、数量、下载时间基本情况如表 5 - 15 所示。

表 5 - 15　主题数据集基本情况

主题数据集类型	主题数据集数量（条）	评估数据集数量（条）	下载时间
社保就业	50	48	2020 - 04 - 09
医疗卫生	87	70	2020 - 04 - 09
城建住房	14	14	2020 - 04 - 09
财政金融	55	50	2020 - 04 - 09
信用服务	64	41	2020 - 04 - 09
教育文化	116	70	2020 - 04 - 09
合计	386	293	

① 天津市信息资源统一开放平台. https：//data. tj. gov. cn/sjyy/ydAPP/index. htm.

三名研究人员对数据集依次评价，并将评价结果讨论汇总，表5-16为项目组成员的综合评价结果。

表5-16　天津市数据开放平台评价结果

评价指标 ＼ 评价对象	社保就业	医疗卫生	城建住房	财政金融	信用服务	教育文化
标准化程度	良好	良好	良好	一般	良好	一般
机器可读性	一般	一般	一般	一般	一般	一般
简洁性	良好	一般	良好	一般	良好	良好
完整性	良好	一般	一般	一般	一般	良好
安全性	良好	良好	良好	良好	良好	良好
准确性	良好	良好	良好	良好	良好	良好
可用性	良好	良好	良好	一般	良好	良好
时效性	一般	一般	一般	一般	一般	一般
相关性	良好	一般	良好	一般	良好	良好
平台功能	一般	良好	良好	一般	良好	良好
平台设计	良好	良好	一般	良好	一般	良好
数据的安全防范	一般	良好	良好	良好	一般	良好
数据利用服务	一般	一般	一般	一般	一般	一般
与用户进行信息交流服务	一般	一般	一般	一般	一般	一般
财政支持	良好	良好	一般	良好	良好	良好
组织文化	良好	良好	良好	良好	良好	良好
数据开放意识	一般	一般	一般	一般	一般	一般
数据开放能力	良好	良好	良好	良好	良好	良好

根据表5-16中的数据，现分析如下：

（1）标准化程度、机器可读性、简洁性以及完整性指标表现一般，数据的表达质量和内容质量都有待提高。

天津市数据开放平台提供详细的开放数据目录，每类开放数据集标注有开放条件，但数据基本信息有部分缺失项，用户理解会受到影响。数据下载方面除涉及医疗卫生、信用服务类的无下载权限，大部分数据均可下载使用。笔者对下载数据查看时发现部分数据信息存在不完整现象，如金融公司资产管理目录数据集只开放了公司名称和地址，联系方式项显示缺失，数据内容不全面影响用户的利用。

（2）数据的时效性、数据利用服务、与用户交流服务指标表现一般。

天津市数据开放平台数据更新频率大多为一年，更新频率较慢，在一定程度上会影响数据时效性。数据应用成果较少，类型单一，不能很好地体现数据的应用价值。平台页面中虽设立互动交流版块，但用户只能提交问题，无法看到全部回复情况。虽发放有征求意见调查问卷，最近时间是在 2020 年，时效性不高。

（3）表现较为良好的指标有组织环境和数据素养水平。

当地先后出台了公共资数据资源开放管理办法和大数据应用条例，具体政策中明确了开放数据的责任主体部门和相关奖惩制度，并为大数据开放设立一系列保障措施，具有良好的开放数据组织环境和数据素养水平。

4. 三省份数据开放平台对比分析

结合制定的评价标准以及各省具体表现，将浙江、贵州以及天津三省份数据开放平台评价结果整理，综合结果如表 5－17 所示。

表 5－17　省级数据开放平台质量综合评价结果

二级评价指标	天津市	贵州省	浙江省
标准化程度	良好	优秀	优秀
机器可读性	一般	优秀	优秀
简洁性	良好	良好	良好
完整性	一般	良好	优秀
安全性	良好	良好	优秀
准确性	一般	良好	优秀
可用性	良好	良好	优秀
时效性	一般	优秀	良好
相关性	良好	优秀	优秀
平台功能	一般	良好	优秀
平台设计	一般	良好	优秀
开放数据的安全防范	良好	优秀	良好
数据利用服务	一般	良好	优秀
与用户进行信息交流服务	一般	一般	优秀
财政支持	一般	良好	良好
组织文化	一般	良好	优秀
数据开放意识	良好	良好	优秀
数据开放能力	一般	良好	优秀

从评价结果可以看出，浙江省数据开放平台质量等级为优秀，贵州省和天津市开放平台质量等级处于良好和一般，这与《中国地方政府数据开放报告

（2020）》评估结果基本一致。结合前文各一级指标和二级指标的重要程度，分别从关键质量指标、重要质量指标、一般质量指标三方面进行对比分析。

（1）关键质量指标。

关键质量指标包括数据效用质量和内容质量。数据效用方面浙江省数据开放平台中主题数据集访问量和下载量在三省份中是最高的，而且用户在利用后还可对数据进行评价，同时还提供数据的可视化预览，便于用户理解和利用。贵州省数据开放平台页面提供关联数据方便用户进行后续利用。内容质量方面天津市表现一般，部分数据集存在缺失项，内容不完整。贵州省和浙江省表现较好，内容上未发现明显语法错误。此外，三省份访问数据时都需要进行注册登录，天津市进行平台注册时还可以选择与个人社交账号关联认证，不仅减少了用户再次操作，还有助于验证用户身份，从而保证数据的安全。贵州省数据开发平台数据集中还设立了安全等级项，分为无条件开放和有条件开放，能够防止数据的恶意篡改和追溯身份[1]。

（2）重要质量指标。

重要质量指标包括数据服务质量与数据素养水平。其中服务质量方面，三省份在数据开放平台都设立了互动交流和应用成果版块，其中浙江和贵州两省的互动交流版块官方回复间隔较短，一般在当天或一周内均能对用户回答进行回复。天津市只是提供了用户可以编辑问题的页面，普通用户无法看到详细的回复情况。因此，浙江省和贵州省的服务质量及数据素养水平质量评价较高。关于应用成果方面，浙江省不仅数量上达到了三省份的最高，应用成果还涵盖生活、医疗、城建等主题，成果形式多样，包括移动 APP、网站以及微信小程序等。贵州省应用成果方面还开发了专门的投标应用以便企业使用。天津市可借鉴浙江、贵州两省的做法，积极推进数据应用成果开发。数据素养水平方面三省份数据开放政策中都明确了鼓励政策和追究机制，以及数据开放宣传和引导实施办法。

（3）一般质量指标。

一般质量指标包括表达质量、技术支持以及组织环境。表达质量方面浙江和贵州两省单项评级较高，且两省平台提供的开放数据格式多样，为方便用户理解还提供有数据可视化分析版块。技术支持方面三省份的平台设计页面清晰，都提供有检索数据的筛选条件，用户操作起来比较方便。组织环境方面三省份都明确提出设立开放数据工作所需资金，规定了开放数据的责任部门及追究机制等。

---

① 侯征. 我国政府开放数据质量评价模型构建研究［D］. 郑州：郑州航空工业管理学院硕士学位论文，2021.

（三）政府开放数据质量提升建议

1. 关注关键质量指标，提升开放数据质量

政府开放数据质量评价是以效用质量、内容质量以及服务质量为关键指标，注重评价开放数据的效用和内容，从而为公众提供更优质的数据服务。在应用政府开放数据质量评价体系时，还应关注关键因素，主要有数据开放意识、数据利用服务、数据开放能力这些具体评价要素。正如访谈中谈到的，管理人员认为仍存在部门标准与开放数据分类等级标准不统一的问题；数据的开放与隐私保护界限不明，用户的数据需求模糊，导致数据开放整合的动力不足，直接影响了数据的效用价值。结合整体性治理思想，组织结构的制度化是其显著的特征。通过制度化，各数据治理主体间的关系得以明确，从而稳固了整体性组织结构，有利于整体性治理目标的实现。因此，政府应从多方面解决现存的数据质量问题，保障政府开放数据质量。既要尽快完善数据分类定级标准并尽可能与行业标准相融合，同时建立个人数据安全与隐私保护制度。在制定开放标准过程中，应注重行业标准与开放标准的融合，多考虑已有的行业标准；个人隐私、数据安全等方面法律政策的不健全会导致社会对开放数据的使用意愿较低[①]。因此，要逐步细化开放标准中关于个人安全与隐私的保障机制，明确数据开放与保密的界限[②]。更要尽快建立负责数据安全的专职管理机构，确立与职权相配套的管理制度，加强现有机构的建设，以制度化作为数据开放工作的核心理念，从而保证整体目标的实现。

2. 优化配套技术支持，提供交互利用服务

实现政府开放数据的价值，不但需要相应的制度和政策基础，相关技术的开发也起着重要的推动作用。现有数据开放基础设施建设还有待完善，平台开放时间不长，大量数据需要整合处理，因此系统的整合下载等功能还未完善。而整体性治理高度重视信息技术的应用。正是因为信息技术的发展，政府整体性治理的载体基础才得以建立，先进的信息技术能够促进不同治理主体和利益相关者间的互联互通和信息共享，有助于打破"数据孤岛"的窘境，从而实现了开放数据整体和协同的决策模式和服务方式。对此，技术部门应加强开放数据平台的技术开发，优化平台设计，提供软硬件相结合的技术保障。开放数据质量离不开技术的支持，技术更是数据采集与处理、数据平台建设、数据发布的基础和前提。一

① 王晶，王卫，张梦君. 开放政府数据价值实现保障机制研究——基于系统动力学方法 [J]. 图书馆学研究，2019（16）：51 – 59.

② 丁红发，孟秋晴，王祥等. 面向数据生命周期的政府数据开放的数据安全与隐私保护对策分析 [J]. 情报杂志，2019，38（7）：151 – 159.

个完善的开放数据平台应具备数据服务功能、数据存储和管理功能、信息交互功能以及数据互操作功能①。政府主体更应注意统筹规划和顶层设计，加快提高自身技术水平、完善平台功能和性能、加大对技术研发的支持力度、提高整体信息化水平从而保障政府开放数据质量的发展。

3. 建构双向沟通机制，营造良好开放氛围

积极构建政府开放数据供需双方在数据开放过程中的沟通协调机制，带动社会组织、企业、公民的共同参与，在政府内部应营造良好的开放数据组织环境，提升人员数据素养能力。实际调研中发现部分工作人员的据开放主观意愿不强，缺乏正确的教育培训，征求群众意见不充分，影响了数据开放的最终效果。从整体性治理来看，治理目标的实现离不开责任意识，责任理念强调诚信和效果是其核心理念之一。通过整合政府部门治理功能，满足公众需求和公共利益，推动政府回归于公共服务是其另一核心理念。因此，政府部门应以公共责任和利益为追求，在工作中通过微信、微博、调查问卷等多种渠道征求公众意见，积极与用户沟通交流，从而更准确地把握用户的数据需求；针对数据处理耗费成本所导致的效用度问题，应多了解不同用户的数据需求，在保证数据安全的前提下，灵活应对各类数据的分级处理，优先开放民生民情领域的数据，更好地满足公众需求，增强数据利用价值的广度和深度，提升公众的积极性和参与度，为开放数据的整合利用增添动力，为开放数据的价值实现注入活力。各部门还要积极牵头开展开放数据宣传和引导活动，加强部门人员素质教育和培训②。加大对专业人才的引进和激励力度，提高工作的积极性和参与度，充分发挥政府部门的主体作用，营造出开放数据的良好氛围。

---

① 闫馨戈. 我国市级政府公务员信息素养状况调查研究［D］. 哈尔滨：黑龙江大学硕士学位论文，2015：38－41.

② 钱晓红，胡芒谷. 政府开放数据平台的构建及技术特征［J］. 图书情报知识，2014（3）：124－129.

第六章 我国政府数据开放平台 评价体系构建及实证研究

本章将基于政府数据开放实践及相关评估项目，通过文献分析法和网络调查法，在政府数据开放平台评价相关成果的基础上，运用专家调查法从关键数据集、平台性能和功能建设三个维度构建我国政府数据开放平台评价指标体系。采用层次分析法确定各个指标的权重，构建完整的评价指标体系模型。同时，选取三个具有代表性的数据开放平台，运用已构建的模型对我国政府数据开放平台进行实证研究，并对评价结果进行对比分析与总结，为今后我国建设数据开放平台提供实用性意见。

一、政府数据开放评价项目及评价方法

（一）政府数据开放

政府数据开放（Open Government Data，OGD），从字面上看是指政府相关数据以某种形式向公众开放，其中包括政府原始数据和政府再利用数据。这些数据在不侵犯隐私、安全和版权的情况下，由政府或者政府有关部门以某种形式进行对外开放。开放知识（Open Knowledge）的《开放数据手册》（*Open Data Handbook*）对政府数据开放的定义是"任何人可以自由地使用、利用和重新分配政府数据和内容，其根本目的在于资源的归属和共享"，开放数据是完全包含了元数据在内地开放①。开放政府工作组会议于 2007 年 12 月在美国加利福尼亚州举行，参会的 30 多个政府代表首次发表了政府数据开放的相关准则，即政府数据开放八项原则②（见表 6-1）。该八项原则有利于推动政府数据开放政策或法律的制

---

① 黄如花，王春迎. 英美政府数据开放平台数据管理功能的调查与分析［J］. 图书情报工作，2016，60（19）：10-16.

② 徐慧娜. 用户利用导向的开放政府数据研究［D］. 上海：复旦大学硕士学位论文，2014：34-36.

定、实施，明确了开放数据最终的目的在于共享。在强调数据质量和数据开放时限重要性的同时，不足之处在于缺乏详细阐述数据开放中可能出现的利益冲突。

表6-1　政府数据开放的八项原则

原则	主要内容
完整性	政府开放的数据应该是完整的、不受限制的（不受安全、特权、隐私限制）。所有数据均应被公开，数据开放的对象应更全面，任何载体不应妨碍政府数据的开放
原始性	政府开放的数据是最基本的，是没有经过任何加工处理过的最为原始的数据。因为经过加工的数据会失去原始的纯真性，用户在使用时也会受到不同程度的影响
及时性	政府开放的数据要做到及时准确，为了提高用户黏合性，若非必要则不能延迟开放
可获得性	政府开放的数据要保证用户可获取，多数人使用的都是可获取的数据，发布到平台上的数据要满足多数人的需要
机器可处理	政府开放的数据应是机器能够处理的、数据能被广大用户利用的，这就要求数据可以被准确解码，并允许自行处理数据
非歧视性	数据的开放应对任何人均是平等的。无论注册与否，都可使用已开放的数据
非排他性	政府开放数据面向的对象是广大用户，任何人都有权获取数据。应遵循非排他性，使得数据在使用过程中不受任何限制
无偿许可性	政府开放的数据如果不具有隐私性、保密性，那么其不应受任何专利、版权、商业秘密的限制。政府所公开的数据中包含一些个人基本信息、各类公共数据、版权作品和有规定的非公开数据，这也规定了数据的可获取范围以及遵守必要的法律限定

在《开放数据指南》和《开放政府数据：开放政府数据计划的实证分析》两项报告中，对上述提及的八项原则进行了重新的定义，并在此基础上又对其进行了进一步拓展和完善[1]。《G8开放数据宪章》于2013年正式对外开放。该宪章对政府数据开放原则的部分条款进行了精细整改和完善，由最初的八项原则进一步精简为五项原则（见表6-2）。相比较而言，《G8开放数据宪章》中提出的原则在利益冲突上做出了明确规定，这相对于原八项原则来说是新的发展[2]。自八国集团共同签署《开放数据宪章》以来，世界各国政务数据资源开放的呼声越来越高。各国、各地区将宪章作为开放数据的重要依据和原则，并相继拉开了政府开放数据的大幕。2018年1月，《德国开放数据行动计划与展望——G8开放

---

① New York State. Open Data Handbook [R]. New York，2013：23-29.

② 金垣，杨兰蓉，胡承立. 基于层次分析法的武汉市政府网站绩效评价体系设计 [J]. 图书情报工作，2011，13（5）：124-128.

数据宪章的实施》发布，该报告总结了德国政府数据开放的经验与成果。为我国建设服务型政府提供了重要的借鉴意义。2018 年 9 月，联合国经济和社会事务部联合发布了《2018 联合国电子政务调查报告》。该报告以人力资本、在线服务、电信基础设施等为基础，调查评估了当今世界 193 个国家的电子政务发展水平。报告数据结果显示，中国的电子政务发展指数为 0.6811，在全球处于第 65 位，属中上游水平。其中在线服务指数为 0.8611，处于第 35 位，在全球处于领先水平。同时，该报告指出，各国要积极建设数字政府，统筹推进新时代国家数据开放工作的开展①。

表 6-2 政府数据开放的五项原则

原则	主要内容
数据开放默许	政府应默许数据开放，同时也应遵循国内和国际关于数据开放方面的法律法规
质量与数量	政府在开放数据时应注意所开放数据的质量和数量，确保提供高质量数据。提供用户能看懂的、可以使用的数据。在提供高质量数据的同时还要保证提供尽量多的数据，保证符合高质量数据标准
所有人可用	政府应提供多种格式、多种层次的数据，确保所有人都能够使用，并且要尽可能多地提供可下载的数据
完善治理机制	良好的政府数据开放运行机制，离不开完善的政府治理机制。为了保证数据的公开透明，需要政府强加治理，确保在数据开放的过程中遵循各项原则，使所有用户都能够在数据开放中获益
促进创新	为了使所有人都能够享受数据开放红利，提升政府数据开放能力，必然要不断进行创新，助力未来数据开放更科学、合理

政府信息公开是政府数据开放的基础，后者是对前者的延续和发展。两者的核心层次都是面向公众，但是两者的研究侧重又有所不同。政府信息公开重点在于把政府有关信息向大众公开展示，从而提高政府工作及政府工作人员的透明度，从而保障公民享有基本的信息权利。但是随着大数据时代的到来，数据的作用越来越重要，已经融入到政府工作和公众生活当中。政府数据开放以数据管理和数据再利用为重点，使公众可在政府数据平台上获取信息，享受数据带来的便利②。

---

① 汪庆怡，高洁. 面向用户服务的美国政府开放数据研究及启示——以美国 Data. gov 网站为例 [J]. 情报杂志，2016，35（7）：145-150.

② 黄思棉，张燕华. 当前中国政府数据开放平台建设存在的问题与对策研究——以北京、上海政府数据开放网站为例 [J]. 中国管理信息化，2015，21（14）：175-177.

（二）开放数据晴雨表报告

截止到目前，当今世界上有很多种相关的国际评估体系。世界银行的开放数据准备度评估、全球开放数据指数、开放数据晴雨表、联合国的开放政府数据调查等都是当今世界最为主流的评估项目。这四个评估项目中，"开放数据晴雨表"是其重中之重、"准备度、执行度和影响力"等三个方面是其基本内容①，"开放数据晴雨表"也是迄今为止最为完善的评估项目。其他三种评估项目的评估项目单一、内容完整度不够。举例来说，世界银行的开放数据准备度评估，以单一的准备度作为评估对象；全球开放数据指数评估则是研究单一的执行度；联合国的开放政府数据调查不能提供详细的评估结果，而是只能显示部分内容。这四种评估项目中的部分组合就形成了电子政务发展调查项目（见表6-3）。

表6-3　国外政府数据开放评估项目对比

评估项目	评估主体	评估方法	主要评估内容
世界银行的开放数据准备度评估	世界银行的开放政府数据工作组	调查、访谈、会议、案例分析等多种形式	只针对准备度
全球开放数据指数	开放知识基金会	问卷调查、会议访谈和专家评估	只针对执行度
开放数据晴雨表	万维网基金会、开放数据研究所	德尔菲法、比较分析法、层次分析法等	准备度、执行度和影响力
联合国的开放政府数据调查	联合国经济和社会事务部	实证调查、定性研究	是电子政务发展调查的一个组成部分，无法提供详细的评估结果

本小节以开放数据晴雨表为基础来进行详细论述。《第四版（2017）全球开放数据晴雨表》覆盖了115个国家和地区，该研究显示了这115个政府如何违反了《开放数据宪章原则》。《开放数据宪章》也为如何开放更多的数据提供指导。为实现开放数据的目标，《开放数据宪章》提出了发布数据的六项原则，即默认开放、及时和全面、访问和使用、可比性和可操作性、改善治理和公民参与、包容发展与创新。2017年最新版开放数据晴雨表评估内容主要包括：政府数据开放准备度、执行度和影响力三个方面（见表6-4），在评估内容上与之前版本差别不大。截至2017年，准备度内容包含政府行动、政府政策、企业以及公民和

---

① 杜栋、庞庆华、吴炎. 现代综合评价方法与案例精选［M］. 北京：清华大学出版社，2015：14-15.

社会团体四个方面的内容①。

表 6－4　开放数据晴雨表评估指标

维度	二级指标	评估数据集
准备度	政府行动	国家政府行动计划、在线服务指数、地方政府行动计划
	政府政策	政府政策、政府管理、ICT 重视程度
	公民权利和公民角色	信息权利、个人数据保护框架、政治与公民自由、技术智力支持
	公司和企业	百人互联网用户数、政府支持、企业技术吸收水平、教育培训
执行力	社会政策数据集	健康部门表现、人口普查方面数据、环境统计数据、教育方面数据、政策法律法规
	创新型数据集	平台地图、对外贸易数据、犯罪数据统计、交通时间表、签订合同等
	问责型数据集	国家选举、政府预算、所有权、公司注册等
影响力	政治影响力	政府办事效率、政府数据开放透明度
	社会影响力	用户黏合度、用户可参与性、经济环境的可持续性
	经济影响力	经济影响、企业利用

数据集的评估又叫作执行度，开放数据晴雨表在 2017 年细致评估了各个领域的 15 个数据集，内容包括：法律、健康部门表现、犯罪统计数据、公共合同、公司注册、政府开支细节数据等②。影响力主要包括社会、政治、经济三个主要方面。社会影响方面，主要有政府服务水平、制定服务于边缘人员的政策方针以及环境和资源可持续发展；政治影响力方面，主要是提高政府的办事效率和效能，以及提高政府数据开放透明度；经济影响方面，主要讲数据的开放利用有利于促进经济高效、稳定、快速的发展，同时促进企业朝着行之有效的科学方向稳定发展③。

2015～2017 年，开放数据晴雨表的评估指标在稳定中不断发展。最新版本的开放数据晴雨表在较为关键的三个方面进行了改动：首先，根据《开放数据宪

① 刘华，张德刚. ISO9000 质量管理体系与企业信息化融合研究［J］. 现代管理科学，2015，26 (5)：115－117.

② 何丹. 电子商务信用信息共享平台构建与服务创新［D］. 武汉：华中师范大学硕士学位论文，2014：39－42.

③ 苑博. 大学生思想政治教育领域数据资源共享平台的构建研究［D］. 上海：复旦大学硕士学位论文，2014：4－9.

章》的初稿，在前一版《晴雨表》中提出的《开放数据宪章》原则的最终版本，根据调查问卷做了调整；其次，根据新标准更新开放数据定义的2.1版本对应用核对清单进行了调整；最后，修改了一些以前存在的数据集的定义。总体来看，新版本与之前版本基本上保持一致，开放数据晴雨表主要是使用提问的方式对数据集进行评估，考察的方面主要涵盖了是否免费获取、是否机读格式、开放许可情况、回复查询受理统计、信息获取是否简单明了等十多个方面①。

（三）评价方法

一般来说，评价方法主要有三种，即主观评价、客观评价和综合评价。首先，主观评价具有不确定性。因为它是建立在个人认知知识能力的基础上，通过个人主观意识去判断比较从而得出评价结果的方法，难以形成统一的标准去鉴定②。但对于某些指标缺乏客观的实物来源，却无法利用常规方法进行操作，所以就需要用主观评价的方式来获得结果。因此，评价主体的特殊性发挥了主观评价的作用。专家评价和问卷调查是主观评价最具代表性的两种方法。其次，客观评价是最为常用的基本评价方式。它是抓住现实存在的信息，逐个进行比较分析，并利用人工智能采集和系统抽取的方式获取相应数据。最为典型的客观评价如下载量、浏览量、更新频率等。最后，综合评价法是把主观评价与客观评价相结合来进行评价的一种方法③。它的评价过程一方面需要用到主观评价的方式，如建立平台评价体系、确定评价体系权重。这个过程就需要专家对相应指标做出初步的选择和筛选，并提取指标中可以客观统计的指标，最后进行相对应的计算。另一方面也需要客观评价。因为在专家提取指标的同时，也需要技术测量或者问卷采集等客观性较强的方式来收集指标数据，最终达到数据资料挖掘的目的。由于实证研究是综合评价方法的基本面，建立评价指标是综合评价方法中的最重要的环节，因此，客观评价同样必不可少。

综合评价法是本章采用的主要评估方法。在定量和定性、主观和客观相结合的基础上，对政府数据开放平台进行综合性的评价、分析、比较，从而扩大现有的领域研究视角。此外，指标体系建立的方法较多，其中应用最为广泛的当数层次分析法。层次分析法是综合评价法体系构建的基础，也是本章指标体系构建最为重要的方法。

---

① 迪莉娅. 大数据环境下政府数据开放研究［M］. 北京：知识产权出版社，2014：23－34.

② 张晓娟，王文强，唐长乐. 中美政府数据开放和个人隐私保护的政策法规研究［J］. 理论与探索，2016，39（1）：38－43.

③ 姜悦霞. 政府数据开放网站绩效评价指标体系及应用研究［D］. 合肥：合肥工业大学硕士学位论文，2017：6－9.

二、我国政府数据开放平台评价指标体系构建

指标在评价体系中承担着基本构成单元的角色。只有遵循指标选取的相应原则，才能准确、及时、全面地衡量我国政府数据开放平台的具体状况。"SMART原则"作为目前较为权威的评价体系指标选取原则，主要包括指标具体性原则、可衡量性原则、可实现原则、现实性原则和时限性原则。本节在这一原则的基础上，根据所研究对象的固有特征建立全新的、相对应的原则①，并构建评价指标体系的相应标准，确定评价指标与指标权重。

（一）评价指标体系的构建原则

（1）系统性原则。

政府数据开放平台评价本质上是一个系统工程，内部拥有许多个子系统。这些子系统之间不仅相互影响，而且与其外部的系统也是相互联系的②。所以，政府数据开放平台评价指标体系中的指标选取系统，其整体性和部分性都有反映。

（2）客观性原则。

客观性原则，是从客观存在的因素出发，使客观因素贯穿于指标选取和确立整个指标体系的每个环节，尽可能地忽视主观因素带来的影响。本节通过多方面了解发现，有些学者忽视客观存在的事实，依据他们的知识文化积累和实践经验积累，在评估指标体系权重分配方面掺杂了大量个人主观意识，所得出的结果也带有主观臆断性。因此，本节特别注重客观性原则，在德尔菲法的基础上再加之层次分析法实现权重合理的分配，所以，客观性原则对建立整个指标体系起着决定性作用和建设性意义③。

（3）科学性原则。

科学性，是指定性指标和定量指标都要有明确的科学内涵。在设计政府数据开放平台评价指标体系的过程中，要用科学的理论知识找出政府数据与开放平台之间的相互关系。具体操作方法为：选取指标、数据来源和计算方法，所以科学性原则在建立指标体系中起着建设性作用，是相对比较重要的原则。

---

① 单鹏，裴佳音. 众创空间绩效评价指标体系构建与实证［J］. 统计与决策，2018，34（20）：185 – 188.

② 郑磊，吕文增. 地方政府开放数据的评估框架与发现［J］. 图书情报工作，2018，62（22）：32 – 44.

③ 吴湛微，孙欣睿，萧若薇. 当开放数据遇到开源生态：开放政府数据平台建设模式比较研究［J］. 图书馆杂志，2018，37（5）：82 – 90.

（4）导向性原则。

导向性原则起着预警性作用。具体是指可以发现建立数据开放平台评价体系和平台及平台发展中存在的问题①。通过平台之间的相互对比发现其中存在的不足，确立数据开放平台评价指标体系的目的在于为政府数据开放平台提供一套可以参考的标准，这样有利于平台及时发现问题并及时调整与修正。

（5）可操作性原则。

整个指标体系的构建都是可以实现的，这就是可操作性原则。选取指标、确定指标主体、调研数据开放平台等指标体系构建的过程，都需要可操作。可操作性原则在实际操作过程中包括评价方法和获取相关数据。政府数据开放平台评价指标体系不仅要有可行性，而且要有科学性、易操作。

（6）层次性原则。

政府数据开放平台评价指标体系作为一个系统概念，有着它的评价目标，其内部的很多子系统也都有各自的评价目标。所以不同的评价目的需要分割成不同的层次方面，这样可大幅度优化衡量系统方案效果和确定评价指标权重的精确性和效率。

（二）评价指标体系的构建标准

构建原则作为此次评价体系的基础，在该原则的具体实施过程中，进一步确定其具体内容和范围的各类指标，应满足以下标准：

（1）指标的代表性。

政府开放数据平台测定与评价的影响程度，取决于指标选取目标的代表性。随着调研的不断深入，政府开放数据特征和现实性状况指标逐步凸显出来，其特别突出的部分和具有代表性的部分是重中之重②。

（2）指标的导向性。

评价指标有利于提升政府数据开放程度，政府数据开放的发展方向在于评价指标的导向性。同时，指导平台建设和发展、突出政府数据开放发展方向、突出政府开放数据战略的重要性、对平台建设提出建设性建议，从而促进和引导政府朝着开放数据高速、合理、有序的方向高速发展。

（3）指标数据的可获得性。

指标设定有两个基本要素，它们分别是指标数据的采集性和获取性。影响评估工作的主要因素，在数据采集方面包括完备的主客观条件、数据是否容易获取、数据来源方向能否清晰等，这些因素的明确程度直接决定了评估体系的实践

① 东方. 国内外政府数据开放平台调查与分析［J］. 现代情报，2017，37（10）：93 - 98.
② 陈水湘. 基于用户利用的政府数据开放平台价值评价研究——以19家地方政府数据开放平台为例［J］. 情报科学，2017，35（10）：94 - 98，102.

以及推广①。相对而言，数字定量指标的标准与否，将直接影响着评价工作是否具备可操作性和评估结论是否准确。定量方式在定性描述指标获取和收集的过程中起着决定性的作用。

（4）指标体系的稳定性。

建立指标体系要用长远的眼光，利用长远视角的独特性，充分发现建设过程本身和后期出现的各种问题。长远视角与动态视角、相对稳定视角是相互联系和相互依存的，互相结合才能发挥出最大的效益。同时，为了保证整体指标的稳定性，政府开放数据建设现状指标和发展趋势指标也必须要相互结合、同时进行，在理论和现实相互融合的前提下，达到可持续管理和利用的目的。

（三）确立评价指标体系

1. 政府数据开放平台参考评价指标

通过阅读政府数据开放平台、质量评价指标体系、网站绩效评价体系等相关的文献及论文，参考评价指标及已有研究采用的方法，整理得到表6－5，以显示参考指标。

表6－5　指标参考

年份	作者	一级指标	二级指标	分析方法
2018	中国地方政府数据开放报告2018	数据层	数据质量	描述性统计分析、交叉分析、空间分析
			数据标准	
			数据可持续性	
			数据数量	
			数据覆盖面	
		平台层	数据获取	
			平台引导	
			工具提供	
			利用成果展示	
			平台概览	
			互动交流	
			个性化整合	
		准备度	法规与政策	
			领导力	
			组织保障	

---

① 雷佳丽，郑军卫. 国内外智库评价方法比较分析［J/OL］. 情报理论与实践：1－8［2019－01－12］. http：//kns. cnki. net/kcms/detail/11. 1762. g3. 20181217. 0641. 004. html.

续表

年份	作者	一级指标	二级指标	分析方法
2017	时秀晶、马海群	平台	界面体验	网站调查法、统计分析法
			数据展现	
			数据导引	
			数据获取	
			数据应用展示	
			互动交流	
		数据	数据量	
			数据时效性	
			数据格式	
			元数据	
			数据的开放授权	
			API 接口	
		使用	平台访问量	
			数据集下载量	
			APP 访问量	
			媒体推广度	
	王今、马海群	网站规模	网站总页面数	德尔菲法、层次分析法
			网站总链接数	
			Web 对象数量	
		网站性能	链路完整性	
			页面返回率	
			内链数	
		网站体验	连通率	
			下载速度	
			页面友好程度	
		网站内容	数据可获性	
			数据及时性	
			数据全面性	
		网站影响	访问量	
			网站评级	
			网站信任得分	

续表

年份	作者	一级指标	二级指标	分析方法
2015	中国社会科学院信息研究中心、国脉互联政府网站评测研究中心	信息公开	主动公开	绩效评估
			依申请公开	
			政府清单公开	
			政策解读	
		在线服务	便民服务	
			办事服务	
		互动交流	信箱渠道	
			民意征集	
			在线访谈	
		体验与创新	浏览体验	
			智能服务	
			新媒体融合	
			数据开放	
			国际化程度	
			网站安全	

2. 政府数据开放平台评价指标的选取

通过研究分析国内外政府数据开放指标以及政府数据开放平台评价体系，结合我国政府数据开放平台的现实发展情况，借鉴开放数据晴雨表报告中的评估指标与前文中以往已有的研究指标，并提出修改和增加智能检索、运行速度等指标，本小节最终选取了关键数据集、平台建设、功能建设三个维度设立一级指标。同时，向下延伸透明度、开放性、页面体验、信息分类等9个二级指标及31个可量化的三级指标[①]。

数据资源是政府数据开放的核心，政府数据开放平台最基本的一个目的就是进行数据开放，满足用户的需求。而平台对于其公开的数据的要求是最高的，这些公众可获取能够被用户完整观测和使用的数据就构成了关键数据集，因此将关键数据集作为政府数据开放平台的指标之一；政府数据开放平台面向的对象主要是广大网络用户，所以，提升政府威望、发挥平台真正的作用关键在于要提升用户黏合度和信任度，平台功能如页面体验、运行速度等将直接影响用户黏合度和

---

① 肖敏. 我国政府数据开放平台评价指标体系构建及实证研究［D］. 郑州：郑州航空工业管理学院硕士学位论文，2018.

信任度，所以将平台功能作为政府数据开放平台的指标之一；而政府数据开放平台面向的网络用户群体总数庞大，类型繁杂，知识水平参差不齐，为了满足不同类型、不同层次的网络用户需求，需要辅以必要的功能建设，就把功能建设作为政府数据开放平台的指标之一。

（1）"关键数据集"评价指标。

关键数据集主要是指把各种数据集合起来的数据形式，其内容囊括了客观事实、原始数据、智慧服务等多种形式，在政府部门和普通民众之间都发挥着重要作用。在国外的政府数据建设的实践上，有他们自己的一套标准，该标准是在政府信息公开制度的基础上建立的。关键数据集固有特性决定了透明度和开放性等两个二级指标。

数据透明度越高意味着用户使用起来越方便，内容也更容易理解。这就对数据的真实性、可理解性和可重复利用性提出了更高的要求。数据的真实性与数据的来源是密不可分的；可理解性主要负责展示各个数据集的内容，该内容通过文字、标签和类别达到展示的目的。"可重复利用性"最大的特点在于使用容易、内容清晰可见，没有太多专业知识也可以使用操作。普通工具也能做出和专业工具一样的事情，如检索、编目和下载等，指标越高意味着越容易使用和获取。

政府对数据的开放程度意味着开放性，阳光基金会通过对开放性的实证探讨发行了包括完整性、原始性、及时性、可获得性、可机读性、非歧视性、非私人和无须授权等政府数据开放的"八项原则"。随着对开放数据的不断深入研究，专业学者也对八项原则进行了新的补充和发展，添加了"永久性"和"使用成本"，即"开放政府数据十项原则"。通过对政府数据开放平台固有原始特性的研究，再加上指标可用性和可测量性的特点，以"开放政府数据八项原则"为基础，总结出 9 个三级指标。具体情况如表 6-6 所示。

表 6-6　"关键数据集"指标

一级指标	二级指标	三级指标
关键数据集	透明度	真实性
		可理解性
		可重复利用性
	开放性	完整性
		原始性
		及时性
		可获得性
		可机读性
		无须授权

（2）"平台建设"评价指标。

用户需要登录相关平台了解政府所发布的数据信息，这对于用户来讲，政府数据开放平台是给用户的第一印象，也直接影响了平台的用户黏合性。为了提高用户黏合度，提升用户的页面体验，则需要在页面设计中体现页面的友好性、页面的美观、整洁性及图文结合效果等。用户和平台之间的互动交流也是影响用户黏合度的一个重要方面。平台是否有设置公众号向用户推送相关信息、是否能够做到跟用户之间的在线访谈、用户的意见是否能够反馈到平台上、用户反馈信息后平台是否对相关信息进行及时受理等，都是影响互动交流的方面。用户的使用情况能够反映出平台建设的情况。通过平台访问量、APP下载量、数据下载量等量化指标可以清晰地看出用户的使用情况。具体的平台建设指标如表6－7所示。

表6－7　"平台建设"指标

一级指标	二级指标	三级指标
平台建设	页面体验	页面友好性
		页面美观、整洁性
		图文结合
	互动交流	微信公众号
		在线访谈
		咨询建议
		回复查询受理统计
	使用情况	平台访问量
		APP下载量
		数据下载量

（3）"功能建设"评价指标。

不同知识水平的用户，对政府开放数据的检索、分析、需求有所不同。平台是否能够辅以丰富的功能服务，是评价政府数据开放平台功能建设的一项重要指标，如导航链接、交互服务等。知识水平较低用户，通常不具备相关的专业检索知识，因此提供导航链接服务能够满足此类用户的需求。知识水平较高的用户，通常具备相关的专业检索知识，因此信息分类、可视化系统分析工具可以满足这类用户对政府数据开放地获取及分析需求。针对首次登录平台的用户，优质的导航服务能够为用户提供方便、快捷地查询及获取数据的渠道。因此将导航链接、信息分类、交互服务、工具提供作为评价政府数据开放平台功能建设的二级指标（见表6－8）。

表 6 - 8   "功能建设"指标

一级指标	二级指标	三级指标
功能建设	导航链接	主站点链接
		链接上级、本地、下级或其他平台
	信息分类	按领域
		按部门
		按更新时间
		按下载量
		按最高评价
	交互服务	政府信箱/电话
		民意征集
	工具提供	数据分析工具
		数据收集工具
		数据可视化工具

3. 政府数据开放平台评价指标体系

（1）专家调查法概述。

专家调查法是学者、专家通过自己的知识积累和经验，并运用自己的主观意识做出相应的评估判断并最终预测的调查方法。其主要对象是专家学者。专家调查法的应用非常广泛，市场认可度也很高，其重点应用于数据缺乏、新技术应用评估等工作方面[①]。

通过需求分析确定工作目标是专家调查法的工作流程。其关键内容由调查专家、评判基础、调查因子和专家组成。对调查信息和内容的有效性进行初步判断，得到需求分析发生偏差的信息。需求分析或调查工作是否合格、是否需要重新制作，工作流程如图 6 - 1 所示。

（2）建立专家小组。

本节以政府数据开放平台为研究对象，所以选取的专家学者必须是信息管理领域方面的，并且还要有一定的权威性。在注重专家组成员理论知识的同时，还要关注其在实践方面的能力。在此基础上，以下问卷调查邀请了包括教授和副教授在内的 15 位专家学者，包括信息管理学院研究政府数据开放的教授、副教授 8 人，研究质量评价指标体系的教授 4 人，政府部门信息工作人员 1 人，平台建设

---

① 李宗富. 信息生态视角下政务微信信息服务模式与服务质量评价研究 ［D］. 长春: 吉林大学博士学位论文，2017.

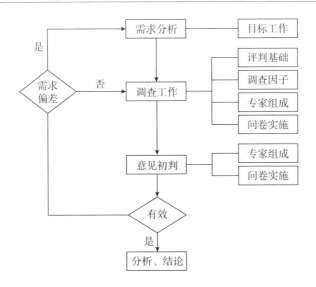

图 6 - 1 专家调查工作流程

技术人员 2 人。这 15 位专家理论知识丰厚、实践知识丰富、业务水平极高，其共同点在于都非常关注政府数据开放平台的发展现状，具有丰富的实践知识、前沿的理论基础，所以调查得出的指标权重结果具有科学性[①]。

（3）问卷调查与反馈。

1）第一轮专家调查结果。通过进行第一轮的调查，我们可从结果中获取评价指标（包含一级指标、二级指标和三级指标）的专家评分算术平均分均在 4 分左右。即专家基本认可此次调查，与预期结果基本吻合。在完成目标的情况下，各位专家也提出了该项调查的不足之处和整改意见。结合本节现实情况与部分专家的合理建议，最终对本节政府数据开放平台评价指标体系进行完善（见图 6 - 2）。

有多位专家指出，一级指标中的"平台建设"改为"平台性能"更具有针对性。经过专业学者们的多次探讨，最终决定把"平台建设"改为"平台性能"；在二级指标中，半数以上专家指出"交互服务"和"互动交流"内涵相似。经过咨询多位专家的意见，最终决定把"交互服务"二级指标合并到"互动交流"中。并将原来的 6 个下属三级指标精简为 4 个；有专家指出"数据检索"这个二级指标不能很好地量化政府数据开放平台的评价，经过查阅大量的文献以及和多位专家探讨，最终决定把数据检索改为"智能检索"，并下设两个具

---

① 肖敏. 我国政府数据开放平台评价指标体系构建及实证研究［D］. 郑州：郑州航空工业管理学院硕士学位论文，2018.

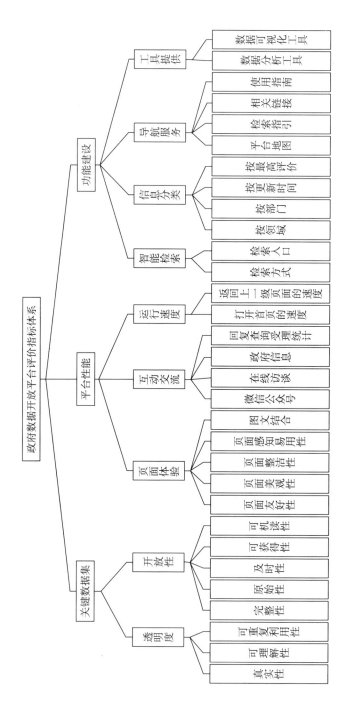

图 6-2 政府数据开放平台评价指标体系

体的可量化三级指标；在三级指标中，有专家指出"可获得性"和"是否可下载"重复，借鉴专家的意见把三级指标"是否可下载"删除；有专家指出"页面美观、整洁性"可以具体分为两个指标，名为"页面美观性"和"页面整洁性"，经过充分听取专家意见，把三级指标"页面美观、整洁性"具体细分为两个指标；有多位专家指出"需求调查"这个三级指标在进行评价时量化困难，且不能很好地反映二级指标"互动交流"，因此将三级指标"需求调查"删除。

2）第二轮专家调查结果。参与第二轮调查的专家与第一轮参与调查的专家学者，数量及专业程度对应相等。其中包括政府部门相关领域工作人员和平台建设相关技术人员，总计 15 人，实际回收有效调查问卷 14 份。第二轮调查表在第一轮调查的基础上结合相关专家建议，确立最终的指标体系。其结果显示该轮调查显示，所有参与全部评价指标的专家评分算术平均分都在 4 分以上，达到预期效果。因此，可得出政府数据开放平台评价指标体系，如图 6-2 所示。

（四）确定指标权重

本小节以层次分析法为基础，变换一系列构建完成的矩阵确定指标的权重。通过对构建的判断矩阵进行一系列变换，最后得出各指标的权重系数。运用层次分析法软件进行权重计算，实施步骤如图 6-3 所示。

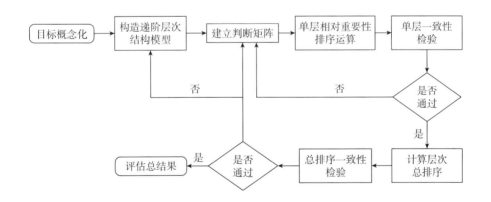

图 6-3 层次分析法的实施步骤

1. 层次分析法的具体分析步骤

（1）构建指标体系层次结构。

把以上指标体系整体分成四个层次，目标层在最上层。确定指标体系权重包含只有一个目标或因素，往下细分为一、二、三级指标。政府数据开放平台评价指标体系构建层次结构如图 6-2 所示。

（2）构建判断矩阵。

两两比较各个指标后，用9分位比率的方法从上到下进行优劣顺序的排序，在此基础上构造出评价指标的判断矩阵P。判断矩阵P是各级指标两两比较的结果，其中 u_{ij} 为要素 i 与要素 j 重要性比较结果，并且有如下关系：$u_{ij} = 1/u_{ji}$。

$$P = \begin{bmatrix} u_{11} & u_{12} & \cdots & u_{1n} \\ u_{21} & u_{22} & \cdots & u_{2n} \\ \vdots & \vdots & \vdots & \vdots \\ u_{n1} & u_{n2} & \cdots & u_{nn} \end{bmatrix}$$

u_{ij} 有9种取值，分别为1/9、1/7、1/5、1/3、1、3、5、7、9，分别表示 i 要素对于 j 要素的重要程度由轻到重。

（3）计算重要性排序。

根据判断矩阵，求出其最大特征根 λ_{max} 所对应的特征向量 w。方程如下：

$P_w = \lambda_{max} \cdot w$

所求特征向量 w 经归一化，即为各评价因素的重要性排序，也就是权重分配。

（4）一致性检验。

以上得到的权重分配是否合理，还需要对判断矩阵进行一致性检验。检验使用公式：

$$CR = \frac{CI}{RI}$$

式中，CR 为判断矩阵的随机一致性比率；CI 为判断矩阵的一般一致性指标。它由下式给出：

$$CI = \frac{\lambda_{max} - n}{n - 1}$$

RI 为判断矩阵的平均随机一致性指标，1~9阶的判断矩阵的 RI 值如表6-9所示。

表6-9 1~9阶判断矩阵 RI 值

n	1	2	3	4	5	6	7	8	9
RI	0	0	0.52	0.89	1.12	1.26	1.36	1.41	1.46

当判断矩阵 P 的 CR <0.1 时或 $\lambda_{max} = n$，CI =0 时，认为 P 具有满意的一致性，否则需调整 P 中的元素以使其具有满意的一致性。

（5）层次总排序及其检验。

层次结构中总体目标组合权重的某一元素和上层元素之间的相互影响，是层次分析法的最终目的和最后结果，所以必须单层次排序所有层次。最终确定该层元素的组合权重，这就是层次总排序的全部过程内容。

层次总排序需要一步一步的特有顺序分别逐步进行排序，计算出最底层的元素，得出决策方案优先次序相对权重的最终方案。层次分析法中的层次单排序作为层次总排序的排序基础和前提，因此，从理论上来讲层次总排序的过程和层次单排序的过程大体上是相同的。

$$CR = \frac{wi_1 CI_1 + wi_2 CI_2 + \Lambda + wi_m CI_m}{wi_1 RI_1 + wi_2 RI_2 + \Lambda + wi_m RI_m}$$

若总排序一致性 CR < 0.1，则表示通过总排序一致性检验；如果没有通过则要重新建立模型或者将一致性比率 CR 调大后，再进行重新计算。

2. 群决策数据

群决策数据，就是把多项数据决策整合起来一起研究的决策方式。将上文提到的 15 份"政府数据开放平台评价指标体系"权重专家调查表，按照相应顺序分别输入层次分析法系统，再将全部数据导入。根据上节中的步骤计算出该判断矩阵的一致性比例为 CR = 0.0037 < 0.1，因此通过一致性检验。各个指标的权重分配如图 6 - 4 所示。

运用群决策分析的方法，通过对单层次排序并做一致性检验以及多层次排序并做一致性检验，得出各级指标的权重如表 6 - 10 至表 6 - 12 所示。

由上文可得，表 6 - 10、表 6 - 11 和表 6 - 12 分别反映了政府数据开放平台评价的各项具体指标及相关权重系数。在重要性程度上各项一级指标的排序分为：关键数据集（0.5844）、功能建设（0.3067）、平台性能（0.1089）[①]。

同理而言，权重系数的各项指标在政府数据开放平台评价过程中的地位作用也显现了出来。其中，所占权重最大的是关键数据集。展开来讲就是关键数据集在政府数据开放平台评价的影响是最重要的。相对而言，透明度作为关键数据集最重要的因素，同时也是政府数据开放平台存在的前提条件和发展基础。因此，透明度对提高政府数据开放平台的影响是根本性的。功能建设所占的权重作为重要的影响因素，其影响能力仅次于透明度。功能建设的提高，意味着政府数据开放平台服务水平必然得到升级。在短期内提升服务水平，是一个上下求索的漫长过程。过程中需要大量先进技术作为支撑，也需要国家的大力支持。功能建设作为根基是不可动摇的。功能建设中的智能检索所占的权重最高，这也从另一个方面说明了在政府数据开放平台的建设中要重视智能检索的发展，更快捷地服务用

---

① 肖敏. 我国政府数据开放平台评价指标体系构建及实证研究 [D]. 郑州：郑州航空工业管理学院硕士学位论文，2019.

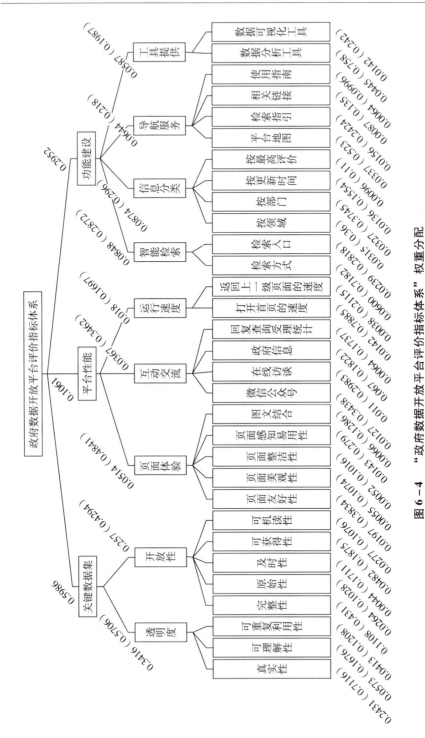

图6-4 "政府数据开放平台评价指标体系"权重分配

表 6－10　群决策一级指标权重

节点	全局权重	同级权重	上级
关键数据集	0.5844	0.5844	政府数据开放 平台评价指标体系
平台性能	0.1089	0.1089	
功能建设	0.3067	0.3067	

注：λmax＝3.0274；CR＝0.0263；CI＝0.0137。

表 6－11　群决策二级指标权重

节点	全局权重	同级权重	上级
透明度	0.3398	0.5643	关键数据集
开放性	0.2446	0.4357	
页面体验	0.0495	0.4867	
互动交流	0.038	0.3461	平台性能
运行速度	0.0214	0.1673	
智能检索	0.0776	0.3155	
信息分类	0.0812	0.2803	功能建设
导航服务	0.0621	0.1982	
工具	0.0858	0.206	

注：λmax＝3.0051；CR＝0.0049；CI＝0.0025。

表 6－12　群决策三级指标权重

底层元素	结论值（全局权重）	同级权重	上级
真实性	0.2369	0.6972	透明度
可理解性	0.0558	0.1642	
可重复利用性	0.0471	0.1386	
完整性	0.1132	0.4626	开放性
原始性	0.0238	0.0972	
及时性	0.0369	0.1509	
可获得性	0.043	0.1756	
可机读性	0.0278	0.1137	

续表

底层元素	结论值（全局权重）	同级权重	上级
页面友好性	0.0175	0.3538	页面体验
页面美观性	0.0059	0.1193	
页面整洁性	0.0056	0.1133	
页面感知易用性	0.0144	0.2919	
图文结合	0.006	0.1217	
微信公众号	0.0131	0.3439	互动交流
在线访谈	0.0111	0.2925	
政府信箱	0.0068	0.1799	
回复查询受理统计	0.007	0.1836	
打开首页的速度	0.0142	0.6617	运行速度
返回上一级页面的速度	0.0073	0.3383	
检索方式	0.0535	0.6894	智能检索
检索入口	0.0241	0.3106	
按领域	0.0283	0.3485	信息分类
按部门	0.0264	0.3255	
按更新时间	0.0158	0.1949	
按最高评价	0.0106	0.1311	
平台地图	0.0305	0.4909	导航服务
检索指引	0.0134	0.216	
相关链接	0.0099	0.1589	
使用指南	0.0083	0.1342	
数据分析工具	0.0632	0.7362	工具
数据可视化工具	0.0226	0.2638	

户；所占权重中最低的是平台性能，虽说权重最低，但作为不可缺少的一部分，同样发挥着重要作用，不可忽视。作为国家出资建设、管理的政府数据开放平台，其根本目的在于服务大众。平台作为公共物品，更加应该注重用户体验和感受。只有政府数据开放平台应用体验好感提升，才能更好地服务人民。在平台性能这一指标中，页面体验感所占的权重最高，这也说明了在政府数据开放平台的发展过程中要关注用户，尽可能把页面的友好性做到最好。

三、政府数据开放平台评价指标体系实证研究

由上节可知，在完善政府数据开放平台评价指标体系的同时，结合层次分析法可得出各层次指标的权重。为了对已经建立的政府数据开放平台评价指标体系实施实证研究探讨，本节筛选了我国政府数据开放平台发展较好的 3 个城市进行评价分析①。2012 年 6 月开始发布的"上海市政府数据服务网"，这是我国首个政府数据开放门户；2012 年 10 月开始试运行"北京市政务数据资源网"；北京市和上海市作为我国经济发展的"领头羊"，具有良好的政府信息数字化基础。高新技术产业发展有着巨大的潜力，在政府数据开放平台的发展方面也处于前列。除具有明确代表性的北京、上海两地外，本研究还加入了"贵阳政府数据开放平台"。2018 年，中国政府数据开放报告显示，地市级（含副省级）开放数据指数分值与排名中，贵阳排名第一。贵阳市政府数据开放平台自开放以来，一直在较快的发展中。因此，本节选取三个具有代表性的地区（北京市、上海市、贵阳市）的政府数据开放平台进行评价研究，并对其做对比分析。

（一）关键数据集方面

通过对三个典型地区的数据进行分析和对比，再用辅助性的图表形式表现出来。找出三地平台建设现状的异同之处。深入探讨三个典型地区的具体内容，并进行实证研究。找出各自的优势之处和不足之处，通过对评价指标的详细表达，最后实行定量和定性相融合的指标说明。

（1）透明度方面。

三地的数据在可理解性方面较清晰，所发布的数据均使用通俗易懂的语言，解释清楚、容易理解；数据的真实性方面，使用打电话或发邮件的形式，对三地的数据开放情况进行调研。通过多次调研得出三地的数据真实性较高；数据的可重复利用性方面，三地没有明显的差别。总体来说，在透明度建设方面，三地政府数据开放平台没有明显差距。

（2）开放性方面。

首先，从数据的完整性角度来看，三地在开放的数据内容和数据集数量方面有明显的差别（见表 6 – 13）。从表中可以明显地看出，北京市在数据的完整性方面优于其他两个城市。上海市虽然是最早实行政府数据开放的城市，但其在数

---

①　肖敏. 我国政府数据开放平台评价指标体系构建及实证研究［D］. 郑州：郑州航空工业管理学院硕士学位论文，2019.

据完整性方面不如其他两个城市。在数据集数量方面，贵阳市的数量最多。虽然起步比较晚，但发展势头较足。

表 6－13　三地政府数据开放内容及其数据集数量　　　　单位：条

北京		上海		贵阳	
经济建设	323	经济建设	473	生态文明	298
信用服务	27	资源环境	285	卫生健康	283
财税金融	47	教育科技	154	劳动人事	159
旅游住宿	39	道路交通	235	教育科技	210
交通服务	41	社会发展	79	文体休闲	193
餐饮美食	6	公共安全	164	三农服务	157
医疗健康	50	文化休闲	90	交通运输	159
文体娱乐	113	卫生健康	191	公共安全	179
消费购物	7	民生服务	165	政府机构	492
生活安全	14	机构团体	82	财税金融	296
宗教信仰	7	城市建设	160	企业服务	322
教育科研	85	信用服务	26	信用服务	57
社会保障	72			社会发展	1140
劳动就业	30			经济建设	460
生活服务	72				
房屋住宅	27				
政府机构与社会团体	66				
环境与资源保护	74				
企业服务	68				
农业农村	37				
总计					
1260		2105		3059	

（3）及时性方面。

定量分析每月发布的数据量，即数据更新的视角，这是衡量平台上数据发布时效的重要标准。通过对过往10个月数据量的统计，对比得出三地每月上传数据集数量以及发布频率和更新周期的状态，可得出结论：当下阶段我国政府开放数据平台的数据开放工作还存在很多弊端。现有平台不能进行良好的周期运行和有效管理，发布数据周期模糊不清、缺乏及时性；没有统一的标准，导致工作效率低下、随意发布数据信息时有发生。建立统一的发布标准体系、提高政府公开数据的质量迫在眉睫。通过对比分析数据更新频率的自主描述，三个城市中，上海地区更优。上海市的政府数据开放平台把每个数据集更新频率都进行了详细的规定和阐述。频率类型按照不同的分类可以分为：一次性、按需、实时、每周、每月、每年等，其中，将一次性更新数据称作静态数据；另外，包括实时更新和有固定更新周期的数据被称为动态数据。

（4）可获得性、可机读性方面。

通过对 3 个样本城市在数据接入方式、速度和用户界面三个方面的异同之处进行比较分析。三地政府开放数据网站均需要登录后下载，开放性和便利性有所欠缺。虽然在下载时可以对下载格式进行选择，但 Excel 表格下载可用较少。在数据的可获得性方面，三地均需进一步提升和完善。

（二）平台性能方面

平台性能主要是反映政府数据开放平台的建设水平。在页面体验方面，通过登录三地市的数据开放平台，发现三地市的页面友好性水平相差不大，呈现效果良好；但在页面美观性和整洁性方面，北京市最优。平台界面简洁、模块清晰、方便查找；在页面感知易用性和图文结合方面，贵阳市和上海市较领先。页面拥有专门的版块用于主题分类，图文结合，易于理解。

通过对互动交流方面进行研究，北京、上海、贵阳三地市均以问卷调查、咨询建议、常见问题等行为为主要服务。三地市在互动交流方面大同小异，但其延伸服务和互动发展的侧重点有所不同。北京市以 APP 应用、增加数据类型等方面为重点，以达到在数据价值和开发应用上与公众交流的目的。上海市在举办数据比赛的基础上，定期开展互动环节。不定时发布各部门数据资源开放清单，以此来达到用户监督的目的；贵阳市的工作重点是打通与用户交流的渠道。贵阳市以平台公众号和支付宝服务号为基础，使社交网络形式与用户可进行直接一对一沟通；在线上咨询有序展开的同时，政务热线、在线智能和人工问答等多种沟通渠道也在不断发展和完善。

页面运行速度是至关重要的环节。有调研显示，如果某个页面的打开时间超过 10 秒，80% 的用户就会放弃使用该网页。经过多次实验，北京市、上海市、贵阳市数据开放平台完成打开的速度均保持在 2～4 秒，运行速度较快。北京市、贵阳市数据开放平台"返回上一级页面"功能，速度约为 2 秒；上海市数据开放平台"返回上一级页面"功能，速度约为 4 秒，相较于另外两市速度较慢。总体来看，三地政府数据开放平台运行速度都处于较高水平。

（三）功能建设方面

功能建设主要反映政府数据开放平台都具有哪些功能以及对公众服务的能力。以下主要从四个方面来做具体评价：

（1）智能检索方面。

调查三地是否支持多种检索方式和检索入口。通过登录各地市政府数据开放平台，智能检索方面的具体情况如表6-14所示。

表6-14　三地智能检索情况

智能检索　　开放平台	检索方式	检索入口
北京市政务数据资源网	简单检索、高级检索	分类检索、关键词检索、组合检索
上海市政府数据服务网	简单检索、高级检索	分类检索、关键词检索、组合检索
贵阳市政府数据开放平台	简单检索、高级检索	关键字检索、元数据检索、分类检索、组合检索

由表6-14可以很清晰地看出三地在检索方式方面没有明显差别。在检索入口方面，三地均拥有分类检索、关键词检索、组合检索三个检索入口。贵阳市政府数据开放平台较其他两地市拥有独特的元数据检索入口。元数据检索能够提高检索速度、智能化处理搜索结果、提高用户检索界面的友好性、搜索功能设置个性化、提高查全率和查准率。其他两地可借鉴贵阳市政府数据开放平台的元数据检索模式；在分类检索方面，三地市有一定差别。北京市政务数据资源网，支持按主题分类检索与按提供单位分类检索；上海市政府数据服务网支持按数据领域、提供支持、综合评价、资源类型、发布日期进行分类检索；贵阳市政府数据开放平台支持按数据领域、主题分类、行业分类、服务分类、数据格式、更新频率、部门/区县进行分类检索。在分类检索方面，北京市所支持的种类较少、查准率相对较低，可对另外两个地市的检索方式提供借鉴。

（2）信息分类功能方面。

主要指政府开放数据是否按照多种方式进行分类，以满足用户的不同需求。三地的具体信息分类情况如表6-15所示。

表6-15　三地信息分类情况

信息分类　　开放平台	按领域	按部门	按更新时间	按下载量	按最高评价
北京市政务数据资源网	√	√	√	√	
上海市政府数据服务网	√	√	√	√	√
贵阳市政府数据开放平台	√	√	√	√	√

由表6-15可知，在信息分类功能方面三地没有明显差别。北京市政务数据资源网没有按照最高评价进行分类这一功能。经过仔细调研后发现，北京市政务数据资源网没有开通用户评价功能。用户评价功能有助于强化平台与用户的互动交流，在平台建设过程中具有突出的特性，建议北京市政务数据资源网开通用户评价功能，以提高平台的信息效率与信息质量。

（3）导航服务功能方面。

该功能为用户提供方便快捷的查询服务，本部分主要从以下四个方面进行具体评价（见表6－16）。

表6－16　三地导航服务情况

导航服务 开放平台	平台地图	检索指引	相关链接	使用指南
北京市政务数据资源网	√	√		√
上海市政府数据服务网	√	√	√	√
贵阳市政府数据开放平台	√	√	√	√

由表6－16可知，在导航服务功能方面，三地在平台地图和检索指引方面没有明显差别。在用户指南方面，上海市用户服务手册发布的时间是2014年11月11日、版本1.0。平台建设现状和2014年没有明显差别，更新较慢。但在内容方面出现图文结合形式，获取数据较为清晰；贵阳市政府数据开放平台操作指南的最新更新时间是2018年4月、版本3.0。相较于旧版本，目前的数据开放平台在界面体验、信息分类、功能建设等方面均进行了优化，同时使用图文结合形式展现数据，内容介绍简洁。北京市政务数据资源网用户操作指南未查询到具体更新时间，且平台内容以全文字的形式展现，较为生硬。但在API接口说明上，进行了较为详细的解释。在相关链接方面，上海市最优。上海市政府数据服务网相关链接包含了市发展和改革委员会、市教育委员会、市公安局、市监察局等在内的50个友情链接；贵阳市政府数据开放平台的相关链接包含贵州省数据开放平台、贵阳市政府门户网站两个友情链接；北京市政务数据资源网没有相关链接的接口。在相关链接的易用性方面，贵阳市和北京市可充分借鉴上海市的具体做法，使平台发展更加科学高效。

（4）工具提供方面。

主要包括数据可视化工具和数据分析工具，三地在工具这一方面的具体情况如表6－17所示。

表6－17　三地所提供工具情况

导航服务 开放平台	数据分析工具	数据可视化工具
北京市政务数据资源网	√	√
上海市政府数据服务网		
贵阳市政府数据开放平台	√	

北京市政务数据资源网在数据分析工具方面，提供 Apache Spark、Storm、SPSS、Weka 和 RapidMiner 五种分析软件。目的在于方便用户通过这些软件处理数据，更加方便、快捷地从这些网站中获取个人需要的开放数据。在数据可视化工具方面，提供 ECharts 和 Tableau 两种工具，帮助用户在处理数据时更加方便、快捷。上海市政府数据服务网既不支持数据分析工具，也没有提供数据可视化工具。贵阳市政府数据开放平台仅提供数据分析工具，未提供数据可视化工具。在工具提供方面，北京市平台最优。上海市和贵阳市可向北京市进行借鉴，让数据开放平台更加人性化，更好地服务于广大用户。

四、讨论与总结

建设政府数据开放平台的根本目的，一方面，可使政府开放数据更方便用户获取，最终实现政府数据价值的最大化；另一方面，公众可以通过该平台自由、快捷地获取个人需要的信息，提高工作效率。针对各地方政府数据开放平台的现状、特色及不足等情况，会随着学者们对地方政府数据开放平台的发展现状进行深入的实证评估，进行了解。评价指标的科学性，能够有效解决政府数据开放平台评价中的问题，加强对各地现有开放平台建设水平的反馈和监督。

本章以文献调研和网络调研为基础，对政府数据开放平台及其评价进行了有效梳理和详细论证。在政府数据开放发展性评价理论的基础上，同时涵盖以下五个方面：政府数据开放行为排名评价与定性判断，对政府开放数据集进行技术评价，案例实施与标准制定，政府数据开放基础层、数据层、平台层三个层次相融合和科学合理的改进。在导向性、代表性、可测性、稳定性等原则的基础上，参考多种文献，构建了符合现实的政府数据开放平台评价体系。在原有专家调查法的基础上，构建了涵盖了 3 个一级指标、9 个二级指标和多个三级指标的多层次评价体系。一级指标具体囊括关键数据集、平台性能和功能建设，其中，关键数据集涵盖透明度和开放性 2 个二级指标；平台性能涵盖页面体验、互动交流和运行速度 3 个二级指标；功能建设涵盖智能检索、信息分类、导航服务和工具 4 个二级指标；各个二级指标之下又细分了若干个三级指标。同时，以层次分析法为基础，确定指标权重在评价体系中所占的成分。最终确定与之相对应的指标内容及评价方法。本节选取国内三个典型地区（北京、上海、贵阳）的地方政府数据开放平台为研究样本，进行实证研究，得出相关结论。

第七章 用户视角与政府视角下的政府开放数据质量评价研究

政府开放数据，即政府为公民免费提供的可利用的开放数据，这在一定程度上反映了政府的工作质量。其内涵包括政府开放数据的全面性、时效性、一致性、准确性、易用性、可用性和开放性等。政府开放数据质量就是指政府开放数据是否具有以上质量特征。本章将基于我国政府开放数据评价标准，从用户视角和政府视角两个不同角度对政府开放数据质量进行评价研究。

一、政府开放数据质量评价标准

数据质量可以广义地定义为"数据对特定用途的适用性"。质量已被视为一个多方面的概念，并基于"不同用户组的用户视角、需求和优先级"进行评估。本节将通过对北京、上海和哈尔滨等国内城市，以及美国、英国和澳大利亚等国家，对政府开放数据相关的政策进行调研。分析政府开放数据质量评价标准，并对国外已有的政府开放数据成功应用的案例进行分析。以推动政府开放数据质量评价发展，改善政府开放数据质量，提出我国政府开放数据质量的标准体系。

（一）意大利 AgID 开放数据质量标准的案例分析

根据开放数据晴雨表，意大利在政府数据开放方面排在第五位。自 2012 年以来，开放数据是意大利政府的优先事项。关于政府数据开放的 W3C 标准被意大利数字机构（Italian Digital Agency，AgID）广泛接受。根据 AgID 和 W3C 国际标准，所有办公室都必须遵守它的指导方针。

开放数据是创新的驱动因素，因此需要一套标准和流程在整个意大利公共管理中易于实施。

1. AgID 的开放数据标准

（1）数据必须以开放的格式提供，这意味着要有清晰的概念，对所使用的技术保持中立。

（2）许可证应允许最开放的使用，也可用于商业用途和分类格式。

（3）具有所有元数据的任何自动化技术的完全可访问性。

（4）通过公共或私人技术平台免费使用。

2. AgID 开放数据原则

AgID 声明，为了被认为数据是广泛开放的，开放数据必须遵守以下原则：

（1）可用性。

所有开放数据没有被分类或隐私敏感。如果数据没有触及这些条件，那么它们是公开的，可以作为公开数据使用。

（2）可访问性。

它们必须遵守欧盟指令 2003/98/CE，该指令最近被 2013/98/CE 修订。即数据应该可以用元数据自动处理。

（3）免费。

所有数据都应该免费或以其边际成本提供。

Berners – Lee 5 星模型是数据和元数据的标准，它是被广泛接受的框架。AgID 根据该模型对意大利公共行政开放数据进行分类。由于五星模式在过去导致了一些混乱，AgID 扩大了它的平均值，特别是公共行政机构的数据，具体如下：1 颗星：以任何格式发布数据（通常为 PDF）。不提供服务级别，文档不能自动处理。2 颗星：以任何可自动处理的格式发布数据，但拥有专有许可（即 Excel）。服务水平不高，只有原始数据可用。3 颗星：以任何可自动处理的格式发布数据，但使用开放许可（即 geoJSON，csv）。4 颗星：已经发布了 3 颗星级别的数据，但是使用的是 W3C RDF 或 SPARQL 标准。这些数据具有高效的服务水平，它们是完全自动可处理的，并在语义上丰富了数据。5 颗星：发布了 4 颗星级别的数据，并使用了外部链接。有数据混搭和数据与外部链接，以更好地识别数据上下文。

显然，要通过对信息本身的推理来生成一个新层次的信息，所有的开放数据都应该是关联数据。由于元数据是生成关联数据的基础，所以 AgID 也提出了它的质量模型。所有这些分类都用于引导和指导意大利公共行政部门公布其开放数据。

在此基础上，对意大利五个最高机构（参议院、众议院、共和国总统、宪法法院、部长会议主席）发布的开放数据质量进行分析，总结了这些数据集的主要特征。意大利最高机构开放数据的状态是较为碎片化和异质性的，最糟糕的情况是关于共和国的总统，他有一个传统的网站，只包含关于总统活动的新闻，只有文本格式（如 PDF）。同时，测试了 5 个开放数据门户中的数据集在 ISO 25012 标准中定义的数据质量维度方面的表现。虽然基本的质量维度，如与公认标准的一致性、可靠性（即数据来自可靠的来源）、可处理性（即数据以机器可读的格式提供）等都得到了充分的满足，但其他质量要求只得到部分满足。总结这些开放数据集存在的一些问题，主要有：不符合标准/惯例、重复信息、扁平化结构、数据重用的限制、缺少（重新）使用最佳实践、模型中的错误等。

（二）典型国家政府开放数据相关政策中的质量要求

1. 美国相关政策及要求

通过对美国政府数据开放的相关法律和政策进行调研，发现其主要包括两个相关政策——13642 号总统令和《开放数据政策——将数据当做资产管理备忘录》。

2013 年 5 月 9 日，时任美国总统奥巴马签署了一项新的行政指令，即 13642 号总统令，全面将"公开和机器可读"作为政府信息的新标准。同一时间，美国发起了一个名为"开放数据政策"的新的政策计划。13642 号总统令明确要求政府数据必须具备开放性、易于获取、可机读、免费使用等特性。可机读是大数据背景下，数据信息的处理技术得到进一步的发展，可利用计算机程序自动进行数据处理和数据挖掘。因此数据是否具有"可机读"变得十分重要。

美国政府发布的《开放数据政策——将数据当做资产管理备忘录》，建立了开放数据实施的计划和架构。该政策计划一方面对其所涉及的概念做出定义，另一方面，细致地描述了政策的要求。从广度和深度两个角度来看政策规划，前者对数据的生产和采集过程做出了相关规定、建立开放数据保障机制来推动数据的广泛传播、加强数据管理以便保障数据安全，后者提出数据格式要开放、标准和可机读性。

2. 英国相关政策及要求

在政府数据开放层面上，英国推出了一系列政策，做出了积极的努力。目前，英国发布的关于政府数据开放的政策主要有《联邦政府：我们的行动计划》《信息自由法》《开放政府伙伴关系英国国家行动计划 2011 – 2013》《开放标准原则》《2014 – 2015 年卫生部数字更新战略手册》《英国开放数据路线图 2015》《地方政府透明行为准则 2015》《英国开放政府国家行动计划 2016 – 2018》《开放数据宪章》等。

其中，英国卫生部门发布的《2014 – 2015 年卫生部数字更新战略手册》，强调了通过数字化工作方式来减少卫生部工作时间和成本，并使其工作更加透明化、开放化、简易化、效率化和主流化；英国政府颁布的《英国开放政府国家行动计划 2016 – 2018》中，出现了建立高质量的国家信息设施、利用 APIs 进行数据查询，并支持批量下载、对现有的开放数据基础设施进行审查、与数据用户进行交流沟通，及时更新开放数据架构，以确保满足用户的需求等要求，来提高政府开放数据的质量[①]；2013 年，英国《开放数据宪章》颁布，政策要求五项原则：默认开放数据、质量与数量原则、可被所有人利用、开放数据以改善治理以及开放数据以促进创新，同时采用统一的政府数据开放的标准，以此来提升政府开放数据质量[②]。

3. 澳大利亚相关政策及要求

澳大利亚政府制定数据开放政策的目的是形成公众文化、促进政府信息的有效获取和技术创新。目前，澳大利亚颁布的关于政府数据开放的政策主要有《参与：接触政府 2.0》《开放公共部门信息原则》《澳大利亚保护法与开放政府》《捷足先登：澳大利亚政府行政改革的蓝图》《开放政府宣言》《澳大利亚数字转化政策》《澳大利亚政府公开数据政策声明》等。

2011 年 5 月，澳大利亚颁布《开放公共部门信息原则》，遵循信息开放存取、与社会密切联系、有效的信息治理、有效的信息资产管理、信息可发现和可用、透明的投诉程序等原则[③]，以此来提高政府开放数据的质量；澳大利亚于 2015 年发布的《澳大利亚政府公开数据政策声明》中，进一步强调了在默认情况下非敏感数据是开放的，应使数据可以免费获取、自由使用和易用。

总之，从美国、英国和澳大利亚发布的相关政策中可以看出，政府数据开放过程中的数据质量要求是各国政策中必不可少的部分，也是重点关注的焦点。这些相关政策及其要求体现出全面性、时效性、一致性、准确性、易用性、可用性和开放性的评价标准。

（三）政府开放数据质量维度与度量

1. 质量维度

政府开放数据质量评价，首先要界定质量维度。数据质量维度是开展质量评价时需要考察的不同质量方面，如完整性、时效性等，也是评价和控制开放数据质量的主要依据，故在进行开放数据质量评价前首先要确定其质量维度。

政府开放数据质量维度不仅要考虑数据本身的质量，还需要从用户的角度来考虑数据的使用价值。本部分通过对政府开放数据中存在的质量问题分析，以及对英美一些国家的数据开放相关政策进行分析，归纳总结出七个方面的质量维度——全面性、准确性、可用性、易用性、时效性、开放性和一致性。其中"开

---

① 武莉莉. 英国政府开放数据的实践及启示——以《英国开放政府国家行动计划 2016—2018》为例 [J]. 新世纪图书馆，2018（9）：82 – 87.

② 黄如花，刘龙. 英国政府数据开放的政策法规保障及对我国的启示 [J]. 图书与情报，2017（1）：1 – 9.

③ 陈美. 澳大利亚中央政府开放数据政策研究 [J]. 情报杂志，2017，36（6）：134 – 140.

放性"是根据目前所处的大数据背景，按照开放数据库的原则而引入的新的质量维度，并且为了能够更好地对数据质量进行定量评价，将数据粒度都提升到了行。各质量维度粒度如表 7 – 1 所示。

表 7 – 1　质量维度粒度

维度	全面性	时效性	一致性	准确性	易用性	可用性	开放性
粒度	记录（行）	数据集	字段（列）	记录（行）	数据文件	记录（行）	数据文件

政府开放数据质量的 7 个维度，其包含的具体内容论述如下：

（1）全面性质量。

全面性，是指开放所有不包括公民个人隐私、国家安全、企业机密等具有敏感性的数据，只有包含了所有需要的数据才可以被认为是全面的。目前，我国对于开放数据的定义比较模糊，相关工作人员在遇到难以确定是否能够开放的数据时通常会选择不开放，从而导致政府数据开放不全面。评价数据开放全面性的依据主要有：发布的数据是否多种多样、数据的数量是否可以满足要求、数据的内容是否丰富。通过对具有代表性的省市数据开放平台中使用最多的主题词进行统计，发现涉及经济发展主题的数据最多。

衡量全面性质量可通过 7 个评价指标，分别是：①可获取性，即数据资源的获取途径；②可发现性，即帮助查找和发现数据集；③联系信息，即发布者的联系信息；④日期，即数据集的发布和修改信息；⑤保存，即数据资源的格式规模和更新周期等；⑥许可，即数据集的授权许可；⑦地理范围，即数据集覆盖的地理范围、国家或者地区等。

（2）时效性质量。

时效性，是评价数据"活跃度"的标准之一，主要是用来考察数据的更新速度。数据更新不及时会使得公众难以获取有关领域的最新动态，对公众获取最新资讯造成阻碍，用户找不到最新最需要的数据难免会对政府开放数据失去信心。

时效性质量可设 3 个评价指标，分别为：①记录的及时性，一条数据的值是不是最新的值，不是上一阶段或者下一阶段的值；②发布延迟，数据集从产生到发布的延迟时间；③过期延迟，数据集从上一个版本过期到新版本发布的延迟时间。

（3）一致性质量。

一致性，是从 Bruce 和 Hillmann 提出的"语义一致性"指标处得到的灵感然后提出的。但数据质量评价的一致性，并不是利用语义一致性指标对元数据属性取值同先前返回的信息进行比较，而是对元数据属性取值进行评估和测评，判断其是否符合现有的某种元数据的标准和规范。总的来说，开放数据质量的一致性评价指标，并不是对元数据取值的准确性和一致性进行测量，而是对元数据属性取值的规范性进行评价。

一致性质量可设 3 个评价指标，分别为：①字段命名是否一致；②多源数据集中的命名是否一致；③是否出现同义不同名的现象。

（4）准确性质量。

准确性，是数据开放过程中需要重点注意的指标之一。数据开放不仅仅是要求向公民提供一定数量的数据，还要求要向公民提供有价值、准确的数据。我们现在处在一个大数据时代，大数据时代又称为海量数据时代，数据量的不断积累使原先就存在的问题暴露得更加彻底。虚假数据、过时数据、有害数据等使人们在获取数据时感到诸多不便，对数据进行准确性评价可在一定程度上促进数据开放的进程。

准确性质量可设 3 个评价指标，分别为：①数据单元，一个单元中的数据在语法上是否正确；②记录，一条记录中正确的单元所占的比例；③数据集，一个数据集中正确的记录所占的比例。

（5）易用性质量。

易用性，是指用户是否给够利用数据来创造价值。政府数据开放平台除了向用户提供数据之外，还需要向用户提供必要的技术和工具，帮助用户方便地获取所需数据。平台提供的技术和工具直接影响着用户对数据的使用情况，举办数据创新活动是平台提高数据易用性的一个有效途径。目前，北京、上海、无锡等市已经举办过了数据创新活动。

易用性质量可设 7 个评价指标，分别为：①检索便利性，平台是否提供便利的检索方式；②数据集可视化，用户直观浏览数据集。授权，无须授权免费获取开放平台中的数据；③限制区域，用户在使用数据集时受到的不同方面的限制；④个性化定制，通过订阅向用户推送针对性数据；⑤互动分享功能，用户可以通过网络的形式将数据分享给他人，并且可以对数据集的质量进行反馈和举报。移动终端适配性，移动版网站可以使民众在移动终端上使用。

（6）可用性质量。

可用性，是评价政府开放数据质量最基础的一个指标，涉及用户是否可以及时地获取和使用政府开放数据。政府开放数据只有可用才可以进一步地促进政府数据开放的进程，而且数据越可用越能够激励潜在的数据使用者对数据进行二次开发和利用。

可用性质量可设 4 个评价指标，分别为：①数据量，平台所拥有的数据数量。数据时效性，数据集是否按照所注明的更新频率进行更新；②元数据，是否提供数据集以及数据集的详细度；③数据格式，数据格式种类，供用户浏览和下载的格式种类。

（7）开放性质量。

开放性，是由在近年大数据的发展背景下，按照开放数据原则而添加的一个新的质量评价指标，是基于知识开放而设定的。一般来说，为了使政府开放数据能够更好地被公众所利用，平台应该尽可能地使用开放式的数据格式，数据的开放性也从侧面判断出政府开放数据工作是否只是为了应付检查。目前，我国大部分数据开放平台的开放性都在三颗星以下，现在还没有平台的开放性达到五颗星。在这种情况之下，我国数据开放的发展必然会受到制约。

开放性质量可设 3 个评价指标，分别为：①开放格式：文件格式是否符合开放标准；②机器可读：文件格式是否是机器可读的；③开放许可：授权许可是否符合开放定义。

2. 度量指标

度量指标，即测量中应考虑的测量工具的主要性能，它是选择和使用测量工具的依据。度量指标是对质量维度的进一步的细化和诠释，建立度量指标我们可实现对质量维度的量化计算。如数据质量维度中的"完整性"，其度量指标是"完整记录所占比例"，从而通过统计和计算可获得其度量值，且取值范围为 $[0, 1]$。政府开放数据质量问题度量如表 7 - 2 所示，其质量维度及其度量如表 7 - 3 所示。

表 7 - 2　政府开放数据质量问题度量

例层次	质量问题	粒度
实例层	S1 字段命名模糊，不一致或者错误	字段
	S2 未定义数据值单位	字段
实例层	S3 数据过于笼统，不详细	数据单元
	S4 数据过于精确	数据单元
	S5 不合理值或错误值	字段
	S6 一列的值串位	数据单元
	S7 出现乱码	字段
	S8 日期格式不一致	字段
	S9 一列的数据格式不一致	字段
	S10 "未知值"表达不一致	数据单元
	S11 数据值缺失	数据集
	S12 数据陈旧或过时	数据行

例层次	质量问题	粒度
实例层	S13 数据重复	字段
	S14 两列数据或者多列数据在一列	数据文件
	S15 文件格式不可机读	数据文件
	S16 数据无法机读	数据文件

表 7 - 3 质量维度及其度量

维度	度量指标	计算公式（R 为数据集）	值域
全面性	全面性记录所占比值	Com（R）=（m-n）/m m = 记录总数 n = 不完整记录数	[0，1]
时效性	是否符合时效性的标准	0 = 数据失效 1 = 数据没有失效	[0，1]
一致性	是否符合一致性标准	0 = 数据格式不一致 1 = 数据格式前后一致	[0，1]
准确性	是否符合正确性标准	0 = 出现 S3 - S7 相关质量问题 1 = 无质量问题 S3 - S7	[0，1]
易用性	数据是否可用	0 = 有质量问题 S1、S2、S14 1 = 无质量问题 S1、S2、S14	[0，1]
可用性	是否与其他记录重复	0 = 有重复记录 1 = 无重复记录	[0，1]
开放性	是否符合开放性原则	0 = 出现质量问题 S15、S16 0 = 无质量问题 S15、S16	[0，1]

（四）政府开放数据质量评价标准

通过对国外政府数据开放相关政策的调研，本小节以前文质量维度指标为基础，借鉴并总结政府开放数据质量在全面性、时效性、一致性、准确性、易用性、可用性和开放性方面的质量标准，并将其评价标准划分为三个等级，其中 A 级代表最高等级，其次是 B 级、C 级，其中 C 级的等级最低。

1. 全面性评价标准

A 级：类型丰富、内容充实、时间连续、数量多；

B 级：类型少、内容完整、按需发布、有一定的数据；

C 级：类型少、内容缺乏、更新频率低、数量少。

2. 时效性评价标准

A 级：定期更新、年度、季度、月度、日度、实时、按需更新；

B 级：定期更新、按需更新；

C 级：静止。

3. 一致性评价标准

A 级：数据格式一致、日期格式一致、"未知值"表达一致；

B 级：数据格式、日期格式或"未知值"格式不一致；

C 级：数据格式不一致、日期格式不一致、"未知值"格式不一致。

4. 准确性评价标准

A 级：数据集、数据元、记录都准确；

B 级：数据集、数据元、记录中一个方面存在错误数据；

C 级：数据集、数据元和记录中任意两个或两个以上的数据存在错误。

5. 易用性评价标准

A 级：开放服务、创新活动、APP 种类多；

B 级：有开放服务、无创新活动或 APP；

C 级：不支持开放服务、无创新活动或 APP。

6. 可用性评价标准

A 级：易访问、相关数据完整、反馈及时、下载量最多；

B 级：可访问、部分相关数据、有互动机制和下载量；

C 级：访问出错、相关数据单、没有互动机制、下载量多。

7. 开放性评价标准

Tim Berners Lee[①] 提出关于政府开放数据开放性的星级结构。一星：在网络上（可以任何格式）取得；二星：结构化数据（例如 Excel 取代 PDF）；三星：使用开放式格式（例如 CVS 取代 Excel）；四星：使用固定网址（例如 EDF 取代 CVS）；五星：链接到其他数据（例如 LOD 取代 RDF）。

本小节开放性标准如下：A 级：五星标准；B 级：二到四星标准；C 级：一星标准。

（五）我国政府开放数据质量标准体系

结合国内外政府开放数据质量要求及评价标准，综合考虑我国政府开放数据

---

① Kubler S, Robert J, Traon Y L, et al. Open Data Portal Quality Comparison using AHP［C］. International Digital Government Research Conference on Digital Government Research，ACM，2016：397 –407.

特征和已有案例分析，提出我国政府开放数据质量的标准体系，具体包括：

（1）准确性。

准确性是"给定的数据反映事实的可能性"。政府开放数据集可能存在难以发现的隐藏的准确性问题，或者对任何要使用数据的人来说很快成为明显的问题。例如，当数据被映射、数据点出现在明显不准确的地方时，具有不准确地理空间数据的数据集就会显示出它们的缺陷。沿行或列不能正确相加的数据表也会显示数据准确性方面的问题。精度也应被视为准确性的一部分。精确的测量是一致的和可复制的，在相同的条件下重复测量相同的物体或现象会得到相同的结果。

（2）元数据。

元数据是提供数据描述的信息，可为用户提供关键的上下文信息。作为开放数据集一部分的元数据可以提供关于数据来源、对其使用的法律限制和其他关键因素的信息。同时，它使搜索与查找相关开放数据集更便捷。除元数据外，关于数据源、限制和其他因素的文档也可以提供关于数据集的重要信息和上下文。当数据集缺乏文档记录时，数据用户可能无法判断他们是否可以依赖这些数据集以及它们的用途。确保用户放心使用开放数据，需要建立便于用户理解数据和如何使用数据的文档，包括数据中存在的任何已知的缺陷。

（3）机器可读性。

政府数据开放规定，开放数据应该"以方便的、可修改的和开放的格式提供，这些格式可以检索、下载、索引和搜索"。格式应该是机器可读的，即数据结构合理且可自动处理。当数据以非机器可读的非结构化格式发布时，它的使用会受到严格的限制。开放政策要求数据以可机器读的格式发布，并且很多专家明确指出"PDF 文件不是开放数据"，我国政府部门也在努力将 PDF 文件转变为更有用的文件格式。只有将 PDF 文件转换成数字文件才能对其进行分析，这一过程既需要电子转换，也需要手工操作。

（4）互操作性。

互操作性是政府开放数据质量中一个越来越重要的元素，它有许多方面。当不同的信息技术系统和软件应用程序能够通信、交换数据和使用交换的信息时，它们是可互操作的。互操作性使得各种跨实体、数据源合并与利用数据集成为可能。要实现互操作，数据集必须在内部以及跨时间、位置、组织或地理区域具有一致性。为了实现这个目标，数据集应该对其包含的数据采用一致的定义、标准的命名约定和唯一的标识符。当不可能保持一致时，应清楚地记录差异。

（5）及时性。

数据及时性取决于两个因素：数据在其描述的事件或现象之后变为可用的时

间（也称为延迟），以及需要更新数据集以保持与数据用户相关的频率。及时性对于快速变化领域的开放数据来说尤其重要。

（6）粒度。

政府开放数据集中包含多个子组件分解出的许多数据点的电子表格，可以说是高粒度的，而汇总在高级别上的相同数据集，以聚合的形式显示数据，可能不太有用，因为它不够详细。开发人员、计算机科学家和统计人员通常希望获得最细粒度的开放数据。相关文献探讨了开放粒度数据的方法，同时保护包含个人身份信息的数据集中的隐私。粒度的需求也会因数据类型及其使用而不同。

以上质量标准是实现我国政府开放数据得以有效利用、充分发挥其效益价值的关键质量要求。在提高政府开放数据质量方面，可通过数据收集的数字化和自动化、建立开放数据的标准定义和标识符、鼓励社区参与和用户反馈、实施开放数据治理结构、开放数据的生命周期管理等方法和措施来提高我国政府开放数据的总体质量，实现增值利用。

党的十九大提出"推动互联网、大数据、人工智能和实体经济深度融合"的发展战略，政府将向公民提供非敏感信息满足公民"知"的权利，使公民在一定程度上能够监督政府的行政工作，进而建设一个透明政府。当前我国已经在积极地做好政府数据开放的工作，各级地方政府也相应地出台了一些政策用于保障数据开放的稳步进行并将数据开放的管理工作逐步地纳入政府的管辖范围。本节对政府开放数据的质量标准进行了全面分析，数据质量是影响数据"可用性"的重要因素，是开放数据管理中的一项基础性工作，因此有必要建立政府开放数据质量评价标准，以提高政府开放数据质量，更好地服务公众。

二、基于用户视角的政府开放数据质量评价模型及实证研究

本节以信息质量理论为基础，在分析界定政府开放数据质量内涵的基础上，首先提出了基于用户视角的政府开放数据质量评价指标体系，并采用层次分析法计算指标权重，构建了政府开放数据质量的模糊评价模型；其次根据这一理论模型，通过用户问卷调查，对政府开放数据质量评价进行实证研究。这一研究为实施政府开放数据质量管理、实现开放数据价值与应用提供了建议与对策。

（一）基于用户视角的政府开放数据质量

关于政府开放数据质量，本节主要基于用户视角，将其界定为能够"符合规

范标准"且"满足或超出用户期望"的特性。结合 Y. W. Lee[①] 提出的信息质量维度，从用户获取数据和使用数据的过程分析，将政府开放数据质量分为四个维度——政府开放数据的获取性质量、内在数据质量、外在形式质量、满足用户需求，具体如下：

（1）获取性质量。

它描述了政府开放数据在用户获取方面的质量，表示用户获取开放数据的难易程度，包括：①数据的可存取性，即用户获取数据的权限大小；②易获取性，即用户获取数据是否方便容易，如是否需注册、登录；③获取数据的安全性，即开放数据是否被安全保护，获取过程是否安全，用户不会受到病毒感染或恶意攻击。

（2）内在数据质量。

它强调数据本身所具有的质量特性，更多地从数据内容方面来考察，包括：①准确性，即开放数据对客观现实状况的反映程度；②时效性，即政府开放数据是否及时更新、更新频率高低；③数据粒度，指开放数据中数据的细化程度，如文件、表单、记录行、字段等不同粒度；④多样性，即政府开放数据的主题、类型、领域等多种多样；⑤数据量，即政府开放数据数量的多寡；⑥一致性，即不同政府部门发布的同一数据内容是否保持一致、不存在相互矛盾的现象。

（3）外在形式质量。

指政府开放数据在表达形式方面的质量，即是否能有效反映数据内容、便于用户使用。具体包括：①数据易理解性，即每列数据含义清晰，数值有单位，便于用户理解；②数据标准化，即开放数据是否采用统一的数据标准，如日期、空值表达等；③数据格式，政府开放数据在浏览、下载方面是否提供多种、通用格式。

（4）满足用户需求。

即在某一用户任务或情境中数据满足用户需求的程度，它依赖于用户的主观感知。包括：①相关度，即政府开放数据与用户需求的相关程度；②可用性，即开放数据可供用户使用的程度；③价值性，即政府开放数据满足用户需求、实现其价值的大小。

（二）用户视角下的政府开放数据质量评价指标体系

根据前文分析的政府开放数据质量维度，提出质量评价的指标体系。该指标体系包括 4 个一级指标，分别是获取性质量、内在数据质量、外在形式质量和满

① Lee Y W, Strong D M, Wang R Y. Ten Potholes in the Road to Information Quality［J］. Computer, 1997, 30（8）：38 – 46.

足用户需求质量，每个指标又划分为若干个二级指标，具体如下：①获取性质量，包括开放数据的可存取性、易获取性和数据安全性 3 个指标；②内在数据质量，包括开放数据的准确性、时效性、数据粒度、多样性、数据量和一致性 5 个指标；③外在形式质量，包括开放数据的易理解性、标准化和数据格式；④满足用户需求方面，包括开放数据的相关性、可用性和价值性①。基于用户视角的政府开放数据质量评价指标体系如表 7 - 4 所示。

表 7 - 4　基于用户视角的政府开放数据质量评价指标体系

一级指标 A	二级指标 B	指标说明
获取性质量 A1	可获取性 B1	用户获取数据的权限大小
	易获取性 B2	获取数据无须注册、登录
	安全性 B3	开放数据是安全的，且获取过程是安全的
内在数据质量 A2	准确性 B4	开放数据对客观现实的真实反映
	时效性 B5	开放数据是否及时更新及其更新频率
	数据粒度 B6	开放数据中数据的细化程度，如文件、表单、记录行、字段等不同粒度
	多样性 B7	开放数据的主题、类型、领域等多样
	数据量 B8	数据数量的多寡
	一致性 B9	不同政府部门发布的同一数据内容是否保持一致、不存在相互矛盾
外在形式质量 A3	易理解性 B10	数据含义清晰、数值有单位，易于理解
	标准化 B11	数据是否采用统一的数据标准，如日期、空值等
	数据格式 B12	开放数据在浏览下载方面是否提供多种、通用格式
满足用户需求 A4	相关性 B13	开放数据与用户需求的相关程度
	可用性 B14	开放数据可供用户使用的程度
	价值性 B15	开放数据满足用户需求、实现其价值的大小

（表格最左侧合并单元格：基于用户视角的政府开放数据质量评价指标体系（T））

本小节基于用户视角对政府开放数据质量进行评价，其评价指标具有一定的用户主观性，如数据的易获取性、易理解性、相关性、可用性等，均依赖于用户感知；而有些质量指标则是客观的，如数据安全性、时效性、数据粒度、多样性、数据量等。用户是政府开放数据的最终利用者，其质量感知是衡量开放数据

---

① 莫祖英，邝苗苗. 基于用户视角的政府开放数据质量评价模型及实证研究［J］. 大学图书情报学刊，2020，38（4）：84 - 89.

价值的关键要素，故本小节在评价过程中主要围绕用户感知构建评价模型并实施质量评价。

（三）基于用户视角的政府开放数据质量评价模型

1. 指标权重计算

本部分采用层次分析法计算指标权重。层次分析法是一种定性和定量相结合的、系统化的分析方法，其基本步骤包括建立层次结构模型、构建判断矩阵、计算权重并进行一致性检验。前文构建的政府开放数据质量评价指标体系已形成了一个包含目标层、一级指标和二级指标的三层结构模型。在此基础上，通过专家调研，采用成对比较法和 1 – 9 标度赋值法对指标的相对重要性进行打分，以构建判断矩阵。

本次专家调研随机抽取了本领域相关研究专家 15 名，采用电子邮件和纸质问卷的方式发放[①]。专家主要来自河南、河北等地高校，且信息公开与数据开放相关领域，均为博士或副教授以上职称，其中教授 3 名，副教授 5 名；此次调研共收回调查问卷 15 份，有效问卷 15 份。问卷有效性判断主要是根据问卷填写的完整性、答案是否有明显的连续重复等规则。根据专家对指标重要性的打分来计算各指标权重。

（1）构建判断矩阵。

根据收回的问卷数据，构建 T – A 一级指标判断矩阵和 Ai – B（i = 1，2，3，4）二级指标判断矩阵，具体数据如表 7 – 5 ～ 表 7 – 9 所示。

表 7 – 5　T – Ai 判断矩阵（i = 1，2，3，4）

政府开放数据质量评价 T	获取性质量 A1	内在数据质量 A2	外在形式质量 A3	满足用户需求 A4
获取性质量 A1	1	1	1/3	2
内在数据质量 A2	1	1	1/4	2
外在形式质量 A3	3	4	1	5
满足用户需求 A4	1/2	1/2	1/5	1

表 7 – 6　A1 – Bi 判断矩阵（i = 1，2，3）

获取性质量 A1	可获取性 B1	易获取性 B2	安全性 B3
可获取性 B1	1	1/3	1

① 莫祖英，邝苗苗. 基于用户视角的政府开放数据质量评价模型及实证研究 [J]. 大学图书情报学刊，2020，38（4）：84 – 89.

续表

获取性质量 A1	可获取性 B1	易获取性 B2	安全性 B3
易获取性 B2	3	1	2
安全性 B3	1	1/2	1

表 7 – 7　A2 – Bi 判断矩阵（i = 4，5，6，7，8，9）

内在数据质量 A2	准确性 B4	时效性 B5	数据粒度 B6	多样性 B7	数据量 B8	一致性 B9
准确性 B4	1	1	1/2	1/3	1/3	1/2
时效性 B5	1	1	1/2	1/2	1/2	1
数据粒度 B6	2	2	1	1	1/2	1
多样性 B7	3	2	1	1	1	1
数据量 B8	3	2	2	1	1	1
一致性 B9	2	1	1	1	1/2	1

表 7 – 8　A3 – Bi 判断矩阵（i = 10，11，12）

外在形式质量 A3	易理解性 B10	标准化 B11	数据格式 B12
易理解性 B10	1	2	1/2
标准化 B11	1/2	1	1/3
数据格式 B12	2	3	1

表 7 – 9　A4 – Bi 判断矩阵（i = 13，14，15）

满足用户需求 A4	相关性 B13	可用性 B14	价值性 B15
相关性 B13	1	2	2
可用性 B14	1/2	1	2
价值性 B15	1/2	1	1

（2）权重计算。

根据上述判断矩阵计算各指标的权重向量，计算结果如表 7 – 10 所示。

表 7 – 10　权重向量

矩阵	向量
T – A	(0.2310 0.2503 0.0759 0.4428)^T

矩阵	向量
A1 – B	$(0.4429\ 0.1698\ 0.3873)^T$
A2 – B	$(0.2801\ 0.2211\ 0.1391\ 0.1149\ 0.1038\ 0.1410)^T$
A3 – B	$(0.2973\ 0.5390\ 0.1638)^T$
A4 – B	$(0.200\ 0.400\ 0.400)^T$

对各层次指标进行一致性检验。其检验结果如表7–11所示。

表7–11　一致性检验

各层指标	λ_{max}	C.I	C.R	R.I	检验结果
政府开放数据质量用户满意度评价体系 T	4.0212	0.007	0.0079	0.90	通过
获取性质量	3.0183	0.00915	0.0176	0.58	通过
内在数据质量	6.1202	0.02404	0.0194	1.24	通过
外在形式质量	3.0092	0.0046	0.0079	0.58	通过
满足用户需求	3.0000	0.0000	0.0000	0.58	通过

由表7–11中数据可知,一、二级指标均通过一致性检验。故计算得出的最终权重结果如表7–12所示。

表7–12　基于用户视角的政府开放数据质量评价指标权重

一级指标	权重	二级指标	权重
获取性质量 A1	0.2310	可获取性 B1	0.4429
		易获取性 B2	0.1698
		安全性 B3	0.3873
内在数据质量 A2	0.2503	准确性 B4	0.2801
		时效性 B5	0.2211
		数据粒度 B6	0.1391
		多样性 B7	0.1149
		数据量 B8	0.1038
		一致性 B9	0.1410

续表

一级指标	权重	二级指标	权重
外在形式质量 A3	0.0759	易理解性 B10	0.2973
		标准化 B11	0.5390
		数据格式 B12	0.1638
满足用户需求 A4	0.4428	相关性 B13	0.2000
		可用性 B14	0.4000
		价值性 B15	0.4000

由表 7 – 12 数据可知，一级指标中"满足用户需求"的权重（0.4428）明显高于其他三个指标，而"外在形式质量"权重（0.0759）明显低于其他指标，"可获取性质量"和"内在数据质量"的权重适中，差别不大，这说明用户在评价政府开放数据质量时，主要从"开放数据是否能满足自身需求"来考虑，其次是数据的内容质量和获取性方面，而对数据的外在形式质量考虑不多。

二级指标中，"满足用户需求"指标下的"可用性"和"价值性"是权重最大的两个二级指标，说明用户侧重于从开放数据的可用性和价值性方面考虑数据是否可满足需求。在"获取性质量"方面，"可获取性"和"安全性"的权重较高；在"内在数据质量"方面，"准确性"和"时效性"的权重较高，而"外在形式质量"中的"标准化"权重较高，这些都是用户在评价政府开放数据质量时重点考虑的指标和因素。

2. 模糊评价模型构建

本部分拟采用模糊评价法对政府开放数据质量进行评价。首先，将政府开放数据质量评价指标用集合形式表示，即 Q = {Q1，Q2，Q3，Q4}，如下所示：

Q = {获取性质量，内在数据质量，外在形式质量，满足用户需求}；

Q1 = {可获取性，易获取性，安全性}；

Q2 = {准确性，时效性，数据粒度，多样性，数据量，一致性}；

Q3 = {易理解性，标准化，数据格式}；

Q4 = {相关性，可用性，价值性}。

其次，确定模糊综合评价的评价集。评价集指评价者对评价对象做出的所有评价结果的集合[①]，用 V 表示。根据用户评价，本节选取 4 个评价等级来建立评价集合，即 V = {优秀，良好，中等，较差}，对应的等级分别为：V1 = 优秀；

① 牟炜. 企业营销效果的指标体系与模糊综合评价方法［D］. 大连：大连海事大学硕士学位论文，2006.

V2 = 良好；V3 = 中等；V4 = 较差。

对每一项指标进行用户评价，分别确定它们对于评价集 V 中不同等级的隶属度 r_{ij}，由此可得出第 i 项指标的评价集合 $R_i = (r_{i1}, r_{i2}, \cdots, r_{in})$，从而得到政府开放数据质量评价结果的模糊矩阵。

最后，将前文计算得出的评价指标权重值 W 与通过单层次模糊综合评价得到的模糊矩阵结果联合起来进行计算，从而确定基于用户视角对政府开放数据质量进行评价的综合评价向量 B[①]，其计算公式如下：

$$B = W \times R = \{w_1, w_2, \cdots, w_m\} \times \begin{Bmatrix} r_{11} & r_{12} & \cdots & r_{1n} \\ \vdots & \vdots & \ddots & \vdots \\ r_{m1} & r_{m2} & \cdots & r_{mn} \end{Bmatrix}$$

（四）实证分析

根据前文构建的基于用户视角的政府开放数据质量评价模型，将二级评价指标进行描述，设计成调查问卷题项，其评价等级包括优秀、良好、中等和较差4个，以实现用户对政府开放数据质量的有效评价。调查问卷中，首先对政府开放数据进行了明确界定，即"政府开放数据是指政府使用信息技术，主动向所有公众免费地、无须授权地、无差别地提供一手的、原始的、无专属所有权的、可被机器读取的，并具有多种格式以满足不同类型用户需求的数据，任何个人、企业和社会组织都可对这些数据进行开发利用和共享，以实现增值"。在问卷填写说明中，强调被调查者"根据近一年的自身经历"对政府开放数据质量进行评价。调查问卷共包括15个题项，与评价模型中的二级指标一一对应。通过对用户的问卷调查，了解政府开放数据质量的用户评价情况，并检验该模型的适用性[②]。

本次调查采用电子邮件和发放纸质问卷两种形式，主要在高校、企业、政府部门等了解或利用政府开放数据的相关机构进行发放，共收回问卷97份。剔除"完全不了解政府开放数据""从未使用过政府开放数据"，以及填写不完整等无效问卷，获得有效问卷84份。这些调查问卷主要来自河南、河北、贵州、武汉、西安等地，其中高校收回29份，政府部门28份，其余为企业用户。从来源分布看，基本处于均衡，且大多数用户均为本科以上学历，对政府开放数据有一定的了解和使用经验，在一定程度上保证了调查问卷数据的可靠性。

对这84份问卷数据进行整理与统计，评价结果如表7-13所示。

---

① 周超，马海群. 基于模糊综合评价法的高校信息公开绩效评价研究 [J]. 图书馆理论与实践，2014（2）：6-10.

② 莫祖英，邝苗苗. 基于用户视角的政府开放数据质量评价模型及实证研究 [J]. 大学图书情报学刊，2020，38（4）：84-89.

表 7 - 13　基于用户视角的政府开放数据质量评价结果统计

一级指标	二级指标	评价等级			
		优	良	中	差
获取性质量 A1	可获取性 B1	26	40	17	1
	易获取性 B2	18	50	16	0
	安全性 B3	48	24	8	4
内在数据质量 A2	准确性 B4	21	50	12	1
	时效性 B5	15	40	21	8
	数据粒度 B6	17	30	29	8
	多样性 B7	30	34	17	3
	数据量 B8	8	37	34	5
	一致性 B9	32	32	18	2
外在形式质量 A3	易理解性 B10	33	36	14	1
	标准化 B11	33	29	17	5
	数据格式 B12	23	31	23	7
满足用户需求 A4	相关性 B13	34	22	23	5
	可用性 B14	15	49	19	1
	价值性 B15	26	40	17	1

1. 信度与效度检验

为保证数据的可用性和有效性，对问卷数据进行信度与效度检验。信度是测量问卷内容是否具有一致性的指标，效度是显示测量结果表达测量目的程度的指标。使用 SPSS 19.0 对数据进行"可靠性分析"，得到其克隆巴赫系数 α 为 0.989，通过信度检验。

在效度检验中，采用"因子分析"法。首先计算 KMO 值和 Bartlett 检验。KMO 值为 0.902，KMO > 0.6，且 Sig（巴特利特显著性）< 0.05，说明该问卷数据适合做因子分析。因子分析结果如表 7 - 14 所示。共提取 4 个公因子，因子对变量的贡献解释率为 94.769%，问卷通过效度检验。

表 7 - 14　因子分析解释的总方差

成分	初始特征值			提取平方和载入			旋转平方和载入		
	合计	方差的%	累积%	合计	方差的%	累积%	合计	方差的%	累积%
1	13.164	87.763	87.763	13.164	87.763	87.763	5.620	37.464	37.464
2	0.485	3.236	91.000	0.485	3.236	91.000	4.138	27.589	65.053

成分	初始特征值			提取平方和载入			旋转平方和载入		
	合计	方差的%	累积%	合计	方差的%	累积%	合计	方差的%	累积%
3	0.367	2.444	93.443	0.367	2.444	93.443	3.898	25.986	91.040
4	0.199	1.326	94.769	0.199	1.326	94.769	0.559	3.730	94.769
5	0.186	1.238	96.007						
6	0.126	0.837	96.844						
7	0.116	0.775	97.619						
8	0.093	0.618	98.237						
9	0.078	0.520	98.758						
10	0.070	0.464	99.222						
11	0.044	0.296	99.518						
12	0.033	0.221	99.739						
13	0.019	0.124	99.863						
14	0.013	0.089	99.951						
15	0.007	0.049	100.000						

2. 模糊评价

首先，以二级指标"可获取性B1"为对象，建立其模糊矩阵。在84名被调查者中，4个等级（优秀，良好，中等，较差）的评价值分布为（26，40，17，1），根据模糊评价模型中 r_{ij} 的计算公式（归一化处理），得到"可获取性B1"质量评价的向量为：

r = (0.31　0.48　0.20　0.01)

依次类推，计算所有二级指标的评价向量，得到4个一级指标的模糊层次矩阵，具体如下：

"获取性质量A1"的模糊层次矩阵 R1 为：

$$R1 = \begin{Bmatrix} 0.31 & 0.48 & 0.20 & 0.01 \\ 0.21 & 0.60 & 0.19 & 0 \\ 0.57 & 0.28 & 0.10 & 0.05 \end{Bmatrix}$$

"内在数据质量A2"的模糊层次矩阵 R2 为：

$$R2 = \begin{Bmatrix} 0.25 & 0.60 & 0.14 & 0.01 \\ 0.18 & 0.48 & 0.25 & 0.09 \\ 0.20 & 0.36 & 0.35 & 0.09 \\ 0.36 & 0.40 & 0.02 & 0.04 \\ 0.10 & 0.44 & 0.40 & 0.06 \\ 0.38 & 0.38 & 0.22 & 0.02 \end{Bmatrix}$$

"外在形式质量 A3"的模糊层次矩阵 R3 为：

$$R3 = \begin{Bmatrix} 0.39 & 0.43 & 0.17 & 0.01 \\ 0.39 & 0.35 & 0.20 & 0.06 \\ 0.27 & 0.37 & 0.27 & 0.09 \end{Bmatrix}$$

"满足用户需求 A4"的模糊层次矩阵 R4 为：

$$R4 = \begin{Bmatrix} 0.41 & 0.26 & 0.27 & 0.06 \\ 0.18 & 0.58 & 0.23 & 0.01 \\ 0.31 & 0.48 & 0.20 & 0.01 \end{Bmatrix}$$

根据前文计算的指标权重，如果用 Wi 表示二级指标权重，其权重向量分别为：

W1 =（0.4429　0.1698　0.3873）

W2 =（0.2801　0.2211　0.1391　0.1149　0.1038　0.1410）

W3 =（0.2973　0.5390　0.1638）

W4 =（0.2000　0.4000　0.4000）

最后，根据前文构建的模糊评价模型计算公式 Bi = Wi × Ri，得到 4 个一级指标的模糊综合评价结果，如下：

B1 =（0.3937　0.4229　0.1596　0.0238）

B2 =（0.2432　0.4700　0.2388　0.0489）

B3 =（0.3704　0.3771　0.2026　0.0500）

B4 =（0.2780　0.4760　0.2260　0.0200）

在此基础上，由 B1、B2、B3、B4 构成的一级指标评价矩阵对应的指标权重为 W =（0.2310　0.2503　0.0759　0.4428），同样运用上述模糊综合评价算法，计算目标总体评价矩阵，具体如下：

$$B = (0.2310 \quad 0.2503 \quad 0.0759 \quad 0.4428) \times \begin{Bmatrix} 0.3937 & 0.4229 & 0.1596 & 0.0238 \\ 0.2432 & 0.4700 & 0.2388 & 0.0489 \\ 0.3704 & 0.3771 & 0.2026 & 0.0500 \\ 0.2780 & 0.4760 & 0.2260 & 0.0200 \end{Bmatrix}$$

经过计算，得到 B =（0.3030　0.4547　0.2121　0.0304）。将结果进行归一

化处理，最终得到 B = (0.3029　0.4546　0.2121　0.0304)。

为方便量化评价，现对评价等级进行赋值，即假定 V = (V1，V2，V3，V4) = (90，80，70，60)，其最大隶属度范围分别为(85，95)、(75，85)、(65，75)、(55，65)。根据这一赋值规则，本部分评价等级集合 V = {优秀，良好，中等，较差} 的量化值向量为[90，80，70，60]。通过加权计算，得到最终评价结果 Z = 80.3。根据以上评价等级的隶属范围，政府开放数据质量的用户评价总体上处于"良好"水平。

（五）讨论与总结

根据以上计算结果，可得出以下结论：

（1）我国政府开放数据质量的用户评价在总体上刚刚达到"良好"水平，尚存在进一步提高与改进的空间；

（2）用户在评价政府开放数据质量时，主要从"数据能否满足自身需求"来考虑，尤其在数据可用性和价值性方面；

（3）除满足自身需求外，用户还从数据获取的权限和安全性、数据的准确性和时效性、数据标准化程度等方面来评价政府开放数据质量。

根据这一研究结论，提出建议如下：

（1）在政府数据开放和管理过程中，应多关注和了解用户的真实需求，结合用户需求来决定开放数据的主题、类型、格式、数据量等；

（2）政府需重视开放数据的实际价值和可用性，可采用数据标准化、开放平台安全易用、数据准确及时等措施来保障政府开放数据的应用价值；

（3）加强对政府开放数据的质量管理，通过全过程管理、生命周期管理、标准化管理等手段保障政府开放数据质量，实现其社会价值和经济效益。

本研究基于用户视角构建了政府开放数据质量的模糊评价模型，并通过实证研究对政府开放数据质量进行用户评价，其评价结果总体上为"良好"。在后续研究中，将从多角度出发来分析政府开放数据质量，为实现数据质量管理与控制提供理论基础与依据。

三、基于政府视角的政府公开信息质量评价研究

本节利用数据统计方法、对比分析方法，以河南省 18 个省辖市 2016 年政府信息公开年度报告为对象，分别对地市级政府信息公开中的主动公开信息质量、依申请公开信息质量和公众满意度进行了分析与评价。通过研究发现基于政府视

角的政府开放数据存在的质量问题，并提出建议，有利于提高政府公开信息质量、解决信息质量问题。

（一）政府信息公开质量要求及评价指标

根据河南省政府办公厅对政府信息与政务公开工作总结的要求，其内容主要包括主动公开、依申请公开、政策解读、回应关切、重点领域政府信息公开、平台建设、制度建设、机构建设、会议培训和经费保障等方面，并提出了对报告信息质量的要求，如加强数据统计审核工作，注意统计表内各项数据逻辑关系，确保填报的数据真实、准确、完整，等等。对于政府信息公开工作年度报告，则要求内容充实、数据准确，更多运用图片、图表、图解等表现形式，避免内容与往年重复雷同、结构形式单一、可读性不强等情况；并对信息公开的位置提出了要求，即县级以上政府应在门户网站开设专栏，集中展示所辖地区、部门的年度报告；而对于发现内容不完整、数据不准确、公布时间不及时、渠道不规范等问题，将给予通报，在一定程度上确保了政府信息公开工作年度报告的质量。在各省辖市政府信息公开工作年度报告中，除文字性的工作总结外，还需填写政府信息公开情况统计表。其中包含的统计指标主要有九个方面：

（1）主动公开情况，包括主动公开政府信息数、通过不同渠道和方式公开政府信息的情况。

（2）回应解读情况，包括回应公众关注热点或重大舆情数、通过不同渠道和方式回应解读的情况。

（3）依申请公开情况，包括收到申请数、申请办结数和申请答复数。

（4）行政复议数量，包括维持具体行政行为数、被依法纠错数、其他情形数三个指标。

（5）行政诉讼数量，包括维持具体行政行为或者驳回原告诉讼请求数、被依法纠错数和其他情形数三种处理结果指标。

（6）举报投诉数量，仅此一个指标。

（7）依申请公开信息收取的费用，一个指标。

（8）机构建设和保障经费情况，包括政府信息公开工作专门机构数、设置政府信息公开查阅点数、从事政府信息公开工作人员数和政府信息公开专项经费。

（9）政府信息公开会议和培训情况，包括召开政府信息公开工作会议或专题会议数、举办各类培训班数、接受培训人员数等指标。

这些统计指标共计58个，它们是对各省辖市政府信息公开工作进行评价的指标体系。总结以上统计指标，可将其对政府信息公开的评价分为主动公开信息、依申请公开信息和公众满意度三个方面的质量评价①。在政府主动公开信息的质量评价方面，主要包括主动公开的信息数量、信息获取质量、信息互动质量三个方面；在依申请公开信息的质量评价方面，主要包括依申请公开信息的数量和依申请公开信息的服务质量两个方面；在公众满意度评价方面，主要包括因政府信息公开而产生的行政复议数及处理结果、行政诉讼数及处理结果和公众举报投诉数量三个方面。本小节将从这三个方面对政府公开信息质量进行评价研究。在实证分析中，将以河南省 18 个省辖市 2016 年政府信息公开统计数据（其中 2 个省辖市没有统计数据）为例，对其政府公开信息质量进行评价，分析地市级政府公开信息的质量状况，找出存在的问题及改进措施。

（二）政府主动公开信息质量评价

在河南省辖市 2016 年政府信息公开工作年度报告中，18 个省辖市发布了年度报告，其中 16 个省辖市公布了政府信息公开工作情况统计表，只有周口市和济源市没有提供统计数据。本小节将以这 16 个省辖市政府信息公开统计数据和 18 个省辖市政府信息公开年度报告为对象，分析与评价地市级政府主动公开信息的质量状况。

1. 政府主动公开的信息数量

在政府主动公开的信息数量中，主要包括主动公开信息总数、主动公开规范性文件数和制发规范性文件数（即制定并发布的规范性文件数），其统计数据如图 7 − 1 所示。在各地市主动公开的政府信息总数量中，最大值（郑州市，388342 份）是最小值（商丘市，46431 份）的约 8.4 倍，说明各地市在主动公开政府信息数量方面存在很大的差异，整体上具有较大的不平衡性。各地市主动公开政府信息数量的平均值为 127146.63 份，大部分地市公开信息数量不超过 15 万份，只有郑州市和洛阳市公开信息数量较多，超过 30 万份。这一数据相比于北京市主动公开政府信息数（1000912 份），具有很大的差距。在主动公开规范性文件数量方面，其数值介于 111 ~ 10963 份，二者相差近 98 倍；主动公开规范性文件数的平均值为 3198.56 份，相比于北京市主动公开规范文件数 9660 份具有较大的差距。总之，在主动公开政府信息和规范性文件上，各地市之间存在很大的差异，与北京市相比具有较大的差距②。

由图 7 − 1 可知，主动公开的规范性文件数量在主动公开政府信息总数中所占的比例很小，均不超过 9%；各地市制发规范性文件总数平均值为 4102.5 份，主动公开规范性文件数平均值为 3198.56 份，主动公开规范性文件占制发规范性

①② 莫祖英. 地市级政府公开信息质量评价实证研究 [J]. 情报科学，2018，36 (8)：112 − 117.

文件总数的总体比例约为78%；由以上数据可知，在政府制发的规范性文件中，近80%的文件均已主动公开，说明规范性文件的公开力度较大；但在政府公开信息总数中所占比例较小，原因在于政府制发规范性文件的基数较小，说明规范性文件不是政府主动公开信息的主要内容。

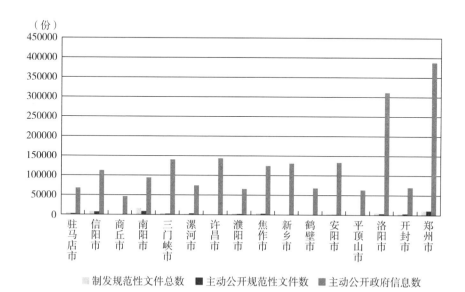

图7-1　各地市主动公开政府信息数量

2. 政府主动公开信息的获取质量

政府主动公开信息的获取质量主要体现在政府公开信息的不同渠道与方式上，具体包括政府公报公开、政府网站公开、政务微博公开、政务微信公开和其他方式公开，其中其他方式主要指通过报刊、广播、电视等其他方式主动公开的政府信息。

由图7-2各地市政府信息公开渠道的数量对比可知，政府网站是公开政府信息数量最多的一种渠道，除开封市和焦作市外，其他地市政府网站公开信息所占的比例均超出了50%，总体上政府网站公开的信息数量占总数的71%，在各种公开渠道中占有绝对优势，这说明政府网站是最主要的政府主动公开信息渠道。其次是其他方式，占政府公开信息总数的18%，由于包含了多种渠道和方式，与单一渠道不具可比性。再次是政务微博公开渠道和政务微信公开渠道，分别占政府公开信息总数的6%和4.5%，微博公开渠道略高于微信公开渠道，但二者所占的比例都不高。最后是政府公报公开渠道，占总体数量的0.5%，在图7-2中几乎看不到这一部分。

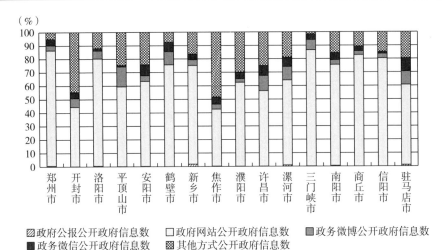

图 7-2　各地市政府信息公开渠道的数量对比

由政府主动公开信息所采用的各种渠道可知，网站公开是其主要渠道，其次是政务微博、政务微信，最后是政府公报公开，它们共同占总体公开数量的82%。这一渠道分布说明在政府信息公开工作中，已充分利用计算机技术、互联网等现代手段，实现政府信息资源的共享，提高公众利用的便利性和快捷性。但网站是 Web 1.0 环境下的主要形式，其互动性、实时性不强，远不及 Web 2.0 环境下的微博、微信等渠道。而政务微博、政务微信公开信息的比例非常小，仅占10% 左右，这说明政府信息公开的主要渠道还停留在 Web 1.0 时代，尚未充分利用 Web 2.0 这一主流模式，以提高政府公开信息的针对性和实时交流性。对于政府公报公开，它是传统的印刷型公开方式，目前在政府信息公开中起到的作用微乎其微。总之，政府信息公开已进入现代化互联网时代，大大提高了公众对政府公开信息获取的便利性、快捷性，但在信息获取的实时性、针对性等方面还有待提高。

3. 政府主动公开信息的互动质量

政府主动公开信息的互动质量主要体现在政府回应公众关注热点或重大舆情的数量上。从各地市的统计数据看，政府回应公众的数量介于 281～21319 份，其中大部分地市介于 1000～7000 份，各地市回应公众关注热点或重大舆情数量的平均值约为 3748 份。这一数值相比于北京市回应公众关注热点或重大舆情的数量 22305 份，具有很大的差距。总之，各地市在政府回应公众关注热点或重大舆情的数量中具有较大的不均衡性，且相比于标杆城市具有很大的差距，需不断加强与提高。

在政府回应解读的渠道分布上，如图 7-3 所示。首先从总体上看（图中最后面的"合计"条形柱），其他方式回应事件数所占比例最大，约为 57.6%，其他方式主要指通过广播、电视、报刊等方式，它与单一渠道不具可比性；其次是微博微信回应和政策解读稿件发布，分别占总数的 19.7% 和 19.1%；最后是参加或举办新闻发布会、政府网站在线访谈，分别占总数的 2.2% 和 1.4%，这四种单一渠道共占总数的 42.4%。从以上回应解读渠道的分布来看，各种渠道所占比例都不是很大，总体上具有较大的分散性①。在四种单一渠道中，微博微信回应和政策解读稿件发布是两种主要的渠道，而新闻发布会、网站在线访谈两种方式的利用率很低。

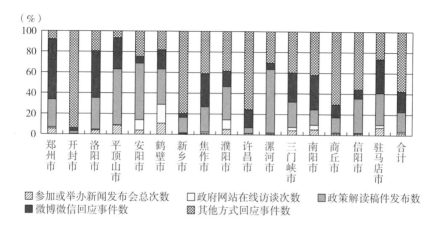

图 7-3　政府回应解读的渠道分布

从各地市的具体情况来看，不同省辖市在政府回应解读方面采取的主要渠道各不相同。由图 7-3 中统计数据可知，采用微博微信方式回应所占比例较大的省辖市有郑州、洛阳、焦作、驻马店、南阳、三门峡 6 个，采用政策解读稿件发布形式所占比例较大的有平顶山、安阳、鹤壁、濮阳、漯河、信阳 6 个省辖市，以其他方式为主的有开封、新乡、许昌、商丘 4 个省辖市。由此可知，各地市回应解读的渠道和方式各有侧重，具有多样化和分散性。

从以上回应解读的渠道分布可知，除其他方式外，微博、微信回应和政策解读稿件发布是主要渠道，而新闻发布会和网站在线访谈的回应数量较少。对于政策解读稿件发布这一主要渠道，主要是由《河南省人民政府办公厅关于印发河南省行政机关政策文件解读实施办法的通知》这一文件的保障，即"要求各单位

①　莫祖英. 地市级政府公开信息质量评价实证研究 [J]. 情报科学，2018，36（8）：112-117.

制定政策文件与解读方案、解读材料同步组织，同步审签，同步部署，没有解读方案和解读材料的将实行退文处理"。对于微博、微信这一渠道，则说明在政府信息公开中，与公众的互动与回应充分借助了Web 2.0环境下的微博、微信等平台，实现了与公众的及时互动与交流。而新闻发布会和网站在线访谈由于其使用的复杂性、组织的烦琐性而较少作为回应方式。

通过以上分析，值得注意的是，政府主动公开信息的渠道以政府网站为主，微博微信渠道利用较少，而在政府回应解读的渠道上，则以微博微信为主，网站在线访谈利用较少。这一现象既说明了政府在信息公开工作中充分利用了各种网络化方式和渠道，同时也说明通过对各种渠道和方式的有效整合与统一，可进一步提高政府信息公开效率，提高政府公开信息的获取性质量和互动性质量，更加方便公众对政府信息资源的有效利用。

（三）依申请公开信息质量评价

为了保证公民、法人或者其他组织获取所需要的政府信息，《中华人民共和国政府信息公开条例》规定除行政机关主动公开的政府信息外，公民、法人或者其他组织还可以根据自身生产、生活、科研等特殊需要，向国务院部门、地方各级人民政府及县级以上地方人民政府部门申请获取相关政府信息，这种方式公开的政府信息就称为依申请公开信息。根据政府信息公开情况统计表中设置的指标，依申请公开信息的质量评价主要包括依申请公开信息的数量和依申请公开信息的服务质量两个方面，本小节将以河南省16个省辖市政府信息公开统计数据和18个省辖市政府信息公开年度报告为分析对象，从公开信息数量和公开服务质量两方面评价地市级政府依申请公开信息的质量状况。

1. 依申请公开信息的数量

在收到的申请公开信息的数量中，数值介于42～3208件，二者相差约75倍，这说明各省辖市之间存在较大差异。各省辖市收到的申请数平均值约为623件，相比于北京市2016年收到的政府信息公开申请数34200件，相差近54倍。这一方面与各城市居民的政府信息需求、信息公开意识、信息素养等有关，另一方面也说明河南省各省辖市需加大政府信息公开的宣传力度，促进公众更好地、有效地利用政府信息资源。

在依申请公开信息的渠道分布方面，如图7-4所示。首先，总体上看，信函申请数所占比例最大，约为60.7%；其次是当面申请数，约占总数的25.5%；再次是网络申请数，约为13.4%；最后，传真申请数最少，仅占总数的0.4%。从这一申请方式分布上看，传统的信函方式由于其正式性、正规性和远程投递性，成为最主要的申请方式；当面申请对于当地居民而言是比较方便的申请方式，而对于异地申请则信函方式更便捷。在当前网络环境下，网络申请方式所占比例并不高，其原因可能是网络的不确定性、非实名制、一定的技术门槛等特点，阻碍了网络技术在依申请公开中的应用。对于传真申请，由于其设备要求的高门槛（必须有传真机、传真号等）、高成本等特点使之几乎不被使用。

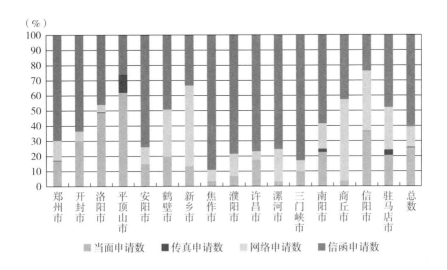

图7－4　依申请公开信息的渠道分布

由图7－4中各省辖市不同申请方式的比例分布可知，有的以信函申请为主，有的以当面申请为主，还有的以网络申请方式为主（新乡市、商丘市等），而有的省辖市当面申请、网络申请和信函申请3种方式所占比例相当，比较均衡[①]。总之，不同省辖市在依申请方式上展现出不同的特征，说明政府信息公开中充分利用各种渠道为公众依申请提供便利，使依申请方式具有多样化。

2. 依申请公开信息的服务质量

依申请公开信息的服务质量主要体现在申请办结和申请答复两个指标上。申请办结数包括按时办结数和延期办结数，体现了依申请公开信息服务的时效性质量。申请答复数主要分为8种情形，体现了不同的申请答复类型，从这些类型分布中可以评价政府对依申请公开信息的服务质量。

（1）申请办结。

申请办结指的是公民、法人或其他组织依申请公开信息的请求已办理完成的情形，包括按时办结和延期办结两种情况。按时办结数在申请办结总数中所占比

---

① 莫祖英. 地市级政府公开信息质量评价实证研究 [J]. 情报科学，2018，36（8）：112－117.

例越大，说明依申请公开信息服务的时效性越强；而申请办结总数是按时办结数与延期办结数之和，体现了依申请公开信息服务的工作量大小。各省辖市按时办结数与延期办结数的对比如图 7－5 所示。从总数（最后一个条形柱）上看，各省辖市依申请公开信息的申请办结总数为 9966 件，其中按时办结数为 8622 件，延期办结数为 1344 件，按时办结比例约为 86.5%，相比于北京市的申请办结总数 33149 件、按时办结数 31290 件、延期办结数 1859 件、按时办结比例94.39%，服务时效性和总体工作量都存在很大的差距，尤其在工作量方面，差距更大。这说明河南省各辖市依申请公开信息服务在时效性和工作强度方面都有很大的提升空间。

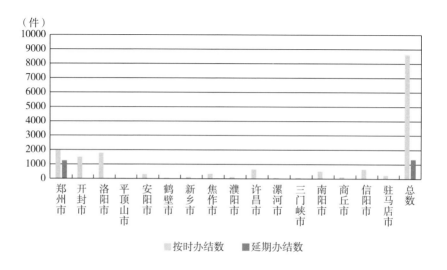

图 7－5　按时办结与延期办结的数量对比

由图 7－5 中各省辖市申请办结的具体数据可知，申请办结总数较高的主要有郑州、洛阳和开封，其他各市的数量普遍较低。从延期办结数看，主要在郑州，这说明郑州依申请公开信息服务的工作量很大，但服务的时效性较差，按时办结比例仅为 61%。开封和洛阳的按时办结比例均达到 99.6%，说明它们不仅服务工作量大，而且服务效率高。值得一提的是，其中有四个省辖市按时办结比例达到100%，但它们的申请办结总数分别是 120 件、130 件、65 件、136 件，数量特别小，这说明在政府依申请公开信息服务中存在资源浪费现象，有必要加强政府信息公开的宣传，提高信息公开服务和政府信息资源的利用率。总之，不同的省辖市在依申请公开信息服务质量方面的特征各异，各市需依据自身现状与特征进行调整与提升。

（2）申请答复。

申请答复是指公民、法人或其他组织依申请公开信息的请求得到答复、办理的情形，答复的类型包括属于已主动公开范围、同意公开答复、同意部分公开答复、不同意公开答复、不属于本行政机关公开、申请信息不存在、告知做出更改补充、告知通过其他途径办理 8 种。各省辖市申请答复数及答复类型分布如图 7 - 6 所示。从整体上看，首先是"同意公开答复数"在各类型中所占比例最高，约为 33.1%。其次是"属于已主动公开范围数"，约占总数的 28.1%，二者之和已超过申请答复总数的 60%，说明在依申请公开信息的答复中，多数是可以公开或已公开的内容。再次是"不同意公开答复数"和"不属于本行政机关公开数"，它们所占总数的比例分别为 12.3%、12%，另有"申请信息不存在数"占比 4.4%，这说明在依申请公开答复总数中约 30% 的申请是不能得到满足的。最后，"告知作出更改补充""告知通过其他途径办理"和"同意部分公开答复"3 种类型共占比例约 10%，说明依申请公开答复中约 10% 的申请可在一定条件下得到满足。总之，从这一数据分布看，河南省各辖市依申请公开信息服务中，60% 的信息公开申请可得到有效满足，而 30% 的信息公开申请是不能得到满足的。

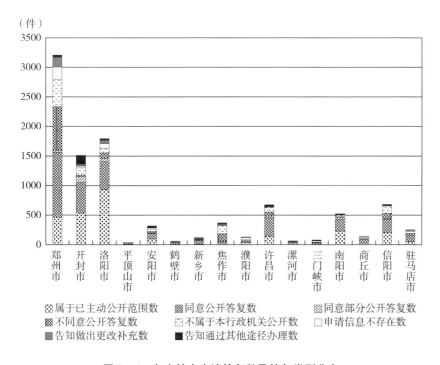

图 7 - 6　各省辖市申请答复数及答复类型分布

在北京市依申请公开信息的答复类型分布中，约40%的答复属于"已主动公开范围"和"同意公开答复"的类型，约55%的答复则属于"不同意公开答复""不属于本行政机关公开"和"申请信息不存在"的类型，这说明北京市依申请公开信息服务中，只有40%的申请可以得到有效满足，而55%的信息公开申请却得不到满足。这一对比说明河南省各辖市依申请公开答复的总体质量要优于北京市，更好地满足了公民、法人或其他组织依申请公开信息的需求。

（四）公众满意度评价

在公众满意度评价方面，主要包括因政府信息公开而产生的行政复议数及处理结果、行政诉讼数及处理结果和公众举报投诉数量三个方面。行政复议数量是指公民、法人或其他组织认为某单位在政府信息公开工作中的具体行政行为侵犯其合法权益，依法申请行政复议且被复议机关受理的件数；行政诉讼数量是指公民、法人或其他组织认为某单位在政府信息公开工作中的具体行政行为侵犯其合法权益，依法提起行政诉讼且被法院受理的件数；举报投诉数量指本地、本部门、本单位收到公民、法人或其他组织提出政府信息公开相关举报或投诉，且予以受理的件数。它们反映了公众对于政府信息公开中的具体行政行为的不满意度，反映了公众对政府信息公开质量的满意度评价。

1. 行政复议

在因政府信息公开而产生的行政复议数及处理结果方面，主要包括行政复议数量和三种处理结果，即维持具体行政行为或者驳回原告诉讼请求数、被依法纠错数和其他情形数。各省辖市行政复议数量及其处理结果如图7-7所示。从行政复议数量上看，总体数量为764件，其中郑州、三门峡、洛阳、开封、南阳是行政复议数量较高的区域，其他省辖市相对较少。从处理结果上看，总体上以"维持具体行政行为"为主，约占总数的54%，"被依法纠错"的情形约占总数的19%，而其他情形为27%。参考北京市相关数据，其行政复议数量为1827件，其中"维持具体行政行为"约占55%，"被依法纠错"约占17%，其他情形约占28%。二者比较发现，北京市行政复议数量要远高于河南省辖市总体数量，而在处理结果上，三种情形的所占比例基本相同。行政复议数量虽然在一定程度上体现了公众对政府信息公开的不满意度，但它与政府主动公开信息数量、依申请公开信息数量有关，不能孤立地看待这一指标。

在各省辖市行政复议数中，数量最少的分别为新乡（4件）、濮阳（4件）和商丘（7件），如图7-7所示，它们的依申请公开数分别为120件、130件和136件，这些数量都比较低，说明它们在政府信息公开方面的工作量很小，尤其在依申请公开方面，故公众提出的行政复议数量也较少。它们需加强政府信息公开宣传力度,鼓励公众更好地利用政府公开信息资源。

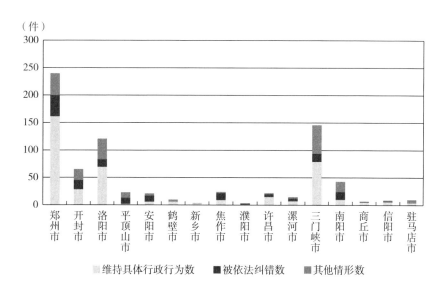

图 7 – 7　各省辖市行政复议数量及其处理结果

2. 行政诉讼

各省辖市因政府信息公开而产生的行政诉讼数及其处理结果,如图 7 – 8 所示。从图中数据可知,三门峡、洛阳、开封、郑州、安阳 5 市的行政诉讼数量较大,其他省辖市相对较少,各省辖市总体行政诉讼数量为 790 件。从处理结果看,以"维持具体行政行为或驳回原告诉讼请求"为主,约占总数的 67%,"被依法纠错"的情形约占比 10%,其他情形约为 23%。参考北京市相关数据,其行政诉讼数量为 2576 件,其中一审案件中"维持具体行政行为或驳回原告诉讼请求"占比 15%,"被依法纠错"占比 8%,其他情形占比 38%;二审案件数量占比 39%。对二者进行比较可知,北京市行政诉讼数远高于河南省辖市总体数量,且"维持具体行政行为"的情形占比很低,而二审案件数量占比却较高,说明北京市政府信息公开的公众不满意度要远远高于河南省辖市。在各省辖市中,行政诉讼数量最低的仍然是新乡(3 件)、濮阳(3 件)和商丘(6 件),如图 7 – 8 所示,与行政复议中的情形类似,进一步印证了以上观点。

3. 举报投诉

各省辖市在举报投诉方面仅有举报投诉数量这一个指标,其数据分布如图 7 – 9 所示。三门峡市的举报投诉数量显著高于其他地市,为 367 件,占各省辖市总数(416 件)的 88%。结合前面两个数据发现,三门峡市在行政复议数、行政诉讼数和举报投诉数三个方面的数值都很高，说明公众对其政府信息开放的不满意度很高，是急需改善、重点提高的区域。其次是洛阳和开封，也是需要重点改善、提高公众满意度的主要对象。

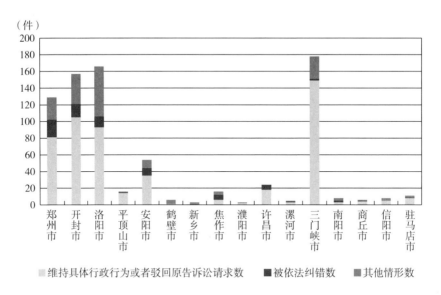

图7-8　各省辖市行政诉讼数及其处理结果

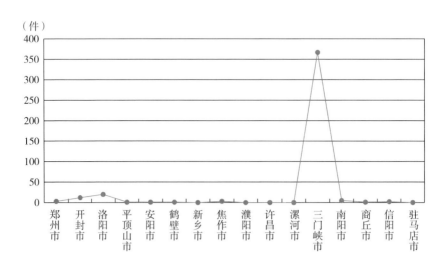

图7-9　各省辖市举报投诉数量分布

总之，通过对行政复议、行政诉讼和举报投诉3个指标的分析可知，各省辖市在公众满意度方面存在较大的差异性。在与北京市对比分析后发现，河南省辖市的公众满意度要高于北京市①。当然，在分析过程中不能孤立地看待某一方面的数据，需全面综合各指标数据，完整看待各区域的政府信息公开的质量状况。

（五）讨论与总结

由以上对地市级政府公开信息质量评价的实证分析可知，目前政府信息公开中存在的主要质量问题有：

（1）主动公开方面。

规范性文件的公开力度较大，但在政府公开信息总数中所占比例较小，原因在于政府制发规范性文件的基数较小；在公开渠道上，政府信息公开还停留在Web 1.0时代的网站公开上，尚未充分利用Web 2.0这一主流模式，使政府公开信息的针对性和实时交流性不强；在政府回应公众关注热点或重大舆情方面，不同区域存在较大的不均衡性，且总体数量不高，有很大的提升空间。

（2）依申请公开方面。

总体上依申请公开信息的数量较低，说明政府对信息公开宣传不足，缺乏有效性；依申请公开信息服务在时效性和工作强度方面与北京相比都存在很大的差距，急需改进。

（3）个别地区在政府信息公开工作中的行政复议、行政诉讼和举报投诉三个方面的数量都很高，说明公众对其政府信息公开的满意度较低，是急需改善、重点提高的区域。

针对政府信息公开中存在的信息质量问题，现提出以下改进建议：一是加强政府公开信息的需求分析。以公众关注的重点领域、重要问题为主，确定信息公开的任务目标，并以公众的需求分析报告为基础编制相关规定和要求，将其作为政府信息公开工作的可行性参考。二是增强公众知情权意识。可通过各种媒体、网络、学校教育等方式，大力宣传公众知情权和政府信息公开制度；以宪法形式保障知情权，并在现实中真正归还公民知情权。三是创新政府信息公开服务模式。在政府信息公开工作中积极利用新技术、新应用，鼓励利用大数据、云计算等现代化信息处理技术，不断创新电子政务的发展模式，提高政府公开信息资源的利用率。

---

①　莫祖英. 地市级政府公开信息质量评价实证研究［J］. 情报科学，2018，36（8）：112－117.

第八章 基于生命周期的政府开放数据质量管理研究

本章将在剖析政府数据开放流程的基础上，基于生命周期理论，划分出政府开放数据生命周期的七个不同阶段，并以数据全生命周期过程为主线，形成数据质量管理的具体数据活动。通过不断完善和规范数据工程的设计方案，使数据活动涵盖全生命周期模型，同时考虑不同数据活动之间的联系与相互影响作用，实现数据管理的优化整合。

一、政府开放数据生命周期研究

生命周期是一个生物学上的概念，它是指生物从出生到成长、衰老直至死亡的生命全过程。随着这一概念的不断发展，它已经被延伸到了许多领域，其中包括管理学。生命周期在管理学领域的使用非常广泛，是一种重要的研究方法。

（一）生命周期理论

在信息科学领域，信息生命周期是指信息从出现到使用最后到老化消亡的动态、循环过程。该过程一般伴随价值形成与不断增值。1986 年，"信息生命周期"由美国信息资源管理学家马尔香（D. A. Marchand）和霍顿（F. W. Horton）[1] 提出，他们将信息生命周期分为六个阶段：信息创建（产生/发布）、信息采集、信息组织、信息开发、信息利用、信息清理（销毁/回收）。Stephen、Gupta、McGinn 和 Hernon 将信息生命周期理论应用到图书馆和政府信息资源管理过程中。我国学者也对信息生命周期理论进行了专门的研究。朱晓峰[2]提出生命周期方法论，分析了生命周期方法的内涵，明确了生命周期方法的适用对象，提出生命周期方法的

---

① 裴雷. 信息生命周期管理研究进展述评 ［J］. 情报科学，2010，29（9）：7 – 10，20.
② 朱晓峰. 生命周期方法论 ［J］. 科学学研究，2004（6）：566 – 571.

适用模型，并指出"政府信息生命周期"采用环型模型。索传军①将信息生命周期划分为不同的管理阶段，包括信息的生产、发布、加工、利用和处置等。

数据和信息之间联系紧密，信息是具有一定语境并兼具了某种结构的数据，数据通常被看作是简单的事实。随着数据科学的发展，基于信息生命周期理论，一些学者总结数据管理的基本规律，提出数据生命周期理论。数据生命周期这一概念最初是在 2006 年国际会计准则会议上被首次提及的，英国数字管理中心（Digital Curation Centre，DCC）对数据和任何二进制数字形式的信息进行研究，建立了包括描述与表示、保存规划、观察社区参与、管护与保存 4 个阶段的生命周期模型②。一些组织将生命周期应用于科学数据研究，如 dataone 为科学数据划分生命周期，将其分为规划、收集、保证、描述、保存、发现、整合和分析八个阶段③。不同生命周期模型中有许多阶段是相似的，但由于不同学者提出的模型适用于不同环境，从分析结果来看，学术界关于数据生命周期的研究还没有形成统一共识。

数据质量管理分布在数据生命周期的各阶段，是一项基于全生命周期过程综合优化的质量管理工程。将数据作为产品进行管理，产品全生命周期管理（Product Lifecycle Management）以产品整个生命周期的数据集作为基础，融合先进的管理理念，将协同和优化贯穿数据的全生命周期。将数据作为产品进行管理是 20 世纪末提出的数据管理思想，而产品全生命周期管理思想也是当前正在发展中的管理理念。数据全生命周期管理具有以下特点：一是管理对象是数字化的数据，二是数据全生命周期的界定具有相对性，三是以数据的数据集成为基础。此外，数据的生命周期蕴含在信息系统的生命周期中，全生命周期管理必须结合项目管理方式和具体项目方案。

政府数据开放可以看作是一项庞大的、复杂的数据工程项目，政府开放数据作为数据产品可以结合产品生命周期和项目生命周期管理方法进行全生命周期的质量管理。

（二）国内外政府开放数据生命周期研究对比分析

在分析相关文献的过程中发现，国内外已有部分学者对政府开放数据进行生命周期阶段划分，如表 8 - 1 所示。采用文献分析法，本小节选择了国内外 10 篇有关政府开放数据生命周期研究的典型文章进行对比分析，以了解政府开放数据生命周期的研究现状。

---

① 索传军. 试论信息生命周期的概念及研究内容 [J]. 图书情报工作，2010，54（13）：5 - 9.

② Higgins S. The DCC Curation Lifecycle Model [C]. Acm/ieee - Cs Joint Conference on Digital Libraries. ACM, 2008；134 - 140.

③ Data Life Cycle [EB/OL]. https：//www. dataone. org/data - life - cycle.

表8-1　国内外政府开放数据生命周期模型的相关研究

出处	研究对象	生命周期阶段划分
Ubaldi（2013）	开放政府数据	数据产生、数据收集/聚合与处理、数据发布和交付、最终数据使用
Veenstra 等（2015）	开放政府数据	识别、准备、发布、重用和评估
Attard 等（2015）	开放政府数据	数据创建、选择、协调、发布、互联、发现、探索、挖掘、管理
Charalabidis 等（2016）	开放政府数据	创建/收集、预处理、管理、存储/获取、发布、检索/查询、处理、利用、合作
鲍静、张勇先（2017）	政府开放数据	数据生成和发布、权限配置管理、网上流转、数据呈现、利用管理和更新管理
黄如花、赖彤（2018）	政府数据开放	政府数据创建与采集、数据组织与处理、数据存储与发布、数据发现与获取、数据增值与评价
黄如花、温芳芳（2018）	政府开放数据	数据创建与汇交、数据组织与描述、数据归档与保存、数据发布与传播、数据获取与利用、数据监管
段尧清等（2019）	政府开放数据	数据的生成采集期、数据的整合开放期、数据的整合利用期、数据的价值评估期和数据的再生/消亡期
童楠楠（2019）	政府开放数据	产生、集成、处理、存储、发布、应用
王卫等（2020）	政府开放数据	数据创建、筛选、发布、关联、管理、检索、开发、互动

在国外相关研究中，Ubaldi①通过对开放政府运动的实证分析构建了生命周期模型；Veenstra 等②基于社区驱动建立了开放政府数据生命周期管理模型；Attard 等③从数据预处理、数据开发和数据维护角度入手构建了政府数据开放的生命周期；Charalabidis 等④采用生态学方法构建开放政府数据生命周期。他们构建的生命周期阶段均包含了数据的生成/创建、数据处理、数据发布和数据利用等阶段，具有一定的相似度。

① Ubaldi B. Open government data: Towards empirical analysis of open government data initiatives of open government data initiatives [J]. OECD Working Papers on Public Governance, 2013 (22): 1-60.

② Veenstra A F V, BROEK T V D. A Community-driven open data lifecycle model based on literature and practice [C] //Boughzala I, Janssen M, Assar S. Case studies in e-Government 2.0. Cham: Springer, 2015: 183-198.

③ Attard J, et al. A systematic review of open government data initiatives [J]. Government Information Quarterly, 2015, 32 (4): 399-418.

④ Charalabidis Y, Alexopoulos C, Loukis E. A taxonomy of open government data research areas and topics [J]. Journal of Organizational Computing & Electronic Commerce, 2016, 26 (1-2): 41-63.

国内学者也针对政府开放数据进行了生命周期阶段的划分。鲍静等[1]在研究政府开放数据面临的问题时提到政府开放数据生命周期，研究对象更偏向网站数据；黄如花等[2][3]针对我国政府数据开放的障碍问题提出了政府开放数据生命周期，并通过对我国政府数据资源管理政策文本内容的分析提出数据管理生命周期；段尧清等[4]基于系统论视角分析政府开放数据生命周期；童楠楠[5]在构建政府开放数据质量控制机制时提出了政府开放数据生命周期；王卫等[6]基于政府数据开放平台提出了数据生命周期模型。由表 8-1 中可以看出，国内学者关于政府开放数据生命周期阶段的划分差别较大，研究视角不同，生命周期阶段的划分标准也就不同。通过以上分析可知，目前我国关于政府开放数据生命周期的研究还处于探索阶段。

通过对已有文献中关于政府开放数据生命周期阶段的划分进行对比分析，总结得出以下结论：

（1）没有一个生命周期模型涵盖了政府数据开放过程中的所有数据活动。

（2）由于研究视角不同，已有研究针对政府开放数据所构建的生命周期模型的阶段划分有所不同。

本小节采用生命周期管理方法，从质量管理角度出发，对政府开放数据进行生命周期阶段划分。

（3）尽管学者们关于政府开放数据生命周期阶段的划分不完全相同，但模型反映的政府开放数据流程大致相同。

通过对这些文献进行研读，可以更好地了解政府开放数据流程，为本章研究提供理论基础。

（三）政府开放数据生命周期模型构建

综上所述，参考国内外学者提出的政府开放数据生命周期管理模型，以及对政府数据开放工作的实地调研，基于数据生命周期理论，结合政府数据开放流

---

① 鲍静，张勇进，董占广. 我国政府数据开放管理若干基本问题研究［J］. 行政论坛，2017，24（1）：25-32.

② 黄如花，赖彤. 数据生命周期视角下我国政府数据开放的障碍研究［J］. 情报理论与实践，2018，41（2）：7-13.

③ 黄如花，温芳芳. 在开放政府数据条件下如何规范政府数据——从国际开放定义和开放政府数据原则谈起［J］. 情报理论与实践，2018，41（9）：37-44.

④ 段尧清，姜慧，汤弘昊. 政府开放数据全生命周期：概念、模型与结构——系统论视角［J］. 情报理论与实践，2019，42（5）：35-40，50.

⑤ 童楠楠. 我国政府开放数据的质量控制机制研究［J］. 情报杂志，2019，38（1）：135-141.

⑥ 王卫，王晶，张梦君. 生态系统视角下开放政府数据价值实现影响因素分析［J］. 图书馆理论与实践，2020（1）：1-7.

程，以数据质量管理为对象，将政府开放数据生命周期划分为规划、数据生成、数据处理、数据存储、数据发布、数据利用、数据再生与消亡七个阶段①，如图8-1所示。

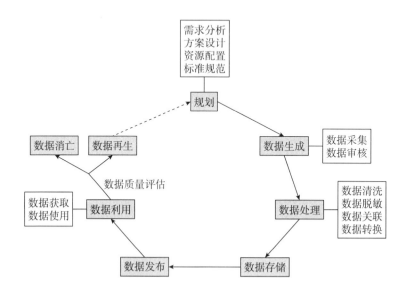

图8-1 政府开放数据生命周期模型

（1）数据规划。

分析国内外学者关于政府开放数据生命周期模型发现，大多数学者都是以数据生成或数据创建作为数据生命周期的起点。但数据工作是整个项目的一部分，数据的生命周期蕴含在项目的生命周期中，数据生命周期管理必须结合项目管理方式和具体项目方案。项目生命周期定义了制定解决方案的方法和项目的各个阶段。在项目初始阶段认真规划，并确保将适当的数据活动整合进整个项目中。数据管理以用户获取有用信息为目标，当前大多沿用的是传统数据存储管理对数据生命周期过程的定义，数据生命的起点一般从采集（生产）开始，没有设计阶段。而在产品设计阶段注意产品质量尤为重要，在整个产品生命周期中，设计质量会影响超过80%的产品成本。为此，以用户获取有用信息为目标的政府开放数据生命周期过程的起点应向前延伸。将政府开放数据质量管理作为一个项目工程，需考虑在项目初期做好规划。

①　张楠. 基于生命周期的政府开放数据质量管理研究［D］. 郑州：郑州航空工业管理学院硕士学位论文，2020.

（2）数据生成。

关于数据生成期，有学者将该阶段划分为数据创建或数据采集，这一阶段的划分要综合考虑政府开放数据的来源和数据采集方式。政府开放数据包括政府数据和公共数据，数据生成表示数据已经存在，通常没有时间限制，但数据采集是有时效性的。

（3）数据处理。

数据开放平台对采集的数据需要经过处理后才能进行存储和发布。数据在采集的过程中不可避免地会出现错误数据或冲突数据，且由于数据来源于不同的业务部门，数据格式和数据结构等数据标准不统一。同时，数据开放时必须考虑数据隐私和数据安全性。因此，采集的数据必须进行数据清洗、数据脱敏、数据关联和数据转换等数据处理环节。采集的数据会暂时存放在平台的中间介质，数据处于等待处理的临时状态。若数据量不大、数据处理速度快，经过处理后数据将很快进入平台对应的存储位置。如果数据量大，系统无法快速处理完成，数据将需要一段缓存时间，暂时存放在中间介质这个临时容器中。从以上分析可以明确，政府开放数据生命周期过程中数据需要经过处理再进行后期的存储管理。

（4）数据存储。

数据处理后将进入数据存储管理状态，数据开放和数据利用建立在数据存储基础上。由国家政府数据开放行动战略规划可知，将来要建设国家统一的政府数据开放平台，目前，各地方政府也在积极践行国家政策，实施地方统一开放平台的搭建，进行数据整合。统一的开放平台面临的存储问题是数据量大，且增速快。政府数据开放平台多采用大数据存储方式，为实现数据快速读取和计算，需要专业的技术能力进行平台的开发和进一步改进，以适应不断变化发展的应用需求。

（5）数据发布。

数据发布是指将经过处理后符合开放标准的数据集发布到开放平台，以供用户访问使用，也是政府数据开放管理流程中的重要环节之一。从国外学者生命周期模型分析，国外学者基本都是将数据发布作为独立阶段。而国内部分学者将数据发布与其他数据活动化为一个阶段，如将数据发布与数据生成作为一个阶段、将数据发布与数据传播作为一个阶段、将数据发布与数据存储作为一个阶段等。本书认为，数据生成与数据发布中间还存在数据处理和数据存储等多项数据活动，放在一起不易进行数据质量管理的分析，故将其分开研究。对于数据传播，在实践中数据发布会采用多种方式，如通过 APP、政府网站、微博微信等，目的是扩大数据的传播途径，使更多用户可以及时获取数据信息。因此，本小节将数据传播作为数据发布阶段的一项数据活动，两者一起分析。关于数据存储与数据发布的界定，经实践调查发现，目前政府数据开放平台的开发多选择与第三方技术服务商合作，数据存储需要大数据技术，专业性强，一般由技术服务商负责数据质量和安全性管理。而数据发布的关键是需要对开放数据进行分类分级，明确数据开放标准，该部分责任主体是政府部门。综上所述，分析国内外生命周期阶段特点，结合具体的实践调研结果，将数据发布作为继数据存储后的一个独立的生命周期阶段。

（6）数据利用。

数据利用是以上所有阶段工作的目标，是整个政府数据开放工作的最终目的，也是政府开放数据生命周期过程中不可缺少的阶段。数据利用涉及多项数据活动，从国内外关于政府开放数据生命周期阶段中分析可知，数据检索/查询、数据发现与获取、数据应用、数据开发等均属于用户利用数据阶段发生的数据活动。本节从主体用户角度切入将数据利用分为数据获取和数据使用两个环节。

（7）数据再生与消亡。

从国内外学者关于政府开放数据生命周期模型的分析中发现，关于该阶段的研究非常少，仅在学者段尧清等构建的政府开放数据生命周期模型中有提到。实践调研中关于该阶段的内容也较少。有被访问者提到，政府数据开放的目的是积聚大量数据，从而实现大数据的挖掘和关联分析，在具体实践中，目前只考虑数据收集，不考虑数据清理问题。另外还提到，大数据分析就是寻找数据间的关系，有些数据此时没有价值，但不代表将来没有价值，我们无法判断哪些数据是无用的。但从政府开放数据全生命周期考虑，该阶段是必不可少的。众所周知，大数据的最显著的特点是增速快，我们无法预知是数据计算能力提升的快还是大数据的增速更快。随着数据平台的完善和政府数据开放工作的不断推进，将来开放平台上将积累大量数据，其量不可预知。为了保证平台足够的存储能力和计算速度，数据的合理管理是必需的。本小节认为通过数据价值评估，根据数据价值判断数据处理方式，即获得再生进入新的生命周期，或者慢慢消亡。在该阶段，应制定合理的数据管理办法，如数据存储期限、数据继续保存的条件、超过一定期限的数据存储位置是否需要改变等内容。

通过文献对比分析和实践调研，结合政府数据开放流程，对政府开放数据进行全生命周期分析研究。政府开放数据生命周期模型是本研究的基础，只有明确梳理生命周期每个阶段，才能更好地进行政府开放数据生命周期质量管理研究。

二、基于生命周期的政府开放数据
质量管理模式构建

前文通过对政府开放数据生命周期的分析研究，揭示了政府开放数据流程。政府开放数据质量管理，是指对政府开放数据从数据规划、数据生成、数据处理、数据存储、数据开放、数据利用、数据再生与消亡全生命周期进行质量管理。政府开放数据质量管理模式的构建除了要了解政府开放数据流程，还需对模式构建原则、质量管理要素和生命周期各阶段对数据质量管理的措施进行分析。

（一）基于生命周期的政府开放数据质量管理模式构建原则

（1）可持续发展原则。

可持续发展原则要求既需要满足社会当前发展的需要，又要确保未来的可持续性发展，开放政府数据质量管理模式的建立不是暂时的，而是要持久的、有效的、发展的且具有普遍适用意义的。

（2）协调性原则。

协调性原则要求在我国政府数据开放过程中应充分考虑多个利益相关者的利益诉求和群体态度，寻求利益平衡点。

（3）互惠互利原则。

必须优先考虑效率，并考虑公平原则，在提高控制效率的同时降低控制成本，并力争以最小的成本获得最大的收益。

（二）基于生命周期的政府开放数据质量管理要素

基于生命周期的政府开放数据质量管理模式的构建需依据数据全生命周期管理流程，以数据质量管理为核心，以全体管理要素为基础保障，基于生命周期模型，对政府开放数据进行阶段性管理，协调各要素之间的关系，有效实现数据质量管理。在进行模式构建之前，需要对数据质量管理的要素进行分析，明确模式中各要素在生命周期管理流程中起到的作用以及对数据质量的影响。基于生命周期模型的政府开放数据质量管理要素内涵具体如下：

1. Why——政府开放数据质量的管理研究动因[①]

政府开放数据质量管理是一个庞大复杂的数据项目工程。管理过程涉及需求

[①]　张楠. 基于生命周期的政府开放数据质量管理研究［D］. 郑州：郑州航空工业管理学院硕士学位论文，2020.

调研、政策法规、标准规范、平台技术、人才保障等多项内容。通过数据生命周期管理方法对政府开放数据质量管理进行研究，将一个复杂庞大的项目工程分成若干阶段，可以更清晰地梳理政府数据开放的工作流程及其过程中涉及的数据活动。明确生命周期各阶段存在的数据质量问题，以便于提出有针对性的改进措施，利用数据生命周期有助于对每个阶段数据质量如何管理进行深入分析。

2. What——政府开放数据质量的管理研究对象

（1）政府开放数据。

政府开放数据是政府利用信息技术和集成网络平台，向公众开放的可机读的、无须特别授权的、可以再次开发利用的数据。政府开放数据分为政府自身的内部数据和收集到的其他公共职能机构组织生成的外部数据。

（2）管理数据。

对于政府开放数据质量管理而言，除政府收集的数据资源外，政府数据开放各组织部门对数据的管理过程中同样也会产生大量数据，如政府开放数据网站给我们提供的关于"开放数据"的浏览、下载量，以及大量的描述性文本信息；政府数据开放过程中各类统计数据等。数据生命周期各阶段都会产生相应的管理数据，管理数据是管理行为的记录，这类数据时时产生，规模庞大，对开放数据质量管理研究具有很大价值。

（3）利用数据。

用户在获取和使用数据过程中产生的数据称为利用数据。利用数据能反映用户对数据的需求，提高数据开放价值，使政府开放数据质量管理研究的重要对象。利用数据分为两种类型：一是用户信息数据，如用户姓名、性别、年龄、学历、职业等；二是利用行为数据，如搜索方式、浏览轨迹、访问频率等。对利用数据进行分析融合，能有效预测用户信息行为、发掘用户访问规律及隐形诉求、发现当前政府数据开放工作中存在的问题，有助于提高数据质量管理能力①。

3. Who——政府开放数据质量的管理主体

从政府数据开放实践来看，政府开放数据管理的主体结构较为复杂。数据开放平台的主要负责部门是政府办公厅（室）、经济和信息委员会（工业和信息部门）、网络信息办公室、电子政务办公室以及大数据管理局。同时，第三方技术服务商也是数据质量管理的重要相关方。在政府开放数据质量管理过程中，为提高数据质量，相应部门应做好政府数据开放工作统筹规划，加强数据组织机构间的合作，各展其长，共同推进数据开放工作。

4. Where——政府开放数据质量的管理空间场所

政府开放数据质量管理主要是借助政府数据开放平台实现的。数据开放平台

---

① 周枫、杨智勇. 基于5W1H分析法的档案数据管理研究［J］. 档案学研究，2019（4）：21－25.

的建设与管理是当前政府数据开放的中心任务。在大数据环境下，政府数据开放平台的建设需要将平台技术与业务结构结合起来，借助大数据技术来实现政府开放平台的使用功能，构建满足社会各界对数据开放需求的数据开放平台。完善的开放平台可以实现包括数据收集、数据管理、数据存储、数据下载、数据可视化、信息反馈功能等功能，实现数据高质量开放，实现数据增值。

5. When——政府开放数据质量的时间管理

政府开放数据具有时效性，对此，应着重对数据质量的全过程进行管理和控制。政府各部门将基于数据生命周期的政府开放数据管理落实到业务流程中，制订包含数据收集、储存等数据管理计划，通过时间控制对政府开放数据质量进行管理。明确什么时候采取哪步程序，通过时间控制对政府开放数据质量进行管理。

6. How——政府开放数据质量的管理方法

政府开放数据质量管理成功实施的关键在于建立政府开放数据管理机制，构建可以推广使用的政府开放数据质量管理模式。政府开放数据质量管理要素包括管理对象、开放平台、组织机构和用户，这些要素在管理过程中对数据质量的影响不是孤立存在的，而是相互作用、相互关联的。通过对各要素进行集成管理，借助平台技术支撑和全面制度保障，实现政府开放数据质量的有效管理。

（三）政府开放数据生命周期各阶段质量管理分析

数据质量问题的来源可能产生于数据生命周期的各个阶段环节。例如在数据采集环节，数据源多种多样，数据量大且更新快，不同的采集方式和采集策略都将影响数据质量。此外，数据的处理、存储过程都有可能涉及对原始数据的改变，从而引发数据的质量问题。所以，技术、流程、管理等多方面的因素都有可能会影响到数据质量。基于生命周期模型的政府开放数据七个阶段质量管理具体如下：

1. 数据规划

政府开放数据质量管理项目规划主要是对政府开放数据整个生命周期如何管理数据、保障数据质量进行宏观规划。该阶段的责任主体是数据开放管理机构，如省市设立的大数据管理局、区县设立的数据统筹局等，参与主体包括相关部门、用户及专家学者。该阶段涉及的数据活动包括：需求分析、方案设计、资源配置、标准规范等①。其关系如图 8 - 2 所示。

① 张楠．基于生命周期的政府开放数据质量管理研究［D］．郑州：郑州航空工业管理学院硕士学位论文，2020.

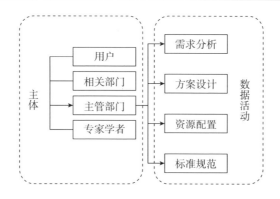

图 8 - 2　政府开放数据质量管理项目规划内容

（1）需求分析。

数据需求的调研分析决定了将来开放数据的价值性，从根源上影响政府开放数据质量。一方面，政府开放数据的价值性主要体现在数据应用上，不被用户和市场需要的数据就没有使用价值。目前政府数据开放工作仍处于初级摸索阶段，作为决策者和执行者的政府部门并不十分清楚哪些数据应该开放、哪些数据具有什么样的市场价值。另一方面，政府数据量大且多样，数据处理阶段需要投入大量的人力和时间，在实现数据开放过程中要求投入的行政成本非常高。为减少资源浪费和减轻行政压力，开放的数据需要确定有市场需求，才方便进行数据处理。

（2）方案设计。

在政府开放数据质量管理项目中，项目组织者（如大数据局等）需设计数据质量管理流程，包括管理机制、质量控制流程、质量检查等环节。数据质量的需求是不断变化的，成立专门的数据质量管理组织机构是非常有必要的。方案设计需广泛征求相关部门和专家学者的意见和建议，经过广泛调查和深入研究后编制而成。设计合理的数据质量管理流程对政府开放数据生命周期各阶段实施数据质量管理具有重要意义。

（3）资源配置。

人力、物力、财力、技术等这些要素都被称为资源，资源配置即在一定的范围内，组织对所拥有的各种资源合理调配，实现资源结构的合理化，使其发挥最大的效应。政府开放数据质量管理是一个对资源要求较高的项目，不仅需要完善的基础设施建设和充足的财力支持，更需要专业人才保障和技术支撑。"兵欲善其事，必先利其器"，合理的资源配置是实现数据质量管理的基础保障，在整个项目规划中应着重考虑各方面资源配置情况。

（4）标准规范。

数据标准规范是数据质量管理的机制与制度保障，它贯穿政府开放数据生命周期全过程。它包括数据结构、元数据、数据接口规范性等多个方面。

建立标准的数据结构，例如字段格式，系统提前定义好一种时间默认格式为yyyy – mm – dd。保持数据结构统一，对数据处理后的结果进行保存时，按照数据存储的要求，进行标准化的统一管理。数据采集涉及多部门，元数据的规范性与数据资源目录的完整性，正是数据标准的出发点与落脚点。多部门的数据归集，涉及多源异构数据的接入，数据接口的规范能够保证数据实时传输的特征。

元数据管理在数据质量管理中非常重要。元数据是描述、解释、定位或以其他方式促进信息资源的检索、使用或管理的结构化数据。元数据通常被称为关于数据的数据。元数据管理是数据质量管理实现的基础，政府开放数据质量管理在规划阶段需制定统一的元数据标准，满足数据在信息系统内保存和共享的需要，确保数据可以在多个信息系统内有效传递。在数据质量管理中，数据的采集规则和检查规则也可在元数据中定义。

政府数据开放工作管理部门应做好整体规划，检查监督数据开放工作实施的全过程，加强与政府各职能部门业务工作的深入了解，使政府数据开放工作嵌入到职能部门业务工作的方方面面。增强业务沟通和信息交流，及时反馈，解决政府内部问题。真正做到开放的数据经常更新，开放的数据切实可以进行加工利用。政府数据开放工作在进行数据采集前就要做好规划，明确需要哪些数据，以什么方式采集以及如何使数据价值最大化，等等。

2. 数据生成

数据生成是实践中实施政府开放数据质量管理的起始阶段，该阶段的主体是各级政府部门。该阶段采集的数据源数量和质量将影响生命周期后续各时期的数据状态。如图 8 – 3 所示，数据源和数据采集方式的不同将影响政府开放数据的完整性、原始性、准确性、真实性和一致性。

政府数据的不同来源，影响了政府数据采集呈现的不同方式。我国政府数据类型包括各级政府部门数据、各类实时监测数据、网络数据和业务数据，主要来自各级政府部门数据库，这也是最传统的政府数据来源渠道[1]。数据采集方式包括软件接口对接方式、开放数据库方式和在线直报采集方式等。软件接口对接方式需要各软件方提供数据接口，在双方工程师的配合下完成，实现数据汇集。这种方式获得的数据可靠性较强，一般不存在数据重复的情况，但工作量较大并且耗时长。开放数据库采集可以直接从目标数据库中获取数据，准确性和实时性都

---

① 黄静，周锐. 基于信息生命周期管理理论的政府数据治理框架构建研究［J］. 电子政务，2019（9）：85 – 95.

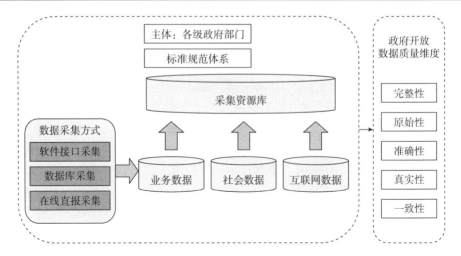

图 8 – 3　政府开放数据采集流程对数据质量的影响

很高，是最直接的一种方式，但是会存在安全风险。另外，不同类型数据库之间的连接比较麻烦，对技术要求较高。在线直报采集方式可分为两种类型：人工上传和系统直采。前者涉及的数据对象一般是统计数据，也是目前政府数据开放平台普遍存在的方式；后者针对的数据对象是基础数据，直采系统采用接口对接的方式直接上传数据，不经过人工，直接采集原始数据。两者相比，直采数据在原始性和真实性方面更为突出，数据利用价值更高。

与传统政府数据管理不同，政府开放数据的数据源呈多源异构特性，数据采集的方式内容也发生了改变[①]。参考 DataONE 科学数据生命周期管理模型中对于数据采集的要求，即创建统一的数据采集模块，描述数据文件内容、使用工人元数据标准、确保格式一致、使用纯文本字符描述变量名称、使用稳定非专有软硬件、分配名称、保留原始数据、创建参数表及站点表。提高数据采集的完整性，包括数据采集时间段的完整性、数据属性值的完备性、数据值的无缺失等方面；加强数据采集平台建设，提高数据采集的原始性、准确性和真实性；政府部门对采集的数据需进行审核校对，确保同构/异构来源数据的一致性、数据格式的一致性、数据编码的一致性等数据一致性内容[②]。通过控制数据采集方式，控制数据采集环节，对数据采集质量进行管控，严格控制手工输入的源数据，防止错误

---

① 洪学海、王志强、杨青海. 面向共享的政府大数据质量标准化问题研究 ［J］. 大数据，2017，3 （3）：44 – 52.

② 张楠. 基于生命周期的政府开放数据质量管理研究 ［D］. 郑州：郑州航空工业管理学院硕士学位论文，2020.

数据的产生，减少问题数据向下一阶段的输入。从数据生成初期进行管理，提高政府开放数据质量。

3. 数据处理

数据处理是为数据发布开发做准备的，原始数据来自各个业务系统，指标口径对不上，总会出现不一致、重复、不完整、错误或异常（偏离期望值）的数据，这些问题都需要通过数据处理来解决。在数据处理阶段，数据管理部门需要知道数据处理的标准，保证数据的一致性；对输入错误的数据进行阶段性检测，确保数据的准确性、完整性；保持处理流程一致，按照标准的处理流程，如统一的清洗规则等。数据处理一般由第三方技术服务商负责。该阶段包括数据清洗、数据脱敏、数据关联和数据转换等操作。

（1）数据清洗。

数据清洗是指利用现有的数据挖掘手段和方法清洗"脏数据"，将"脏数据"转化为满足数据质量要求或应用要求的数据的过程。它是发现并纠正数据文件中可识别的错误的一道重要程序。

多样的数据采集方式会导致数据源出现噪声、数据值缺失、数据冲突等质量问题，因此需要对采集到的数据集进行清洗，以保证数据开放利用的准确性和可用性。数据清洗的目的是提升数据质量，得到高质量数据，从而使数据发挥更大价值。

数据清洗包括对数据的缺失值处理、重复值处理、异常值处理、不一致值处理和丢失值处理，数据清洗处理有利于提高数据的一致性、准确性、真实性和可用性等方面的质量[①]。

（2）数据脱敏。

数据安全性与数据质量之间有着密切关系，在政府数据开放实践中，由于考虑数据安全性，政府部门通常会尽量限制数据开放，其结果导致开放的数据大多不具有利用价值，更多的数据依然是存放在政府部门自己手中，这与政府数据开放工作初衷严重不符。为了使更多的数据能够面向用户开放，而又不影响个人隐私和国家安全，开放的数据必须进行脱敏处理，使之符合开放标准。

数据脱敏的实质是通过构建严格的数据审查标准，制定统一的数据脱敏处理标准规范等进行数据变形，实现对隐私数据的保护，从而可以安全使用脱敏后的数据[②]。数据脱敏处理不仅要确保去除敏感信息，而且还需要在脱敏处理成本和用户的业务需求之间取得尽可能多的平衡。

数据脱敏的基本原则是从数据中去掉敏感信息，以保证数据使用的安全性，

① 莫祖英. 大数据处理流程中的数据质量影响分析 [J]. 现代情报，2017，37（3）：69-72，115.
② 黄如花，刘龙. 我国政府数据开放中的个人隐私保护问题与对策 [J]. 图书馆，2017（10）：1-5.

这是数据脱敏的基本要求，处理后的数据中将无法获取敏感信息。为不影响数据的原始性，脱敏后的数据在去除敏感信息后要尽可能多地保留数据的原始信息，以减少脱敏过程对数据完整性的影响。确保数据脱敏过程可以由程序自动执行并且可以重复。在不影响脱敏效果的前提下，还要注意平衡脱敏强度和成本，并在一定的时间和经济成本内控制数据脱敏工作。脱敏处理的效率是在确保安全性的前提下，尽可能降低数据脱敏的成本。

数据脱敏处理是实现数据开放利用的前提，是保障数据使用安全性的手段；脱敏处理影响数据的完整性，从而影响数据的分析结果；脱敏处理的效率影响数据的时效性，尤其是对时效性要求强的数据，在进行脱敏处理前需做好合理规划，衡量时间和精力的成本投入与数据利用价值间的关系，确定数据脱敏处理是否具有实际意义。

（3）数据关联。

来自不同政府职能部门的数据集不是完全独立的，它们之间存在着各种各样的关系。而开放数据具有非专有、免许可的特点，将这些数据集进行关联，将会产生更多有价值的信息。通过数据关联，对数据进行对比分析，可以有效解决"数据孤岛"的问题及各种数据利用分析挖掘的限制。

对于用户而言，目前政府数据缺乏基本的关联对比分析。例如，从财政局和工商局拿到的关于企业信息的数据不一致，使用者不知道以哪个为标准。而对于数据管理者（云上贵州系统平台），顶层涉及中数据标准不统一，如人社部门，它的数据统计口径和公安统计数据的口径不一样，由于标准不统一，在后续的数据利用过程中将存在许多问题。用户眼中理想的政府开放数据是希望从一个统一的可以保证质量的平台拿到的数据，对于有冲突的数据可以先进行关联分析。数据关联将反映数据质量的一致性和可用性。

政府开放数据来自不同的政府部门，各部门使用的数据存储系统是独立而无关联的，数据的格式、结构等都是不统一的，数据理解和关联分析上存在很多亟待研究和解决的问题。

（4）数据转换。

数据在从原来的平台向政府数据开放平台抽取时，由于平台不同，使用的技术不同，抽取的数据需要进行数据转换调整数据格式，使之适应新平台的存储要求。例如，原来政府部门存储数据使用的是传统关系型数据库 Oracle，现在需要向新构建的政府数据开放平台（大数据平台）传递数据，大数据平台通常使用的技术是 Hadoop，因此，数据在新平台进行存储前需要进行数据格式转换。

数据转换处理包括基于规则或基于元数据的转换、基于模型和基于学习的转换等技术，通过转换实现数据统一，此过程有助于提高数据的一致性和可用性。

4. 数据存储

政府开放数据的存储方式主要有两种：一种是政府部门自己保管，数据存储在自己部门的系统内，通常由单位的技术部负责；另一种是政府选择第三方技术服务商进行合作，也就是通常说的软件集成商，由他们负责平台的搭建和各种技术服务[①]。

在我国政府数据开放工作的推进过程中，目前，政府与企业合作的方式是主流方式，新平台建设都是为了集中各部门数据统一管理，从而实现政府数据开放。但实现数据的统一管理需要一个过程，因为某些传统部门，如社保部门，它们的系统已经建设使用许多年，其中积累大量数据，无法短时间内实现数据转移，需要一个平滑过渡期。所以，短时间内一些政府部门的数据依然要存放在自己的系统内。

数据由各政府部门独立存储，会造成"数据孤岛"的情况。数据存储管理平台的多样化导致数据分散存储，部分属于业务交叉范围内的数据很可能会被重复存储，不便于用户的一站式获取的同时提高了数据开放基础设施的建设与维护成本。政府部门一般都存在技术人员短缺、运营经费有限等情况。各部门在数据收集存储方式、技术水平和管理方法方面的不同，对数据存储和利用都会造成影响，严重的会影响到数据的准确性和安全性。而另一种情况，在政府与企业合作过程中，一旦企业违背与政府合作的协议，出现违规使用数据等情况，将对政府数据的安全性造成很大威胁。因此，政府在选择企业合作时需特别注意。

数据处理后进行数据存储，以便后续进行数据管理。数据存储平台借用存储器将处理后的数据存储到相应的数据库，从而进行数据的管理和调用。数据库的存储容量决定了数据的安全性，并影响数据的利用效率。由此可见，政府必须完善数据存储平台建设，充分考虑数据的存储技术，提高数据的安全性。目前，主流的大数据平台采用的技术是 Hadoop，存储数据库有 Hive、Hbase 等，虽然被广泛应用，但在功能和稳定性等方面还有待进一步完善。

5. 数据发布

该阶段的主体是政府部门。政府开放数据主管部门需要不断改进数据开放的统一格式和开放标准，并最大限度地释放公共部门拥有的大量数据源。政府开放数据平台的开放内容包括数据、接口和应用程序。功能包括根据内容主题和发布机构提供搜索索引，并为开发人员提供围绕数据下载和操作的 API 接口。开放数据的内容和格式影响数据的可用性。政府公开数据的发布方式包括直接发布和间接发布。直接发布是指该平台从各个部门收集数据进行统一发布；间接发布意味

---

① 曹惠民. 我国政府数据资源开放过程中的风险治理策略研究 ［J］. 中国延安干部学院学报，2019，12（5）：101－109.

着平台仅提供实际数据的目录链接。美国的开放数据平台主要采用直接发布的方法。用户可以直接访问和下载平台上各个部门提供的数据集。该方法方便用户直接访问，但缺点是数据更新滞后且及时性差。英国开放数据平台主要采用间接发布方式，在平台上仅提供每个数据集的简要介绍，如标题、来源、主题、更新时间等，访问原始数据需要链接到数据提供者的网站，此方法可以更好地确保数据集的及时性，但对于用户直接访问数据集不方便①。例如，贵州省政府数据开放流程为，数据所属单位提交开放申请，省大数据局负责审核上传平台，关于数据的格式质量审核，实行谁拥有谁负责。

作为责任主体，政府在实施数据发布前，一定要明确数据分类分级标准，严格按照标准执行。数据质量主管部门应成立工作督查机制，对数据发布工作进行有效监督。

6. 数据利用

（1）数据获取。

数据利用阶段的主体是用户，用户获取数据是数据利用的前提。政府应促进用户访问并将数据访问限制在可控范围内。为了方便用户访问获取，政府首先要加强政府门户网站的数据资源组织。例如贵阳市政府数据开放平台，数据按主题分类 20 项，按行业分类 21 项，按领域分类 14 项，并设置 7 个专题场景，用户可根据需要查找所需数据。另外，为用户提供专业和多样的数据利用服务，提高用户获取数据信息的效率，如数据检索、查询、下载、分析、统计和应用等服务。为用户提供多种获取数据的途径，如门户网站、各种 APP、新闻发布会、微信、微博等。通过数据服务理念和技术手段的投入，让用户更好地找到和利用他们所需要的数据，通过各种方法提高用户数据获取的效率，有利于提高数据的可获取性和时效性。

（2）数据使用。

我国在战略层面上提出了促进政府数据开放与共享的要求，原则上对于开放的数据不会制定使用程序，用户可以随意使用，没有程序或规定。但是，在司法层面，没有及时跟进个人隐私的定义和关于保护个人隐私权的法律规定，很难在数据开放和隐私保护问题之间取得平衡。另外，我国大多数数据开放平台都使用"网站声明"或者"版权声明"来规定用户使用开放数据资源的许可权限，并且有一些条款规定用户不能转载和复制网站上的数据，对开放数据使用的高度限制

① 王卫，王晶，张梦君. 基于数据生命周期的政府数据开放平台框架构建研究［J］. 图书馆理论与实践，2019（3）：107－112.

与政府数据开放的原则出入很大①。

在面对用户使用时，政府开放数据存在很大的安全风险。数据使用的风险主要是由于用户对政府数据信息使用不当，或者非法和恶意使用政府数据资源给国家和社会带来实际或潜在的损害。政府数据资源的用户是多样化和复杂化的，其中有个人，有组织，有国内用户，有国外用户。对于开放数据，管理主体很难分辨使用数据的不同用户的意图是好是坏。如果没有适当的控制机制，恶意使用数据将会给国家和社会造成很大损害。

完善的许可机制是深度利用开放数据资源的重要前提，在法律授权协议的指导下，对数据使用和重用过程中的限制进行了规范。用户拥有使用所获得数据的有限权利，并应履行相应的义务。在规章制度方面，可以通过签订协议、授权使用等方法为用户安全使用数据提供保障。在法律方面，对用户恶意使用数据，应按对国家和社会造成的不良影响的大小划分轻重等级，并制定对应的处理办法，轻者警告，重者需进行刑事处罚。在技术方面，可以在开放数据里面隐藏数字水印，将来数据不管怎样传播、使用，都可以通过数字水印这项技术进行追溯。

在政府数据开放实践中遇到的最大难题就是如何处理数据开放和数据安全性的矛盾。为了最大限度地开发政府数据资源的社会价值，要求尽可能多地开放数据，而实际中政府各部门又陷于数据开放使用安全性考虑的障碍中。目前，关于政府开放数据，除完全开放的数据用户可以免许可使用外，对于具有使用风险的数据需用户依申请获取使用。例如，贵阳市政府数据开放平台，数据申请需提供申请人信息（包括姓名、职业、证件信息、联系方式）和申请内容（包括需求内容、数据用途、应用成果、受理部门等信息）。

7. 数据再生与消亡

该阶段的主体是数据用户，数据用户决定了数据再生或消亡的生命过程。政府数据具有大数据特征，随着时间的推移，数据量会越来越大。对于政府开放数据的管理可参照档案管理办法，没有利用价值的数据，可依据相关准则，科学、理性、规范地进行删除和销毁，以释放存储空间；对于经过利用加工，获得新的价值和生命的数据，将实现"再生"，然后进入另外一个新的生命周期的开始阶段，实现再生和新的循环。通过不断地对政府开放数据进行价值评估，判断其使用价值，对不同价值的数据采取不同的处理对策。完善的政府开放数据价值评估体系的构建在该阶段具有一定的必要性，而合理的数据管理办法是数据可持续发展的保障。

---

① 黄如花，赖彤.数据生命周期视角下我国政府数据开放的障碍研究［J］.情报理论与实践，2018，41（2）：7–13.

（四）基于生命周期的政府开放数据质量管理模式构建及运行分析

1. 模式构建

模式是一种可以复制使用的解决某一类问题的方案，它有设计好的结构，简洁清晰的逻辑表达各环节的关系。成熟的模式可以反复使用，用来处理同类的问题，有助于高效完成任务。管理模式是在管理理念指导下建构的，是由管理方法、管理模型、管理系统、管理工具、管理程序组成的管理行为体系结构①。基于数据生命周期理论，结合前文对政府开放数据生命周期各阶段质量管理的分析，构建基于生命周期的政府开放数据质量管理模式，如图 8-4 所示。

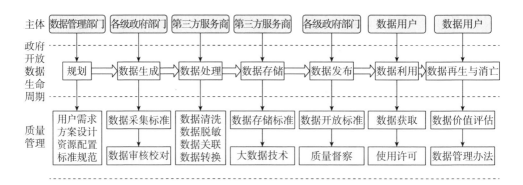

图 8-4　基于生命周期的政府开放数据质量管理模式

2. 模式运行分析

基于生命周期的政府开放数据质量管理，是指为了满足数据利用的需要对政府开放数据生命周期各阶段进行规范化管理，包括建立模式化的操作规程，数据校验，错误信息的反馈、矫正等一系列的过程。模式的运行需要明确责任主体，集成各管理要素，依据生命周期管理模式，对政府开放数据质量进行有效管理，将数据质量的管理贯穿于数据生命周期全过程。模式的运行分析如下：

（1）数据质量评估维度。

在进行数据质量管理时，首先需要知道什么是质量高的数据、从哪些方面进行评估、指标是否可以量化、测量标准是什么。在数据质量管理时，必须提前确定从哪些指标入手进行质量管理，并且指标是具有测量标准的。例如：完整性，数据是否按照标准规范是完整无缺的；时效性，制定时间标准，通过对比数据采集、处理、发布的时间确定时效性的强弱；规范性，数据是否按照标准格式规范

① 马海群，江尚谦. 我国政府数据开放的共享机制研究［J］. 图书情报研究，2018，11（1）：3-11.

存储。将指标的测量融入平台设计中，开发平台质量管理功能，依靠平台进行数据质量控制和检测。

（2）数据稽核。

表示对数据的考察审核。通过制定稽核策略来实现数据的完整性、一致性、准确性检测。根据稽核策略制定稽核的标准，为数据稽核提供参照依据，也就是稽核规则。

政府开放数据质量管理是从规划、生成、处理、存储、发布、利用、再生与消亡生命周期的每个阶段里发现问题，进行识别、度量、监控、预警等一系列活动。数据稽核即是对数据从采集处理到比对分析、预警通知、问题修复的数据质量管控过程。为提高政府开放数据质量，数据管理部门需定期更新维护数据字典，将错误的信息、路径、检测方法记录下来，这样可以出具数据质量控制报告，从而降低问题数据的数量。

由质量管理模式可以看出，在政府开放数据生命周期之初，数据质量管理部门需做好统筹规划，做好用户需求调研、管理方案设计、资源合理配置、建立标准规范。成立合理的组织机构，明确数据质量管理生命周期各阶段的责任主体，建立政府开放数据质量管理主体责任制。制定政府开放数据质量管理制度，加强相关政策法规建设，使各阶段数据质量管理有法可依、有章可循。加快平台建设，为政府开放数据质量管理提供技术支撑。

三、我国政府开放数据质量管理问题分析及对策

贵州省是我国建设的首个国家级大数据综合试验区。贵州省以"云上贵州"平台为载体，汇聚全省各级各部门政府数据于此，实现贵州全省政务数据统筹存储、统筹共享、统筹标准和统筹安全，为数据资源共享开放奠定基础。

2014 年 10 月 15 日"云上贵州"系统平台上线运行；2016 年 9 月 30 日贵州省政府数据开放平台正式上线运行；2019 年 12 月 31 日，贵州省政府网站实现 100% 整体迁移上线、域名集中、数据资源归集。贵州省在政府数据开放方面投入很大，做了许多探索和实践，并取得了一定成绩，对其研究可以帮助我们更好地了解政府数据开放工作。

（一）我国政府开放数据质量管理问题分析

贵州省政府数据开放工作取得了显著成效，但在我们的实践调研中发现，贵州省在开展政府数据开放过程中也存在许多亟待解决的问题，尤其在针对政府开

放数据质量管理方面，还存在许多欠缺。结合本章的研究内容，基于生命周期的政府开放数据质量管理，分析贵州省政府数据开放过程中存在的质量问题，帮助我们了解政府开放数据质量管理生命周期阶段中需要特别注意的方面。经过实践调研，贵州省政府开放数据质量管理过程中存在的质量问题主要有以下三个方面：

1. 缺乏需求分析

从贵州省政府数据开放实践过程中观察，目前，政府所做的数据开放工作并没有进行足够的需求调查，需求考虑不足。政府数据开放缺乏需求调研，政府各职能部门作为政府数据开放的主体，按照数据开放目录，多采取被动执行，多数单位并不明确本部门该开放哪些数据。自上而下，主观的政府数据开放并没有得到用户的认可，尤其是从事大数据分析的数据企业普遍认为，目前政府开放的数据没有太多实际价值。

2. 标准规范不统一

实地调查中发现，政府职能部门在政府数据开放工作的推进过程中遇到许多阻力。有人认为，平台的顶层设计过于理想化。由于行业不同，原来各个政府部门都有自己的数据标准，彼此不同。"云上贵州"系统平台对垂直部门了解不足，设计平台的人对各个行业数据并没有深入了解。一般性的了解设计出的平台，在数据的划分和上传标准上与实际业务存在出入，导致很多部门的数据上传不了。例如，"云上贵州"系统平台和贵州省统计局在数据描述、数据格式和分类标准上存在不同，两者标准不一样，实施过程中将存在困难。又如，贵州省统计局数据开放共分四级，分别为红、橙、黄、绿，具体划分由各专业部门自己设定。而大数据局要求的开放标准分三级。这就导致在数据分级筛选时出现不统一的情况，影响数据完整性。每个数据行业都有自己的标准，差异性问题需要大数据局统筹解决，将各个部分差异性和共同性区分出来，便于深入指导各职能部门开展数据开放工作，但目前还没有相关的具体措施。

数据采集环节影响数据质量问题多是由操作流程不规范所致。例如，"云上贵州"系统平台没有原始数据，全是统计数据。基础数据在填写时，由于流程不同，会造成一定的数据误差，影响数据的准确性。又如，有的统计数据是先进行四舍五入再汇总，有的先汇总数据再四舍五入，会出现不同系统出来的数据有误差。这就是数据处理流程不统一造成的数据质量问题。此外，一些数据可以放到开放平台上，按照开放标准需要人工填写这些数据，由于开放标准脱离业务实际，实际工作中没有符合标准的数据，在上报过程中会出现虚假上报的情况，导致数据被污染。这就造成了很大的数据质量问题，影响数据的真实性。

3. 尚未统一开放平台

关于贵州省政府数据开放，"云上贵州"平台总体设计中提到：依托云计算及大数据技术构建支撑全省各级政府及行业领域信息化的"云上贵州"平台，要为贵州省大数据产业发展夯实信息化基础，坚持统一系统平台和政府数据统一存储、政府数据统一管理、系统平台统一运营的"四个统一"原则，推进政府数据资源整合、共享、开放和利用。"云上贵州"系统平台提供系统平台云服务、数据共享平台、数据开放平台和云上贵州 APP 四项产品服务。贵州省政府数据开放平台于 2016 年 9 月 30 日正式上线，截至调研时间（2020 年 3 月 15 日）平台显示发布数据量只有 1522 条，发布文件 1358 个，开放部门总数 68 个，市州总数 10 个，而更多的开放数据还是发布在各市州平台。例如，贵阳市政府数据开放平台已发布开放 12550119 条数据、2806 个数据集、397 个 API、47 个市级部门。由此可见，贵州省政府数据开放并没有实现统一平台发布，域名的集中并没有实现数据统一管理，无法进行数据关联，并没有抓住政府数据开放工作实质。

（二）我国政府开放数据质量管理建议与对策

随着大数据时代的到来，大数据技术的快速发展，大数据的价值日益突出，这也促使政府数据开放工作成为当下国家重要实施项目，而围绕政府数据开放工作的相关研究也成热门方向。从 2015 年国务院发布《促进大数据发展行动纲要》至今，我国掀起了关于政府数据开放共享的实践和研究热潮，从中央到地方，政府数据开放工作在全国范围内迅速推进，而在推进过程中政府数据开放工作遇到许多阻力和问题。通过实践调查和文献分析，政府数据开放工作面对的关键问题即是数据质量问题。前文通过对国内外研究文献进行分析，了解目前与政府数据开放质量有关的研究方向，结合贵州省政府数据开放实践，重点分析在政府开放数据生命周期各阶段存在的质量问题，探索构建基于生命周期的政府开放数据质量管理模式。通过对政府开放数据管理模式运作分析，了解政府开放数据质量管理要素内涵及对数据质量的重要性。本小节基于生命周期的政府开放数据质量管理的研究得到的关于我国政府开放数据质量管理的建议可以总结如下：

1. 加强用户需求调研

实施政府数据开放的目的是方便社会获取利用数据、开发数据潜在价值、实现数据价值最大化。政府开放数据质量管理的研究也是基于满足用户对数据的需求。因此，用户需求研究是基础，是基于生命周期进行数据质量管理需要考虑的第一步。只有对用户需求进行深入调查分析，才能正确指导数据采集、数据处理、数据开放等后续各项工作。

Zuiderwijk 等[①]通过准实验方式评估了政府开放数据架构中数据质量指标和用

---

① Zuiderwijk A, Janssen M. Open data policies, their implementation and impact: A framework for comparison [J]. Government Information Quarterly, 2014, 31 (1): 17 – 29.

户参与机制的重要性和有用性，研究表明，在政府开放数据门户中增加信息讨论、社交分享、评论等功能，可有效提高政府数据开放用户参与度和数据质量。用户信息收集可以帮助平台掌握开放数据的利用情况，获得政府开放数据利用的反馈信息，可以作为政府数据开放工作调整的依据。用户在政府开放数据质量管理中起着关键作用，在质量管理模式中需将用户需求分析作为重要考虑因素，将用户需求调研纳入部门业务范围内，建立工作流程和考核标准，促进该项工作推进。

2. 完善和细化政策法规

制度一般是指要求大家共同遵守的办事规程或行为准则。不同行业、不同部门、不同岗位都有其做事的具体准则，其目的是使各项工作计划都能落实到工作实际中。

政策法规的建设是保障政府开放数据质量的重要措施。建立坚实的政策保障机制，有利于破除制约数据开放的瓶颈和障碍。基于数据生命周期构建的政府开放数据质量管理制度体系需渗透到数据管理流程的各阶段和各要素中，即政策体系内容包括生命周期各阶段的管理制度。政府数据质量政策，如数据质量法、数权法；数据安全与个人隐私政策，如网络安全政策、个人隐私保护政策、国家安全信息分类政策；数据基础设施政策，如开放数据平台政策等；数据开放实施政策，如资金投入政策、人才培养政策等。

3. 建立统一的标准规范

制定统一的标准规范。数据标准规范的统一对政府开放数据质量管理非常重要。数据生成、数据处理、数据存储、数据发布过程都依靠数据标准来实施质量管理。

由于政府部门不具有独立的信息技术能力，当前，我国政府数据开放平台建设都是政府选择第三方技术服务商合作。服务商之间并没有统一的数据标准，在没有统一标准规范的情况下，各政府部门、各服务商自主选择，结果导致数据格式、数据标准不统一。因此，必须制定数据标准规范。

具体的制定方法是在国家信息部门的领导下加强顶层设计，吸收互联网公司和供应商在数据利用方面的经验，然后制定出符合中国实际的开放数据的统一规范标准。同时，加强对这些企业的培训，并向全社会推广相关技术规范和标准，使之普及整个社会。此外，工商部门制定企业相关行为规范，要求相关企业参照相关标准，推进政府数据开放进程。

数据标准在各地最终的执行结果是不一样的，存在着或多或少的差异，这个目前看来是普遍存在的现实问题。但是，数据标准的制定是有价值的，它减少了消除"信息孤岛"的部分工作量。目前，国家公共开放平台正在规划建设中，将来各地方、各领域数据需要统一向国家平台进行传送，不统一的标准规范势必会造成数据混乱，数据格式、数据口径的统一又将耗费大量人力财力，因此制定数据标准的工作应该加大力度、加快速度。

4. 加快政府数据开放平台建设

建立统一的政府数据开放平台。统一的政府数据开放平台是发布信息、实现政府与公众互动的物质载体。由前文分析可知，政府开放数据的采集、处理、存储、发布和利用都需要借助数据平台来实现。

关于数据开放平台的建设，首先要及时收集政府各个部门的数据资源，加强体制机制建设。数据来源包括现有的网络目录、简单的 HTML 索引页、Web 访问的活页夹等，这为建立统一的政府数据开放平台提供了数据基础。其次，运用信息技术对采集到的各类数据进行分类处理，统一数据标准规范和数据传递口径，实现数据在不同数据库之间无缝链接，以方便企业和公众可以顺畅地查询、下载、分析和利用。再次，统一数据开放平台的建设应方便公众访问平台和查询相关数据，以满足政府与公众之间的互动需求，提供数据统计、数据可视化等各种相关应用工具。最后，政府部门不仅要做好及时发布数据，还要及时更新数据，做好后期维护管理工作。建立与用户互动交流的渠道，分析研究用户使用数据情况，了解公众对开放数据的实际需求，利用反馈的数据信息指导政府开放数据规划工作，提高和改善数据质量和平台建设。

5. 完善数据人才支撑体系

政府开放数据质量管理的环境非常复杂，对人才需求要求也很高。了解数据生命周期各阶段数据质量特点以及涉及的数据管理活动，是目前政府部门工作人员迫切需要的能力。明确政府开放数据质量管理工作的内设机构，建立专人专岗管理制度，定期对相关工作人员开展专业技术培训，提高其业务和技术能力。

加强对数据人才的培养力度，建立健全人才培养体系，才能不断地为政府部门输送人才。建立科学的培养机制，为政府培养出不同方向、不同层次的大数据人才。大数据人才在培养过程中，应注重学习当下最前沿的理论知识和技术，如云计算、人工智能、物联网等。同时，要注意着重培养大数据人才的实践能力和创新能力。

另外，高校作为教育培养的主体，应建立全面的数据管理与数据素养课程体系，全方位地开展数据人才的培养。建立贯穿政府开放数据全生命周期流程的教学体系，提高政府数据开放主、客体的数据意识和操作能力。加强各高等院校与阿里巴巴、腾讯、华为等拥有高新技术能力的企业的合作，共同培养数据人才。

政府通过主动举办各种数据应用方面的活动，吸引来自各方的大数据人才。例如，中国国家大数据产业博览会，自 2015 年创办以来，不断吸引越来越多的数据人才加入，也引起了全国范围内各领域对数据管理、数据分析、数据应用的关注。另外，像贵阳市在数据开放平台上发布的贵阳市政府开放数据应用产品征集活动，通过鼓励社会对政府开放数据的开发利用，吸引大数据人才加入政府数据开放工作的队伍中。

四、政府开放数据质量管理中数据安全性与成本效益分析

在大数据环境中，信息系统涉及复杂的信息交换，常常从外部采集异构的、非结构化的数据进行操作。因此，如果不控制流程和信息输入的质量，跨信息系统流动的总体数据质量可能会随着时间的推移而迅速下降。此外，大量数据的持续收集、数据源的多样性、"移动中"数据的处理等，都对大数据质量及其应用产生了很大的影响。大数据环境所施加的约束对数据质量和分析应用提出了许多挑战。大数据固有的不一致性、不完全性以及准确性和可靠性方面的不确定性，使通过大数据分析产生有效见解的最终目标尚未完全实现。

大数据质量管理是以面向大数据应用的高质量水平为目标，通过系统方法，依靠必要的组织结构，把各部门、各环节的质量管理活动严密组织起来，实现数据质量管理的有效运行。本节从大数据固有的不一致性、不完全性等本质特性出发，立足于大数据质量管理实践，分析大数据质量管理过程中产生的两大矛盾，即大数据质量管理与数据安全性、数据成本效益之间的矛盾与冲突。数据安全性存在于大数据质量管理过程之中，是大数据质量管理要求对所有数据方便灵活实时的访问造成的，故数据安全性与大数据质量管理之间存在一定的互逆、矛盾关系。而在大数据质量管理的成本效益方面，需要衡量改进质量中获得的价值和改进质量所涉及的成本，使经济效益最大化，这可能与实现高数据质量水平的目标相冲突。本节通过对这两对矛盾的深入分析，为实现大数据质量管理效益最大化提供建议与对策。

（一）国内外大数据质量管理研究现状

目前，国外关于大数据质量管理的研究主要集中在两个方面：①大数据质量保证研究。Roger Clarke[①]通过分析大数据安全应用程序的质量保证，阐明大数据

---

① Clarke R. Quality assurance for security applications of Big Data［C］//2016 European Intelligence and Security Informatics Conference（EISIC）．IEEE，2016：1–8.

流程风险评估和风险管理的关键要素，构建出质量保证框架。Jerry Gao 等[①]讨论了关于大数据验证和数据质量保证的基本概念、验证过程、验证工具、应用案例等，并分析了大数据质量保证存在的问题、挑战和需求。Yuxin Wang 等[②]采用会计中的价值周期方法探索了国际供应链中的数据质量保证方法，并根据真实案例描述了一个典型应用场景，论证其可行性和有用性。Doyoung Lee[③]从数据质量保证的角度分析计量关键概念的变化解释，提出了"数据可追溯性"和"数据质量评价矩阵"等指标，以构建基于数据溯源的大数据质量保证。②大数据质量评估与管理研究。Paolo Ciancarini 等[④]通过意大利五个宪法机关发布的开放数据质量这一实证分析，提出开放数据标准及数据质量模型。Anne Immonen 等[⑤]分析了如何在大数据架构中评估社交媒体数据质量，并以一个工业案例为例进行了实证分析。Li Cai 等[⑥]从用户角度提出了分层的数据质量框架，包括大数据质量维度、质量特征和质量指标，并构建了数据质量的动态评估过程。

国内关于大数据质量管理的研究主要有三个方面：①基于技术视角的研究。杨冬菊等[⑦]提出了基于元数据模型控制的 ETL 集成模型，并通过数据集成实例分析，验证了此方案的有效性。周游[⑧]提出一种基于加权打分机制的关系模式匹配算法，设计了一个原型系统，并通过模式转换服务来展示算法的效果。江艳[⑨]设计并实现了山东移动 HRMS 数据质量管理系统，包括数据规范管理、信息分专业管理、数据核查管理、通知预警管理和质量统计分析等功能，有效保障了山东移动 HRMS 数据质量和数据安全。②基于法律视角的研究。翟凯等[⑩]认为目前对数

① Gao J, Xie C, Tao C. Big Data Validation and Quality Assurance—Issuses, Challenges, and Needs [C] //2016 IEEE Symposium on Service – oriented System Engineering (SOSE). IEEE, 2016：433 – 441.

② Wang Y, Hulstijn J, Tan Y H. Data quality assurance in international supply chains：An application of the value cycle approach to customs reporting [J]. International Journal of Advanced Logistics, 2016, 5 (2)：76 – 85.

③ Lee D. Big Data Quality Assurance through Data Traceability：A Case Study of the National Standard Reference Data Program of Korea [J]. IEEE Access, 2019 (3)：36294 – 36299.

④ Ciancarini P, Poggi F, Russo D. Big data quality：A roadmap for open data [C] //2016 IEEE Second International Conference on Big Data Computing Service and Applications (Big Data Service). IEEE, 2016：210 – 215.

⑤ Immonen A, Paakkonen P, Ovaska E. Evaluating the Quality of Social Media Data in Big Data Architecture [J]. IEEE Access, 2015 (10)：2028 – 2043.

⑥ Cai L, Zhu Y. The Challenges of Data Quality and Data Quality Assessment in the Big Data Era [J]. Data Science Journal, 2015 (2)：97 – 181.

⑦ 杨冬菊，徐晨阳. 大数据环境下基于元模型控制的数据质量保障技术研究 [J]. 计算机工程与科学，2019 (2)：197 – 206.

⑧ 周游. 面向模式自动转换的数据质量保障算法 [D]. 哈尔滨：哈尔滨工业大学硕士学位论文，2018.

⑨ 江艳. 山东移动 HRMS 数据质量保障系统的设计与实现 [D]. 济南：山东大学硕士学位论文，2014.

⑩ 翟凯，何士青. 论大数据质量的法律保障：困境、变革与新塑 [J]. 青海社会科学，2020 (2)：172 – 180.

据质量的权源问题讨论较少，主要原因在于缺乏一套成熟的数据质量法律标准与评价，提出大数据质量的法律保障可通过构建大数据质量法律评估框架模型，并配以动态的数据质量法律评估流程，更准确合理地审定相关领域法律适用中的数据质量运用水平。茅伟①从统计立法、普法、执法、依法治理四个方面探索了统计数据质量保障机制，提出以法治思维和法治方式提升统计数据质量。③不同应用领域的研究。刘文云等②从质量控制的数据权限、数据安全和用户需求三个方面提出了基于控制论的政府数据开放保障机制。程开明等③从统计业务流程视角提出其设计框架及企业一套表质量管理体系，并提出数据质量保障措施。王正青等④归纳总结了美国依托保障政策、质量文化、技术保障、人员发展等措施的教育数据质量管理保障机制。战蒙蒙⑤以"采油厂数据库质量控制系统"为背景，采用 DAIC（Define – Assess – Improve – Control）质量控制方法定义整个数据质量管理体系，并进行设计与实现。

对比国内外相关研究可以发现，国外研究主要围绕质量保证、质量管理等构建框架与模型，并通过案例分析进行论证，强调了理论与实践相结合。而国内研究则侧重于某一角度的研究，如技术角度、法律角度等，同时，侧重于质量管理与保障体系在不同应用领域的具体研究，更有针对性。

（二）数据质量管理与数据安全性

数据质量和数据安全是政府开放大数据应用过程中面临挑战的两个主要方面，表现为数据量大、数据异构、数据及其来源的可信度、数据收集和处理的速度等。总结大数据环境下政府开放数据质量管理系统面临的四个主要挑战，具体如下：

（1）高容量。

数据量非常大，很难在合理的时间内评估和改进政府开放数据质量。此外，数据量的不断增长要求实现一个可伸缩的解决方案。可伸缩性反映了数据质量技术以一种相关的方式处理越来越大、越来越复杂的数据集的能力。

---

① 茅伟. 统计法治对统计数据质量保障机制研究 ［J］. 统计科学与实践，2017（11）：47 – 50.

② 刘文云等. 政府数据开放保障机制在数据质量控制中的应用研究 ［J］. 情报理论与实践，2018（4）：21 – 27.

③ 程开明等. 完善统计数据质量的保障机制研究——基于统计业务流程视角 ［J］. 统计科学与实践，2016（9）：4 – 8.

④ 王正青，但金凤. 大数据时代美国教育数据质量管理流程与保障 ［J］. 现代远程教育研究，2019（5）：96 – 103，112.

⑤ 战蒙蒙. 油田开发数据质量保障体系研究与实现 ［D］. 大庆：东北石油大学硕士学位论文，2016.

（2）异质性。

大数据环境下产生的政府开放数据多是半结构化或非结构化的，其数据处理更复杂。理解非结构化数据之间的语义和相关性是一项困难的任务，而且将半结构化数据转换为结构化数据是非常困难或不可能的。

（3）数据变化。

由于数据变化非常快，很容易过时。如果不能及时收集所需的政府开放数据，可能会产生不必要的或误导性的结论，导致潜在的决策错误。

（4）数据安全性。

对所有政府开放数据方便灵活的访问是评估其质量和允许改进所必需的。数据安全性会使政府开放数据质量管理的过程变得更慢、更复杂。例如，隐私保护和机密保护机制可能成为数据访问的障碍。

政府开放大数据的高容量、异质性和数据变化快是其本质特性，给数据质量管理带来更多复杂性。而数据安全性则存在于政府开放数据质量管理的过程之中，是政府开放数据质量管理要求对所有数据方便灵活访问所造成的，故数据安全性与数据质量管理之间存在一定的互逆、矛盾关系。

政府开放数据质量管理系统中，数据安全性与数据质量管理之间的冲突主要体现在以下三个方面：

（1）灵活的读写访问。

受制于三个安全属性——保密性、完整性和可用性，进行系统之间交换数据等情况时常有无权访问的现象出现。但是，数据质量管理系统需要对所有数据进行灵活的读写访问，同时质量评估和改进也是基于灵活访问和读写数据技术的两个过程，而这可能会导致数据安全性问题。因此，数据安全性将是数据质量管理的障碍之一。

（2）一定的容忍度。

两个系统之间的冲突使得它们的实现更加复杂，需要考虑适应大数据环境的新的访问控制策略，并使数据质量流程能够在不损害数据安全性的情况下访问所需的数据。这种策略可以通过实现或扩展细粒度的访问控制模型来实现，如基于任务的访问控制、基于角色的访问控制、基于属性的访问控制、基于组织的访问控制、基于目的和角色的访问控制，等等。

（3）技术安全性和数据质量不兼容。

重复数据删除和数据加密是一个典型的例子。除释放存储空间和网络带宽外，重复数据删除的目的是确保数据的一致性，从而保障数据质量。此外，加密的目的是保护数据不受未经授权的访问。然而，传统的加密技术与重复数据的删除是不兼容的。具体来说，传统加密技术要求不同用户使用自己的密钥加密自己的数据。因此，不同用户的相同数据副本将导致不同的密文，使重复数据删除变得不可能。

总之，仅关注数据质量或数据安全会导致收敛问题。在这种情况下，以牺牲数据质量过程为代价来增强数据安全机制或采用某些安全性容忍度来提高数据质量是需要警惕的两种策略。因此，在确保"数据安全"的同时，解决制约"数据质量管理体系"建立的冲突，并对两种制度之间的相互影响作进一步分析研究。

（三）数据质量管理与数据成本效益

数据质量很少是完美的，尤其在政府开放数据环境下，在数据收集、存储、分析过程中，都可能会出现数据不准确、缺失值等问题。随着数据所描述的现实世界对象随时间推移而发生变化，其质量可能会进一步恶化。大量的研究强调了低数据质量对决策和绩效的负面影响，并确定了数据更新维护政策的必要性，以支持决策和有效预测。然而，值得注意的是，将数据保持在高质量水平需要花费大量的成本，这些成本与检测和纠正缺陷、设置治理策略、重新设计流程以及改进监视工具等工作相关。

从经济角度来看，政府开放数据质量管理中投入的各种成本是否通过提高决策水平、及时发现问题、有效预测分析等产生相应的效用价值和经济效益，实现投入产出的最大化，是数据质量管理系统的重要目标。通常一个组织会试图以最低的成本达到一定的质量水平，实现最佳数据效益。在考虑数据质量管理的成本—效益情况下，可通过不同数据质量维度之间的权衡来优化它们的配置，并通过成本—效益核算来改进数据处理与质量管理。基于成本—效益视角的数据质量管理，可建立基于不同数据质量级别的决策变量与经济效益（包括效用、成本、净收益等）之间的关联模型，通过模型对当前数据获取和维护策略进行改进，从而提高总体效益。

与由功能和技术需求驱动的数据质量管理设计相比，在经济驱动的评估过程中优化效用成本配置会导致不同的数据集设计与质量管理策略，可有效提高经济效益。不同数据质量维度之间的权衡与配置会产生特定的数据质量水平，从而影响数据环境中其他的数据质量决策，通过对决策变量的评估可提供数据维护和管理实践的改进建议，如改进现有数据集、制定新的质量改进政策等，还可提供如何通过更好地使用数据资源来改进业务效益的见解。通过评估不同决策变量的经济影响，可估计对数据质量配置的敏感性。这意味着需要以不同的方式管理某些数据子集，密切监视其数据质量，并可能重新定义它们的内容和获取方法。

需要注意的是，许多数据集中不同属性之间的完整性存在显著差异，因此针对不同的属性子集需采用不同的质量处理方式，以实现对每个变量进行优化。有研究表明①，数据质量和成本之间具有很强的和重要的联系，数据质量问题与较低的效用有很强的相关性。轻微地改进数据质量或保持原有数据集，涉及相对较低的成本。但要达到更高的质量水平，就需要以高得多的成本实施全面的质量管理。

总之，政府开放数据质量管理可从理解基于不同数据质量水平配置的决策和经济结果（效用、成本、净收益）之间的联系中获益。数据质量管理系统的实施常常涉及无形的成本，如与动机、技术采用、政治斗争等相关的成本，故数据质量管理配置的选择对效用—成本的权衡有很大的影响。

目前，数据质量管理领域的研究倾向于强调功能和技术角度，这对于成功的数据质量管理是至关重要的，但同时有必要系统地解决涉及数据质量管理配置和持续维护的经济方面的问题。政府开放数据质量管理是一个连续的过程，不是一次性的努力，这就更需要在管理政府开放数据资源质量时，纳入经济视角，实现效益最优化和数据的持续发展。

（四）讨论与总结

在实施政府开放数据质量管理过程中，还需从政府开放数据的安全性和成本效益性方面进一步保障政府开放数据质量在具体应用情境中的实用性和可操作性。通过成本效益分析可提供数据质量管理的最佳属性配置，以实现质量管理效益最大化；通过数据安全性分析，将安全性要求与数据可用性要求更好地融合，实现二者的均衡发展。

（1）构建数据安全系统。

数据安全管理贯穿于政府开放数据质量管理的全过程，旨在保护数据不被随意访问和更改，进而保证数据的保密性、完整性和可用性。具体分析如下：①在政府开放数据收集环节，从可靠的数据源收集数据并确保它们是安全的和受保护的；可对数据收集采取一些措施，如访问控制、敏感数据加密等。②在政府开放数据存储阶段，存储磁盘可能会受到攻击（如窃取、损坏等），或者出现对目标和数据载体进行未经授权的访问，可采用数据匿名化、分区和交换等存储保护技术。③政府开放数据分析阶段，需要一个安全的处理环境以防止数据被未经授权的实体访问，从而造成个人隐私信息泄露；如果数据的完整性受到攻击，其分析结果难以保证，甚至是错误的。④政府开放数据访问的安全保护是对分析结果中敏感信息的保护，其安全风险主要有数据泄露、对个人隐私的威胁等，可采用有

---

① Even A, Shankaranarayanan G, Berger P D. Evaluating a model for cost – effective data quality management in a real – world CRM setting [J]. Decision Support Systems, 2010, 50 (1): 152 – 163.

效的访问控制策略、对相关结果进行加密等方法提高其安全性。

（2）建立成本效益分析模型。

政府开放数据质量管理离不开经济成本的投入，以维护和管理数据的高质量水平，目的在于实现政府开放数据的分析应用，支持组织战略决策、有效预测和发现关键问题，从而产生相应的效用价值和经济效益。因此，从成本—效益角度分析政府开放数据质量管理，建立基于不同数据质量级别的决策变量与经济效益（包括效用、成本、净收益等）之间的关联模型，有利于提高数据质量管理的总体效益。不同数据质量维度之间的权衡与配置会产生特定的数据质量水平，从而影响数据环境中其他的数据质量决策，通过对决策变量的评估可提供数据维护和管理实践的改进建议，还可以提供如何通过更好地使用数据资源来改进业务效益的见解。在组织战略管理中，这种数据质量等级与成本效益之间的权衡可能非常重要，尤其是在大型数据集中。

目前，政府开放数据质量管理的研究多聚焦于数据集的评估和对数据的纠正措施上，以确保数据集符合其任务目标和应用情境，并基于大数据处理流程、生命周期管理等方法提出数据质量管理框架。本节主要分析了政府开放数据质量管理与数据安全性、数据成本效益之间的关系与平衡，以更好地实现政府开放数据质量管理与保障。

第九章 我国政府开放数据质量保障措施

本章将基于政策文本内容，运用统计分析方法对贵州省政府信息公开相关政策进行调研，分析政策中关于公开信息质量的管理与保障措施，并根据划分的质量维度找出政策的侧重点和不足之处，提出针对性建议。同时为提高政府数据开放的公众参与度和满意度，对政府数据开放公众反馈机制进行相关研究，以促进政府开放数据的利用，保障政府开放数据的质量。

一、基于政策分析的政府公开信息质量保障措施研究

政府信息公开不仅要把相关内容的信息进行公开，还要保证公开信息的质量。对于信息管理者来说，发布的相关政策是保证公开信息质量的直接体现，因此基于政策内容分析公开信息的质量问题也是很有必要的。本节基于政策文本内容，以贵州省为例，运用统计分析方法对政府信息公开相关政策进行调研，分析政策中关于公开信息质量的管理与保障措施，并根据划分的质量维度找出政策的侧重点和不足之处，提出针对性建议。

（一）政府信息公开政策的调研与内容分析

政府信息公开不仅要把相关内容的信息进行公开，还要保证公开信息的质量。对于信息管理者来说，发布的政策是保证公开信息质量的直接体现，因此基于政策分析公开信息的质量问题也很有必要。贵州省被誉为"数据之都"，国家和当地政府对政府信息公开工作都十分重视，全省在全国信息公开工作中也是名列前茅，本小节将以贵州省为例，分析其政府信息公开政策的内容和时间分布，探究其中包含的信息质量要求和保障措施。

1. 贵州省政府信息公开政策调研

进入贵州省人民政府官网（http：//www. guizhou. gov. cn/）页面，查找相关

的政府信息公开政策，在政务公开栏目下的政府信息公开平台相关文件规定一栏，检索到共计 26 条记录。其中有 3 条是国家层面的信息公开条例的补充，其余是关于贵州省相关的政府信息公开政策，时间范围从 2007 年 4 月 24 日到 2018 年 12 月 14 日。检索时间截止于 2019 年 1 月 25 日①。将收集到的 26 条记录按照政策名称、主题词、发布时间、发布主体等进行排列，如表 9 - 1 所示。

表 9 - 1　贵州省 2007 ~ 2018 年相关政策分布情况

政策名称	主题词	发布时间	发布主体
中华人民共和国政府信息公开条例	信息公开	2007 年	国务院
关于做好施行《中华人民共和国政府信息条例》准备工作的通知	信息公开	2007 年	国办发
信息公开条例若干意见	信息公开	2008 年	国办发
关于外国公民、法人或其他组织向我国行政机关申请公开政府信息问题的处理意见	依申请公开	2008 年	国办秘
关于进一步做好政府信息公开保密审查工作的通知	保密审查	2010 年	国办发
国务院办公厅关于做好政府信息依申请公开工作的意见	依申请公开	2010 年	国办发
最高人民法院关于审理政府信息公开行政案件若干问题的规定	政府信息公开行政案件	2011 年	最高人民法院审判委员会
政府信息公开重点工作	信息公开重点工作	2012 年	黔府办
政府信息公开重点工作安排	重点工作	2013 年	黔办发
进一步加强政府信息公开回应社会关切提升政府公信力	信息公开回应	2013 年	黔府办
进一步加强政府信息公开回应社会关切提升政府公信力	信息公开回应	2013 年	国办发
省人民政府办公厅关于进一步规范生产安全事故信息发布工作的通知	生产安全事故信息发布	2014 年	黔府办
政府部门办事公开办法	行政公开	2014 年	黔府办
贵州省公共企事业单位办事公开指导意见	办事公开	2014 年	黔府办
关于加强和规范政府信息公开情况统计报送工作的通知	公开情况统计	2014 年	国办发
规范政府信息依申请公开	依申请公开	2015 年	黔府办
关于全面推进政务公开工作的意见	政务公开	2016 年	国办发
省人民政府办公厅关于印发《贵州省人民政府新闻发布工作办法》的通知	新闻发布	2016 年	黔府办发

---

① 莫祖英等. 基于政策分析的政府公开信息质量保障措施研究——以贵州省为例 [J]. 情报探索，2020 (6)：93 - 100.

政策名称	主题词	发布时间	发布主体
进一步做好政务舆情的回应	舆情回应	2016 年	国办发
关于全面推进政务公开工作的实施意见	政务公开	2016 年	黔党办
印发《关于全面推进政务公开工作的意见》实施细则的通知	政务公开细则	2016 年	国办发
国务院办公厅关于印发政府网站发展指引的通知	政府网站发展	2017 年	国办发
关于推进社会公益事业建设领域政府信息公开的实施意见	公益事业	2018 年	黔府办
关于推进重大建设项目批准和实施领域政府信息公开的实施意见	重大项目领域	2018 年	黔府办
关于推进公共资源配置领域政府信息公开的实施意见	领域的信息公开	2018 年	黔府办
国务院办公厅关于推进政务新媒体健康有序发展的意见	政务新媒体	2018 年	国办发

注：由于数据更新，2009 年数据缺失。

2. 政府信息公开政策的时间分布

根据表9-1中的政策分布情况，按照年份对应当年发布的政策数量，以时间和数量分别为横纵坐标，得到政策数量随年份变化的情况，如图9-1所示。

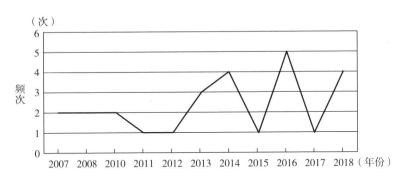

图9-1 政策发布的时间变化情况

由图9-1可知，政策出台数量的高峰期出现了4次且间隔时间相对紧凑。分别是2010年、2013年、2014年和2016年。2008~2010年，随着政府信息公开条例的实施，发布的有关政府信息公开政策较多，这体现了政府对信息公开工作的重视。在2013年和2014年，政策主要有两大内容：一是关注信息公开回应社会关切，强调与公民的互动交流，以提升政府公信力；二是规范和重视企事业单位和部门的信息公开工作，这说明对信息公开工作提出了更具体的要求，并逐渐深入到具体的部门①。2016~2018 年，政策方面不仅包括全面推进政府公开，还包括加强重大建设项目和重点领域的政府信息公开，这也反映了政策更有针对性，覆盖范围更广。整体来看，政策发布的数量与年份的分布情况一方面反映了国家及当地政府对信息公开工作越来越重视，另一方面随着社会公众对政府的关注度和监督意识的提高，也给政府部门的信息公开工作提出了更高的要求。

3. 贵州省政府信息公开政策的内容分析

通过对表 9－1 中 26 条政策文本内容的分析，逐一筛选出这些政策文件的关键词，并按照"频次≥3"的条件对关键词进行提取，结果如表 9－2 所示。

表 9－2　高频关键词表

年份	关键词
2007	信息公开准备工作
2008	依申请公开、外国公民或法人组织
2010	保密审查、行政诉讼
2013	回应关切、信息公开重点工作
2014	办事公开、信息公开情况统计报送
2015	政府信息依申请公开
2016	政务公开、政务舆情回应
2017	政府网站发展指引
2018	重大建设项目信息公开、公益事业领域信息公开、公共资源配置领域信息公开、政务新媒体

根据年份及对应的政策关键词情况，可分析政府信息公开政策内容随时间的变化。2007~2008 年，《中华人民共和国政府信息公开条例》（以下简称《条例》）处在试行时期，政策内容侧重于信息公开与准备工作。《条例》实施后的2009~2015 年，有关信息公开的行政案件增多，社会对此的关注度也增大，因此发布的政策多为政府公开工作年报、向公民公布工作成果等。2016 年，开始侧重于政务公开、舆情回应和规定具体实施细则。2017~2018 年召开中国共产党第十九次全国代表大会标志我国进入新时代，此时信息公开政策多侧重于与民生相关的社会公益事业、重大建设项目和公开资源配置等方面。可以说，政策的发布实施与国家的政治经济文化环境有紧密的联系。

另外，通过对 26 条政策文本内容的研读，总结出贵州省关于保障政府公开

---

① 莫祖英等. 基于政策分析的政府公开信息质量保障措施研究——以贵州省为例［J］. 情报探索，2020（6）：93－100.

信息质量的措施[①]主要有：①在组织领导上，通过加强组织领导和监管职能，从整体上把握政府信息公开工作的方向，引领方向上的统筹与规划能力，确保政策落地见效。②在制度上，大力推进与完善信息公开工作制度，通过结合实际探索创新工作方法，加快制定工作标准和规范，建立公开内容动态管理机制等举措力求创新制度，让社会共享信息公开成果。③在绩效考核和人员培训上，将政府信息公开工作绩效纳入政务公开工作的考核范围，引入第三方评估机制；同时加强人员教育培训工作，增强服务意识，保证信息公开工作人员的素质能力。这些措施在一定程度上保障了政府公开信息质量。

（二）基于政策内容的政府公开信息质量分析

按照信息生产者和使用者两类主体，可将政府公开信息质量划分成九大质量维度，分别是政府公开信息的范围，公开方式的多样化，公开信息的效率，公开信息的及时性、准确性、一致性、完整性、有序性、可靠性。本小节依据这九大质量维度，对政策文本内容分别进行横向和纵向分析，并以此为基础分析政府公开信息质量与管理保障措施之间的关系及其对政府公开信息质量的影响。

1. 政府公开信息质量的横向（质量维度）分析

根据上述 9 个质量维度，对收集到的 26 个政策文本进行内容分析，并一一标注。标注示例如表 9 - 3 所示。

表 9 - 3 政府公开信息质量文本标注示例

政策文本内容	信息质量维度
"……行政机关对符合下列基本要求之一的政府信息应当主动公开：涉及公民、法人或者其他组织切身利益的；需要社会公众广泛知晓或者参与的；反映本行政机关机构设置、职能、办事程序等情况的；……"	公开信息范围、公开信息的完整性
"……主动公开的事项，应当在信息形成或变更之日起 5 个工作日内予以公开，对公众关注度较高或涉及群众利益的办事结果、突发应急等信息，应依照有关规定提前或立即以便捷的方式进行公开。……"	公开信息的及时性、一致性、准确性
"……行政机关应当编制、公布政府信息公开指南和政府信息公开目录，并及时更新……按照主动公开的要求，在相关信息形成时立即拟定办事公开项目。公开的内容、范围、形式和时限须经本单位相关负责人审核把关。"	公开信息的有序性、及时性、可靠性
"……行政机关应当将主动公开的政府信息，通过政府公报、政府网站、新闻发布会以及报刊、广播、电视等便于公众知晓的方式公开。……"	公开方式多样化、公开信息的完整性

---

① 莫祖英等. 基于政策分析的政府公开信息质量保障措施研究——以贵州省为例［J］. 情报探索，2020（6）：93 - 100.

续表

政策文本内容	信息质量维度
"……凡属于《贵州省政府信息公开暂行规定》中明确各级行政机关主动公开范围的政府信息，要在相关信息形成或者变更之日起 5 个工作日内予以公开。……"	公开信息的效率，公开信息的有序性、及时性
"……行政机关应当及时、准确地公开政府信息。行政机关发现影响或者可能影响社会稳定、扰乱社会管理秩序的虚假或者不完整信息的，应当在其职责范围内发布准确的政府信息予以澄清。……"	公开信息的准确性、及时性
"……行政机关应当建立健全政府信息发布协调机制。行政机关发布政府信息涉及其他行政机关的，应当与有关行政机关进行沟通、确认，保证行政机关发布的政府信息准确一致。……"	公开信息的一致性、可靠性、准确性
"……依托各级政府门户网站信息公开发布平台，编制、公布本单位或行业的信息公开目录和信息公开指南，并做到内容完备、格式规范、及时更新。……"	公开信息的完整性、及时性，公开方式的多样化
"……为进一步加强和规范政府信息公开情况统计报送工作，建立指标统一、项目规范、口径一致、数据准确的政府信息公开情况统计报送制度……各地区、各部门办公厅（室）要采取逐级审查、抽查等方式，加强统计数据审核工作，确保填报的数据真实、准确、完整。"	公开信息的可靠性、准确性、一致性、完整性

按照上述步骤，基于政策内容统计各个质量维度出现的次数，分别进行汇总，得出各个质量维度在政策中出现的频次分布，如图 9-2 所示。

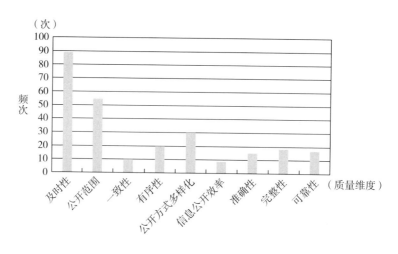

图 9-2　质量维度的频次分布

由图9-2可知，及时性、公开范围、公开方式多样化3个质量维度在政府信息公开政策中出现的频次最高。尤以及时性最为突出，频次达到近90次。这说明为保证政府公开信息质量和推动信息公开工作，在政策文件上最侧重于政府公开信息的及时性，其次为信息公开范围和公开方式多样化；而信息公开效率和一致性质量的出现频次较低。

具体来说：①及时更新并公开政府信息内容，传递政策意图，在实际工作中，对群众的政策疑惑可及时解疑、及时解决实际问题等，切实保障了公开信息的质量，符合政府信息公开政策的初衷。②政府信息公开范围和公开方式在政策制定中处于较为重要的地位。坚持"以公开为常态，不公开为例外"，除涉及国家和商业机密外，及时将从住房保障、土地使用、药品采集到工程建设项目等各个民生领域的政府信息予以公开，既能满足公民对政府信息的需要，又能保障公民正常有序地生活，且有利于政民和谐。③信息一致性和信息公开效率的出现频次最低，说明在政府信息公开政策中对公开信息的一致性和公开效率的要求不高，有待进一步加强与重视。

2. 政府公开信息质量的纵向（时间维度）分析

将政策文本中出现的质量维度频次数据与年份数据相结合，依次计算每一个质量维度频次的时间分布，得到质量维度频次的纵向分布图，如图9-3所示，以分析各质量维度与政策内容随时间变化的趋势。

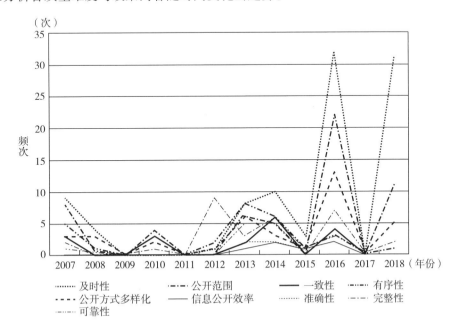

图9-3　质量维度的时间变化

由图 9-3 可知，政府公开信息的及时性、公开范围、公开方式多样化这 3 个质量维度的折线变化特征大致相同。它们均表现为先低后高的走向。2007～2015 年，政策中出现频次较低且变化比较平缓；2015 年之后，随着信息公开工作的开展和公众信息需求的增多，政策数量大幅度增加，并在 2016 年达到峰值且继续保持；同年，还发布了详细的公开工作实施细则和信息公开舆情回应的政策文件，这说明相关政策对信息及时性、公开范围和公开方式多样化三个方面的重视，且政策针对性更强、更细化。

从图 9-3 中还可以看出，其他 6 个质量维度折线在 2007～2018 年的变化相对较平缓，没有出现明显的峰值。但公开效率和公开信息一致性两个维度的频次比较低，这需要引起重视。在公开工作中，公开信息的效率也是信息质量的一种体现。高效意味着简化烦琐的办事程序，减少时间成本，从而更及时地满足公众的信息需求。公开信息的一致性是指政府所公开的信息内容要与实际情况相符，保证政府公开信息的真实一致。在 2018 年度，公开信息效率和一致性维度频次仍然处在末尾，这说明关于保障公开信息效率和一致性的要求迫切，在以后的政策制定中有待加强。

（三）管理保障措施与政府公开信息质量的关系分析

通过对 26 条政府信息公开政策的研读，发现每个政策都有相关的公开信息质量管理与保障措施的规定。为深入探究这些措施和公开信息质量之间的关系，现将政策文本中的管理保障措施进行整理并统计其出现的频次，得到管理保障措施频次随时间的变化情况，如图 9-4 所示。

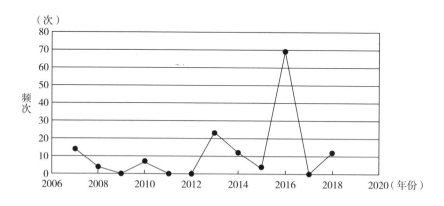

图 9-4　管理与保障措施的变化

由图 9-4 可知，其变化幅度较大，总体呈现不均衡。最低值为 0，表示当年政策中没有具体的管理保障措施，最高值为 70，可知其中的差距之大。具体来说，在 2009 年、2011 年、2012 年以及 2017 年,管理与保障措施数值均为 0;而在 2013 年和 2016 年数值比较高。这一变化反映了保障措施在政策制定中没有被持续关注,缺乏稳定性,这在一定程度上会影响政府公开信息的质量和信息公开工作。

将图 9-3 与图 9-4 的时间变化折线图相结合,以对政策中的信息质量维度与管理保障措施进行对比,分析两者的关系。如图 9-5 所示。

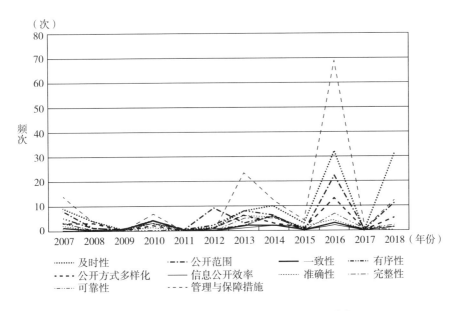

图 9-5 质量维度、保密性与管理保障措施变化

(1)由图 9-3 和图 9-5 的对比,纵向上看,质量维度的年份变化折线走势大致相同,它与每年发布的政策文件数量相关,不同的是每年政策的侧重点不同。

2010 年政策文件和保障措施的主要焦点是"公开信息的保密性",2013 年主要焦点是"信息的有序性",2014~2018 年的主要焦点是"信息的及时性"。这一变化说明了公民对信息的获取要求越来越高,也越来越重视政府公开信息的及时准确。2016 年是发布政策文件的最高峰,在这一年共发布了 4 个相关政策,其中国家文件有 3 个,贵州省随后又发布了实施工作细则。而且,在政策文件发布的高峰期,均包含相应的管理保障措施来保障公开信息质量和推动信息公开工作①。

(2)由图 9-5 中"管理与保障措施"变化折线来看,2007~2012 年出台的

<hr />

① 莫祖英等.基于政策分析的政府公开信息质量保障措施研究——以贵州省为例〔J〕.情报探索,2020(6):93-100.

相关政策中，涉及保障措施的内容较少，原因在于 2008 年国务院刚刚颁布实施了《中华人民共和国政府信息公开条例》，我国政府信息公开处于探索的起步阶段，对保障措施涉及较少。

而在 2013～2018 年，政策实施并开始发挥效用，其中也出现了一些问题，故一系列管理与保障措施相继出台。值得注意的是，管理与保障措施在 2016 年达到了最高值，这说明近年来对政府信息公开质量的重视加强，与之配套的管理与保障措施也日益增多。同时，除管理与保障措施外，及时性、完整性、公开方式多样化等质量维度均在 2016 年达到了最高值，说明政策文件中对政府公开信息这些质量维度的重视。

（3）"管理与保障措施"中有关保障公开信息保密性被单独列出来进行分析，是考虑到保密性在我国政府信息公开工作中的特殊关系①。

保密与公开可以说是信息公开实践中利益权衡的重要内容。这种利益权衡，关键在于"平衡"，如果公开与保密关系出现失衡，显然影响政府信息公开质量及最终信息公开的效果。通过对"保密性"折线的分析可以看出，在 2010 年"保密性"达到了第一个峰值，此时质量维度多侧重"公开范围"和"公开信息的完整性"。究其原因，在于政府信息公开实施的初期，"保密性"原则是至关重要的，需要政府严格规定信息公开的范围、领域、内容，以保证后续措施的顺利实施。在后续出台的相关政策中，关于保密性的内容相对较少，说明随着政府信息公开政策实施的成熟，对保密性的要求稍有宽松，这也是政府信息公开工作逐步走向成熟的标志。

总之，"管理与保障措施"与"政府公开信息质量"之间是相互影响、相互促进的关系，这也在政策文本中得到充分体现。公开信息质量要求可促进管理与保障措施的完善，同时管理与保障措施也进一步确保和提高了政府公开信息的质量。两者互相影响，互相促进，共同为政府信息公开工作保驾护航。

（四）讨论与总结

通过上述对管理保障措施与政府公开信息质量的关系分析，我们发现：

（1）国家及地方政府政策的热点在医疗住房等民生领域的信息公开较为关注，重视政府与公众的互动以及重大舆情的回应，同时强调公众在其中的主动参与度。

政府信息公开工作不应只靠政府单方面的努力，与公众的认可和参与是分不开的。公开信息最终的用户就是公众，信息公开的对象也是社会公众，所以要想

---

① 许晓昕. 政府信息公开背景下的我国保密工作研究［D］. 济南：山东师范大学硕士学位论文，2017.

办法提高公众的参与感和责任感，避免公开的信息没人用，应建立机制来确保政府与公众之间的交流，了解公民希望获取的信息是什么，紧贴需求地公开政府信息，以保证公开信息质量为原则做好政民互动融合。

（2）通过对政府公开信息质量维度与政策内容的分析，发现公开信息的及时性、公开方式多样化和公开信息范围三个方面在政策中体现较为明显，而公开信息一致性和公开信息效率在政策中体现较少。

公开信息一致性和公开效率不仅要求各部门、上下级单位之间信息的协调一致，而且要做到公开信息内容、形式、时间上的一致，保证信息收集、加工、利用的标准一致，避免造成信息滞后或信息矛盾而不利于政府公开信息的利用。

（3）通过对管理保障措施与政府公开信息质量的分析，发现两者是互相依赖、互相影响、缺一不可的。

管理与保障措施有利于提升政府公开信息质量，公开信息质量也会进一步促使措施的完善。在保密性方面，虽然关于公开信息保密性的政策和保障措施很多，但是建立一事一申请的机制会导致程序烦琐，一些可以公开的信息却没有公开或延迟公开，不利于政府公开信息的有效利用。因此，建立科学的政府公开信息机制，以达到保密性和信息公开的平衡是必要的。

针对上述问题，本节提出以下建议：

（1）进一步建立政府与公众的双向互动机制和社会评议制度，加强对政府公开信息一致性和高效率的保障。

通过政府与公众的信息交流与传递，确保政府公开信息与实际情况的真实一致，提高政府公开信息质量；建立社会评议制度，进一步完善信息质量评价的标准，积极召开社会评议会，多了解公众的需求和想法，有利于提高政府公开信息的价值性和利用率。

（2）平衡政府信息公开与信息保密之间的关系。

在美国，国家秘密的外延主要通过"负面清单"进行列举，而不是通过抽象的概括性条款来界定[①]，这种技术既有利于界定秘密，又可防止信息的过度秘密化。我国可借鉴这一经验，建立信息公开负面清单，把免于公开的信息进行一一列举，明确保密与公开的界限，有利于推动政府信息的有效利用，发挥其最大效益。

（3）将大数据技术应用于政府信息公开中，提高信息公开效率和效果。

可通过大数据和人工智能技术对政府信息进行采集、加工和处理，再向社会公开，不仅有利于提升信息公开效率和价值，也可促进公开信息资源的合理配

---

① 王锡锌. 政府信息公开制度十年：迈向治理导向的公开［J］. 中国行政管理，2018（5）：17－22.

置，增强政府公信力。

二、政府数据开放公众反馈机制构建研究

大数据时代的到来，使数据之间的联系增强，数据中蕴含的价值得到挖掘，数据红利得以释放，也提供了一种发现新知识的可能性。政府数据开放相较于简单的信息公开，更多强调政府开放数据的"用"。政府数据开放的目的就是使原始数据经由开发利用，产生经济效益或社会效益，最终实现数据价值的增值。让公众的反馈作用于政府数据开放，不仅可以了解公众的需求、提高政府开放数据的利用率，同时还可以提高政府开放数据的公众满意度以及政府开放数据的质量。

（一）政府数据开放公众反馈机制相关研究

目前许多学者认为公众反馈对政府开放数据的质量保障具有重要意义。邓崧、葛百潞[1]指出，公众的满意度是数据开放效果的最有效指标，一定的公众参与度保证了数据开放的质量和效果。陈朝兵[2]也提到社会公众对于政府数据的共享共用、增值开发和利用能力，直接影响政府数据开放的共享性和利用性等质量特性。在政府开放数据质量保障机制的研究中，程帅[3]在引用国外数据开放保障机制发展经验的基础上，提出我国政府数据开放保障机制建设路径，指出要完善政府数据开放政策执行的反馈机制。赵千乐[4]在我国政府数据开放保障机制研究中提出要加强不同阶段对应工作机制建设，结束阶段要构建政府数据开放公众协作机制，加强对开放数据的解读、提升公众的数据处理和利用能力、加强数据开放工作的反馈管理。童楠楠[5]指出推动社会力量参与政府开放数据运动是发达国家提升政府透明度的主流做法。可基于政府数据开放平台，建设用户互动功能，允许用户在网站上对开放数据质量进行直接评论，通过用户反馈机制来改进开放数据质量。

现有研究中，学者们普遍肯定公众反馈对政府开放数据质量保障所起的作用，但在构建质量保障机制时，大多数学者把反馈机制作为其中的组成部分，对

① 邓崧，葛百潞. 中外政府数据开放比较研究［J］. 情报杂志，2017，36（12）：138－144.

② 陈朝兵. 超越数据质量：政府数据开放质量的几个理论问题研究［J］. 情报杂志，2019，38（9）：185－191.

③ 程帅. 我国政府数据开放保障机制研究［D］. 哈尔滨：黑龙江大学硕士学位论文，2018.

④ 赵千乐. 我国政府数据开放保障机制研究［D］. 杭州：浙江大学硕士学位论文，2018.

⑤ 童楠楠. 我国政府开放数据的质量控制机制研究［J］. 情报杂志，2019，38（1）：135－141.

于反馈机制的运作也提出了想法建议，但并未对整个反馈机制进行具体细化的分析研究。本章以建立政府数据开放公众反馈机制为目标，分阶段进行具体论述，使之成为真正有效可行的反馈机制，从而更好地收集公众意见，提高政府开放数据的公众满意度和数据质量。

（二）我国政府数据开放公众反馈现状

由于政府数据开放平台的建设受到信息意识、技术水平、城市发展、公众使用能力等各种主客观因素的影响，故仅选择整体发展水平较高、政府数据开放工作相对完善的 49 个一线、新一线和二线城市（来源：《2020 城市商业魅力排行榜》）进行调查，通过对以上城市政府数据开放平台公众反馈的调查，以掌握目前我国前线城市政府数据开放平台中公众反馈的情况，在此基础上分析政府数据开放中公众反馈存在的问题，为后文构建政府数据开放公众反馈机制提供依据和指导。

2020 年 5 月 29 日，第一财经·新一线城市研究所发布了《2020 城市商业魅力排行榜》，依据此排行榜中所显示的城市排名，逐个对各前线城市的政府数据开放平台进行检索调查，调查时间为 2020 年 9 月，故本节中各数据开放平台公众反馈的数据统计截至 2020 年 8 月 31 日，具体选取排行榜中的北京、上海、广州、深圳 4 个一线城市，成都、杭州、重庆等 15 个新一线城市，无锡、宁波、昆明等 30 个二线城市，共 49 个城市作为调研对象。据调查，49 个城市中的杭州、西安、南京、长沙、郑州、沈阳、昆明、大连、温州、南宁、长春、泉州、石家庄、南昌、金华、嘉兴、太原、兰州、保定、廊坊 20 个城市没有相应的政府数据开放平台，其余 29 个城市的政府数据开放平台公众反馈情况如表 9 - 4 所示[①]。

表 9 - 4　各城市政府数据开放平台公众反馈情况

等级	城市	平台名称	反馈意见收集形式		是否可浏览已提交问题	公众参与情况	回复时长
			一级目录	二级目录			
一线	北京	北京市政务数据资源网	互动交流	咨询建议、提交数据请求	是	共 20 条	当日或次日
一线	上海	上海市公共数据开放平台	互动社区	需求调查、调查问卷、平台公示	是	共 52 条	当日到三个月

续表

等级	城市	平台名称	反馈意见收集形式		是否可浏览已提交问题	公众参与情况	回复时长
			一级目录	二级目录			
一线	广州	广州市政府数据统一开放平台	互动服务	咨询建议、调查问卷	是	共15条	当日到半个月
一线	深圳	深圳市政府数据开放平台	互动	数据需求、调查问卷、提交建议、反馈列表	是	共139条	当日或次日,最晚四天
新一线	成都	成都市公共数据开放平台	互动交流	数据需求、内容建议、问题反馈、咨询提问	是	共32条	只显示公众提交问题的时间
新一线	重庆	重庆数据	网站无法顺利打开				
新一线	武汉	武汉市公开数据开放平台	交流互动	问卷调查、咨询建议、数据需求	是	共35条	最快次日,最晚三年零七个月
新一线	苏州	苏州市政务数据开放平台	无单独设置				
新一线	天津	天津市信息资源统一开放平台	互动交流	开放建议、调查问卷、常见问题	否		
新一线	东莞	数据东莞	互动交流		否		
新一线	青岛	青岛市公共数据开放网	互动交流	咨询建议、数据申请、常见问题	是	共3条	三天到一个月
新一线	佛山	佛山市数据开放平台	互动交流	咨询建议、调查征集、已有意见反馈	是	共2条	当日或次日
新一线	合肥	合肥市政府数据开放平台	公众参与	申请数据、我要咨询、我要建议、我要投诉	是	共2条	当日
二线	宁波	宁波市数据开放平台	互动交流	我要咨询、数据申请	否		

等级	城市	平台名称	反馈意见收集形式		是否可浏览已提交问题	公众参与情况	回复时长
			一级目录	二级目录			
二线	无锡	无锡市公共数据开放平台	互动交流	数据需求、咨询建议、问卷调查	是	共7条	只显示官方回复的时间
二线	福州	福州市政务数据开放平台	互动	数据需求、调查问卷、意见征集、反馈列表	否	无法正常查看	
二线	厦门	厦门市大数据安全开放平台	无单独设置				
二线	哈尔滨	哈尔滨市政府数据开放平台	互动交流	咨询建议、数据申请、调查问卷	是	无	
二线	济南	济南市公共数据开放网	互动交流	咨询建议、需求调查	否		
二线	贵阳	贵阳市政府数据开放平台	互动交流	建议反馈、调查问卷、数据纠错结果公开	是	共9条	最快当日，最慢五日
二线	常州	常州市政府数据开放平台	无单独设置				
二线	南通	南通市公共数据开放网站	互动交流	用户指南、常见问题	否		
二线	徐州	徐州市公共数据开放平台	无单独设置				
二线	惠州	惠州市政府数据开放平台	互动交流	咨询建议、需求调查、已有意见反馈	是	共11条	当日或次日
二线	珠海	珠海市政务信息公共服务平台	无单独设置				
二线	中山	中山市政府数据统一开放平台	网站无法顺利打开				
二线	台州	台州市开放平台	网站无法顺利打开				
二线	烟台	烟台市公共数据开放网	互动交流	咨询建议、需求调查	否		
二线	绍兴	绍兴市开放平台	网站无法顺利打开				

表9-4为各城市政府数据开放平台公众反馈的具体情况。从公众参与来看，可浏览已提交反馈列表的北京、上海、广州、深圳、成都、武汉、青岛、佛山、合肥、无锡、哈尔滨、贵阳、惠州这13个城市中公众反馈的参与度并不高。其中最高的是深圳市有139条公众反馈记录，其次是上海52条、武汉35条、成都32条和北京20条，其余各城市的公众反馈都在15条及以下。

从平台回复时长来看，平台回复公众反馈的间隔时长对公众的参与度会有所影响。如公众参与度最高的深圳市政府数据开放平台，其回复时长一般是当日或次日，最长四天。从回复质量来看，各平台对公众反馈的回复质量也不同。如广州市政府数据统一开放平台的回复都较官方，并未对公众产生实质性帮助，2019年7月31日一位博士生表示要做政府数据开放与公众参与的关系研究，申请分享平台总访问量数据，8月1日平台回复暂不支持访问量的查询。武汉市政务公开数据服务网，2019年12月19日用户申请网站平台的用户评论和问卷调查数据以供科研使用，次日得到了用户咨询建议57条、问卷调查33条的准确回复[①]。

表9-5为政府数据开放平台以及公众反馈情况的各等级城市占比统计。由于网站无法打开、未设置公众反馈渠道、无法查看已提交反馈列表等情况，有必要对各等级城市中设置有数据开放平台，进一步设置有公众反馈渠道及可浏览公众反馈列表的城市总数进行统计，并计算其各项城市总数占此等级城市总数的百分比，从而更好地把握目前我国前线城市政府数据开放平台中公众反馈的整体情况，具体各等级城市的数据如表9-5所示。

表9-5 政府数据开放平台以及公众反馈情况的各等级城市占比统计

单位：个，%

等级	城市总数	设置有数据开放平台的城市总数	占比	设置有公众反馈渠道的城市总数	占比	可浏览公众反馈列表的城市总数	占比
一线	4	4	100	4	100	4	100
新一线	15	8	53	7	47	5	33
二线	30	13	43	9	30	4	13

如表9-5所示，4个一线城市都设有数据开放平台以及公众反馈渠道，也

---

① 武汉市公共数据开放平台_交流互动_咨询建议［EB/OL］．［2020-09-13］．http://www.wuhandata.gov.cn/whData/propose.html#! fenye=2.

可浏览已提交的反馈列表和平台回复，各项占比均达到100%。在15个新一线城市中，设置有数据开放平台的仅有8个，占城市总数的53%；其中有7个城市设置有公众反馈渠道，占城市总数的47%；可浏览公众反馈列表的仅有5个城市，占城市总数的33%。在30个二线城市中，设置数据开放平台的有13个，占城市总数的43%；设置公众反馈渠道的有9个，占城市总数的30%；可浏览公众反馈列表的仅有4个城市，占城市总数的13%。

综上，我国政府数据开放公众反馈现状的调研分析可总结为以下四点①：

（1）从各等级城市总体来看。

不同等级城市数据开放平台建设以及公众反馈情况差距较大。一线城市无论从平台设置、公众反馈渠道设置方面还是浏览反馈列表方面，各项占比均达到100%，但新一线城市相较于一线城市整体情况差距过大，二线城市相较于新一线城市，虽不及新一线城市相比于一线城市的差距之大，但整体情况也不容乐观，仍然需要进一步努力。

（2）从公众的参与情况来看。

政府数据开放平台公众反馈的参与度较低。从调查中可以看出，公众参与度最高的深圳市政府数据开放平台，在将近四年的时间跨度中共有139条公众反馈记录。若按四年来计算，平均每年所收到的公众反馈数量约为35条。位于第二的上海市公共数据开放平台有52条公众反馈记录，与第一位深圳市的反馈总量出现断层式差距，其平台年反馈数量平均值更低。

（3）从平台回复时长来看。

政府数据开放平台对公众反馈的回复时长长短不一。回复时长较短的平台会在当日或次日对公众反馈给出回复；较长的回复时长有四天、五天、半个月、一个月；更长的有两个月、三个月；最长的回复时长为三年零七个月。而次日和三年零七个月的回复时长出现在同一个政府数据开放平台的公众意见反馈列表中。

（4）从平台回复质量来看。

态度较好的政府数据开放平台，对公众的反馈进行回复的态度很端正，并未出现大批敷衍的情况，回复内容也基本可解决公众所提出的反馈问题；而态度不好的政府数据开放平台，无论对于何种类型的公众反馈，都会以"建议合理，予以采纳，感谢您宝贵的意见"此类系统自动回复的官方语言来进行回复，使公众的意见反馈变得毫无意义。

---

① 莫祖英，丁怡雅.政府数据开放公众反馈机制构建研究［J］.情报杂志，2021，40（3）：162－167，60.

（三）我国政府数据开放公众反馈问题分析

1. 未认识到公众反馈对于政府数据开放的潜在价值

政府数据开放不同于政府信息公开，注重的是数据的增值价值，使最原始的政府数据经由公众的开发利用，从而产生相应的效益。据调查，宁波市数据开放平台设置有"互动交流"，但点击后跳转至浙江政务服务网。东莞市政府数据开放平台中也设置有"互动交流"，点击之后就会跳转至东莞市12345政府服务热线界面，此界面并不是政府数据开放的反馈渠道，所以可视为东莞市没有有效可用的公众反馈渠道。可以看出政府简单地将数据开放与信息公开看作同样的性质，并没有认识到政府数据开放的重要性和公众反馈的价值。

此外，社会公众是政府开放数据的利用主体，其意见反馈可以作为提高数据质量的有效参考。但在调查中发现，设置有公众反馈渠道的城市共有20个，占所调查城市总数的41%，说明我国前线城市中还有高达半数以上的城市没有设置官方的公众反馈渠道。在15个新一线城市中，仅有47%的城市设置有公众反馈渠道；在30个二线城市中，仅有30%的城市设置有公众反馈渠道。由此可以看出，目前我国还有绝大多数城市没有认识到公众反馈的价值，缺乏公众反馈可以作用于政府数据开放的意识。

2. 政府数据开放平台对公众反馈的回复缺乏时效性

目前大部分政府数据开放平台采用调查问卷的形式搜集公众意见，但无论线上还是线下的问卷调查都存在滞后性这一固有缺陷。问卷调查存在设计问卷—投放问卷—填写问卷—收回整理等程序，通过问卷调查所得到的公众反馈需要一定的时间周期。有的数据开放平台所设置的线上问卷还存在申请认证的流程，因此所用的时间周期会更长。

据调查数据可知，各数据开放平台对用户反馈的回复时长从当日或次日，以至半个月或一个月，最长达到将近四年，这就导致政府数据开放平台无法实时接收公众的反馈。例如，武汉市政务公开数据服务网显示，一位武汉大学研究交通事故时空分布规律的学生于2015年5月9日发布咨询建议，希望此平台可以提供交通事故的具体统计数据，而武汉市信息中心在2018年11月21日才给出相应回复。诸如此种对时效性要求较高的数据申请，需要得到及时准确的回复，但回复时长却达到以年计算，具有严重的滞后性。而出现此种情况的原因是平台会在某天集中回复近几个月甚至几年的公众反馈问题，武汉市公共数据开放平台就是在2018年11月21日当天回复了从2015年4月28日至2017年12月16日全部的公众反馈，这样就使回复时长参差不齐。由此导致公众的反馈得不到及时回复，最终使有质量的公众反馈无法及时有效地发挥其潜在价值。

3. 缺乏对公众利用政府开放数据的能力帮助

由于政府开放数据利用人群之广，就会导致公众对政府开放数据的利用能力不同。当没有较高信息素养的人利用政府开放数据时，此类人群缺乏的并不是数据利用的意识，而是利用数据的能力。政府在进行数据开放平台设置时，应注重对公众利用数据的能力帮助，使其更好地进行数据的检索下载以备后期运用，由此才能得到公众对政府开放数据的真实反馈。

深圳市政府数据开放平台于 2016 年 11 月上线运行①。截至目前用户反馈列表共有 139 条记录，从 2016 年 11 月 30 日所提交的第一条反馈直至 2018 年 8 月，将近 20 条反馈都是如何搜索数据、是否需要注册、下载的数据有乱码怎么办等此类基本的平台数据使用问题。2018 年 3 月 13 日，一条公众反馈问是否有平台操作指南，平台的回复仅对数据的检索下载进行了简单的步骤介绍，并没有提供具体操作指南。目前平台首页底部显示有操作指南，点击进入后显示是一份 43 页 PDF 格式的平台用户手册，编制日期为 2020 年 1 月 19 日，这距用户向平台询问是否有操作指南已有两年时间。因此，在平台运行前期，公众反馈中出现很多平台使用问题，其主要因素就是此平台未能向用户提供具体的操作指南。公众在无法有效利用政府开放数据的情况下，平台也就无法得到公众针对数据内容的相关反馈，政府亟须对公众利用开放数据的能力进行必要的指导和培养。

4. 未能有效重视和采纳公众的意见反馈

公众作为政府开放数据的利用者，其意见反馈是极具实践价值的。政府数据开放平台应重视收到的公众反馈，这样才能达到平台设置互动交流通道的目的。

据调查，上海市公共数据开放平台有一项纠错反馈为：华东师范大学的信息已经过时，公共管理学院已与其他几个学院合并，统一归属于经济与管理学部。此条公众反馈就可有效提高平台中相关数据的准确性和时效性。同时，上海市公共数据开放平台目前 12 条需求反馈中，有 3 条上海市疫情数据或患者活动范围数据的申请，且都集中于 3 月中上旬，但平台给予的回复均为：您需求的数据目前不在开放清单中，所以无法提供。您的需求我们已反馈给相关数据开放主体部门，根据《上海市公共数据开放暂行办法》，数据开放主体部门对尚未开放的公共数据会进行定期评估，在本市公共数据资源目录范围内的，会制定相关公共数据开放清单，并经相关部门审核后，通过上海市公共数据开放平台予以公布②。

---

① 深圳市政府数据开放平台简介 ［EB/OL］．［2020 - 09 - 12］．https：//opendata. sz. gov. cn/main tenance/forward/toAboutUs.

② 上海市公共数据开放平台_ 互动社区_ 平台公示 ［EB/OL］．［2020 - 09 - 13］．https：//data. sh. gov. cn/view/interactive - community/platform - publicity/details. html？ id = CTC _ 20200330154016451520 &type = 02&with_ appendix = false.

在疫情肆虐的特殊时期，上海市公共数据开放平台的需求反馈总量中，占比25%的是疫情数据需求申请，平台回复表示会将需求传达给相关部门定期评估并审核之后可以进行公布。此种复杂的数据开放流程只适用于一般数据，而疫情数据是实时更新的，所以平台的回复对于公众的申请并没有及时有效地解决。

（四）政府数据开放公众反馈机制构建

以华中师范大学段尧清①提出的"政府开放数据全生命周期"（即数据的生成采集期、数据的整合开放期、数据的整合利用期、数据的价值评估期、数据的再生/消亡期）作为政府开放数据的生命周期（见图9-6），构建五时期三阶段的政府数据开放公众反馈机制，对应政府数据开放公众反馈的前、中、后期三个阶段，并使其相互作用最终形成关于政府数据开放公众反馈的动态良性循环②。

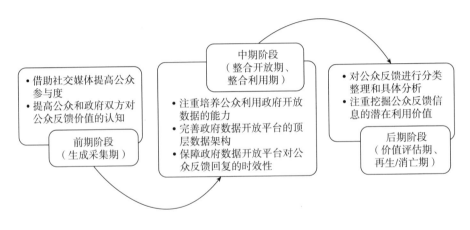

图9-6 政府数据开放公众反馈机制构建

1. 前期阶段（生成采集期）

在前期阶段，政府要鼓励公众参与政府开放数据的开发利用，采用各种信息搜集方式来了解公众对开放数据的各方面需求，提高公众和政府双方对公众反馈价值的认知。

（1）借助社交媒体提高公众参与度。

目前，政府数据开放平台意见收集方式大多是问卷调查，但需要公众主动点

---

① 段尧清，姜慧，汤弘昊. 政府开放数据全生命周期：概念模型与结构——系统论视角［J］. 情报理论与实践，2019，42（5）：35-40，50.

② 莫祖英，丁怡雅. 政府数据开放公众反馈机制构建研究［J］. 情报杂志，2021，40（3）：162-167，60.

击进入互动交流类目才能填写。可把调查问卷设置为超链接，在政府官网和数据开放平台首页同时进行展示，或设置动态悬浮窗吸引用户的注意力，同时也可借助微信公众号、小程序、微博等现代主流社交媒介取得与公众的联系。政府也可以与社会企事业单位和各大高校或科研院所建立合作关系，共同参与政府开放数据的开发利用工作，如空气质量实时预报、交通情况预测、公交定位等，在促进公众参与和社会合作的同时，也提高了政府开放数据的利用率。

（2）提高公众和政府双方对公众反馈价值的认知。

政府在采取各种措施提高公众参与度的同时，可使公众了解到自身的反馈对于政府数据开放来说是具有潜在价值的，从而提高其参与感和使命感。而政府通过前期对公众意见的收集，必然需要在后期对公众反馈进行整理和追踪，以确保最初的公众建议能够在后续的数据开放中得到体现。这就促使政府数据开放平台设置公众反馈渠道，以便在数据开放过程中可随时接收来自公众用户的反馈，增强政府对公众意见反馈的重视程度，由此可提高公众和政府双方对于公众反馈价值的认知。

2. 中期阶段（整合开放期、整合利用期）

在中期阶段，要注重培养公众利用政府开放数据的能力，而政府数据平台自身要完善其顶层数据架构，同时保障平台对公众反馈回复的时效性。

（1）注重培养公众利用政府开放数据的能力。

在中期阶段，政府需致力于公众利用开放数据的意识和能力同步提高。如上海市公共数据开放平台中有用户帮助，内容包含接口调试工具、计算机设计语言、在线加密解密等常用开发工具的提供[①]。新加坡数据开放平台特别设置开发者专区，方便使用者查找与使用数据集，为使用者提供 API 等得以开发 APP 的资源工具，且强调使用所列示的 API 需遵循平台的数据集使用规范，还必须额外遵循数据提供部门数据集的规范，该平台还将使用政府数据开发的 APP 提交至APP 展示区展示[②]。这就在遵循相关法律法规的前提下，将数据的利用效率最大化，充分为用户提供政府开放数据使用工具的帮助和使用结果的展示。

（2）完善政府数据开放平台的顶层数据架构。

由于政府数据开放平台的信息资源建设完备性有待提高，由此导致平台可能无法及时满足公众的所有数据开放需求。例如，特殊时期公众所需的疫情数据，相比于政府数据开放平台，地方疾控中心的数据会更具时效性和权威性。此时若将疫情实时数据进行及时存储并开放，需要强大的人力和技术支撑，政府数据开

① 上海市公共数据开放平台_ 互动社区_ 用户帮助［EB/OL］．［2020－09－13］．https：//data. sh. gov. cn/view/interactive－community/help－protection/index. html？ type＝userHelp.

② 陈美. 面向增值利用的政府开放数据平台顶层设计研究［J］．图书馆，2019（8）：23－28.

放平台可简单地提供能够访问至相应数据的跳转接口。同时，也可在政府数据开放平台首页提供涉及公众日常所需的交通出行、科学教育、医疗卫生等公共服务部门的访问入口，通过整合政府数据开放平台和公共服务部门，实现跨平台数据共享，完善政府数据开放平台的顶层数据架构，从而最大限度地满足公众对政府开放数据的利用需求。

（3）保障政府数据开放平台对公众反馈回复的时效性。

由调查可知，政府数据开放平台对公众反馈的回复缺乏时效性的主要原因是回复间隔时长不固定。政府可视以往的反馈数量和频率来明确相关部门对公众反馈的回复间隔时长，同时把此项工作纳入定期绩效考核的范畴，使平台对公众反馈的回复由原来的偶然性事件变为定期的必然性事件。此外，可考虑借助现代人工智能技术设置智能回复系统，以目前的平台数据和公众反馈记录为基础，建立适用于平台反馈本身的具有针对性的语料库，同时建立相应的索引，以此来保障平台回复公众反馈问题的时效性。

3. 后期阶段（价值评估期、再生/消亡期）

在后期阶段，政府需要对收到的公众反馈进行必要的分类整理和具体分析，同时注重挖掘公众反馈信息的潜在利用价值，使采纳了公众反馈意见并进行整理评估后的高质量数据可重新参与到下一轮的政府数据开放中。

（1）对公众反馈进行分类整理和具体分析。

按不同的分类方式对公众反馈进行整理，可以帮助政府通过公众反馈更好地判断各类开放数据的质量问题。若按照意见反馈、申请反馈和纠错反馈来分类，当申请反馈较多时，政府就需要考虑是否要增大数据开放的力度，或根据申请的数据领域进行有针对性的开放；当纠错反馈较多时，政府就需要提高开放数据的完整性、准确性和时效性，以此确保政府开放数据的质量。若按照开放数据的种类或以不同的公众身份对反馈进行分类，也可以清晰地了解到何种领域的数据收到的公众反馈较多、何种身份的公众较关注某类数据等信息。

（2）注重挖掘公众反馈信息的潜在利用价值。

政府数据开放平台在此方面可借鉴国外的相关做法，如澳大利亚每周都会对开放数据的进展进行统计并发布公告，涉及开放数据的质量、每个机构的开放数据情况、数据集的编辑与更新状况、最活跃的机构识别、开放数据的历史变化、门户网站的访问数据等[①]。此外，政府数据开放平台所统计的各类数据的浏览量和下载量，此数据本身就可作为有价值的公众反馈，政府可以由此来进行界定哪类数据较多地受到公众的关注和利用，也可追踪数据所带来的经济效益或科研价

---

① 周文泓. 澳大利亚政府开放数据的构件分析及启示［J］. 图书馆学研究，2018（1）：53－59.

值，最终使来自公众的各方面反馈信息都得到最大程度的价值发挥。

（五）讨论与总结

公众反馈对政府开放数据的质量保障具有重要的参考价值，政府部门亟须对公众反馈进行系统的机制设计。本节在调查我国一线城市、新一线城市和二线城市政府数据开放平台中公众反馈情况的基础上，分析我国政府数据开放公众反馈所存在的问题，利用段尧清提出的政府开放数据全生命周期，构建五时期三阶段的政府数据开放公众反馈机制。

在前期阶段即数据生成采集期，主动收集公众对政府开放数据的意见，提高公众和政府双方对公众反馈价值的认知；在中期阶段即数据的整合开放期和整合利用期，政府要注重培养公众利用政府开放数据的能力，由此提高政府开放数据的利用率，而政府数据开放平台自身要完善其顶层数据架构，同时保障平台对公众反馈回复的时效性；在后期阶段即数据的价值评估期和再生/消亡期，可通过分类整理的公众反馈来分析数据本身可能存在的质量问题，而此阶段进行了及时更新或修改的数据也可参与到新的政府开放数据生命周期中。

对政府数据开放公众反馈机制的研究，以期能够对现阶段我国政府数据开放工作起到一定的理论和实践参考价值，增强政府数据开放的公众满意度，提高公众对政府开放数据的利用率，从而挖掘出静态数据的蕴含价值，同时使公众的意见反馈可以更好地作用于政府开放数据的质量保障。

参考文献

［1］About – data. gov. uk ［EB/OL］. ［2021 – 08 – 06］. https：//data. gov. uk/about.

［2］Albano Claudio Sonaglio，Reinhard Nicolau. Open government data：facilitating and motivating factors for coping with potential barriers in the Brazilian context ［J］. Electronic Government，2014（8653）：181 – 193.

［3］Al – Khalifa Hend S. A lightweight approach to semantify saudiopen government data ［C］. Gwangju，South Korea：16th International Conference on Network – based Information Systems（NBIS），2013：594 – 596.

［4］Attard J，et al. A systematic review of open government data initiatives ［J］. Government Information Quarterly，2015，32（4）：399 – 418.

［5］Bates J. The strategic importance of information policy for the contemporary neoliberal state：The case of open government data in the United Kingdom ［J］. Government Information Quarterly，2014（7）：388 – 395.

［6］Bizer C，Heath T，Berners – Lee T. Linked Data – the story so far ［J］. International Journal on Semantic Web & Information Systems，2009，5（3）：1 – 22.

［7］Cai L，Zhu Y. The Challenges of Data Quality and Data Quality Assessment in the Big Data Era ［J］. Data Science Journal，2015（2）：97 – 181.

［8］Catarci T，Scannapieco M. Data Quality under the Computer Science Perspective ［J］. Archivi Computer，2016（2）.

［9］Ceolin Davide，Moreau Luc，O' Hara Kieron，et al. Two procedures for analyzing the reliability of open government data ［J］. Information Processing and Management of Uncertainty in Knowledge – based Systems，2014（442）：15 – 24.

［10］Charalabidis Y，Alexopoulos C，Loukis E. A taxonomy of open government data research areas and topics ［J］. Journal of Organizational Computing & Electronic Commerce，2016，26（1 – 2）：41 – 63.

［11］Charalabidis Y，Loukis E，Alexopoulos C. Evaluating second generation open government data infrastructures using value models [C]. Proceedings of the 47th Hawaii International Conference on System Sciences (HICSS), Waikoloa, Hawaii, USA, 2014: 2114 – 2126.

[12] Chatfield A T, Reddick C G. The role of policy entrepreneurs in open government data policy innovation diffusion: An analysis of Australian Federal and State Governments [J]. Government Information Quarterly, 2018, 35 (1): 123 – 134.

[13] Chris Yiu. A Right to Data: Fulfilling the Promise of Open Public Data in the UK [EB/OL]. [2017 – 06 – 30]. http: //www. policyexchange. org. uk/images/ publications/a% 20right% 20to% 20data% 20 – % 20mai^2012. pdf.

[14] Ciancarini P, Poggi F, Russo D. Big data quality: A roadmap for open data [C] //2016 IEEE Second International Conference on Big Data Computing Service and Applications (BigDataService). IEEE, 2016: 210 – 215.

[15] Clarke R. Quality assurance for security applications of Big Data [C] // 2016 European Intelligence and Security Informatics Conference (EISIC). IEEE, 2016: 1 – 8.

[16] Corradi Antonio, Foschini Luca, et al. Linked data for open government: The case of Bologna [C]. Funchal, Portugal: IEEE Symposium on Computers and Communication (ISCC), 2014: 1 – 7.

[17] Data. gouv. fr [EB/OL]. [2021 – 08 – 08]. https: //www. data. gouv. fr/fr/posts/.

[18] Data Life Cycle [EB /OL]. https: / /www. dataone. org/data – life – cycle.

[19] Etalab – data. gouv. fr [EB/OL]. [2021 – 08 – 09]. https: // www. data. gouv. fr/fr/organizations/etalab/.

[20] Even A, Shankaranarayanan G, Berger P D. Evaluating a model for cost – effective data quality management in a real – world CRM setting [J]. Decision Support Systems, 2010, 50 (1): 152 – 163.

[21] Fragkou Pavlina, Galiotou Eleni, et al. Enriching the e – GIF ontology for an improved application of linking data technologies to greek open government data [C]. Prague, Czech Republic: 3rd International Conference on Integrated Information (IC – ININFO), 2014 (147): 167 – 174.

[22] Galiotou Eleni, Fragkou Pavlina. Applying linked data technologies to greek open government data: A case study [C]. Budapest, Hungary: The 2nd International Conference on Integrated Information (IC – ININFO), 2013, 73: 479 – 486.

［23］ Gao J, Xie C, Tao C. Big Data Validation and Quality Assurance—Issues, Challenges, and Needs ［C］//2016 IEEE symposium on service – oriented system engineering（SOSE）. IEEE, 2016: 433 – 441.

［24］ Gonzalez – Zapata F, Heeks R. The multiple meanings of open government data: Understanding different stakeholders and their perspectives ［J］. Government Information Quarterly, 2015, 32（4）: 441 – 452.

［25］ Granger S. Emulation as a digital preservation strategy ［J］. D – Lib Magazine, 2000, 6（10）: 21.

［26］ Harlan Yu, David Robinson. The new ambiguity of open government ［J］. UCLA Law Review Discourse, 2012, 59: 178 – 208.

［27］ Harrison T M, Pardo T A, Cook M. Creating open government e – cosystems: A research and development agenda ［J］. Future Internet, 2012, 4（4）: 900 – 928.

［28］ Higgins S. The DCC Curation Lifecycle Model ［C］. Acm/ieee – Cs Joint Conference on Digital Libraries. ACM, 2008: 453 – 453.

［29］ Immonen A, Paakkonen P, Ovaska E. Evaluating the Quality of Social Media Data in Big Data Architecture ［J］. IEEE Access, 2015（10）: 2028 – 2043.

［30］ Janssen M, Charalabidis Y, Zuiderwijk A. Benefits, adoption barriers and myths of open data and open government ［J］. Information Systems Management, 2012, 29（4）: 258 – 268.

［31］ Kalampokis Evangelos, Hausenblas Michael, Tarabanis Konstantinos. Combining social and government open data for participatory decision – making ［J］. Electronic Participation（EPART）, 2011（8）: 36 – 47.

［32］ Kubler S, Robert J, Traon Y L, et al. Open Data Portal Quality Comparison using AHP ［C］. International Digital Government Research Conference on Digital Government Research, ACM, 2016: 397 – 407.

［33］ Kuhn Kenneth. Open government data and public transportation ［J］. Journal of Public Transportation, 2011（14）: 83 – 97.

［34］ Kukimoto Nobuyuki. Open government data visualization system to facilitate evidence – based debate using a large – scale interactive display ［C］. University Victoria, Victoria, CANADA: 28th IEEE International Conference on Advanced Information Networking and Applications（IEEE AINA）, 2014: 955 – 960.

［35］ Laboutkova S. Open government data – a lesson to be learned ［C］. Proceedings of the 12th International Conference: Liberec Economic Forum 2015, 2015.

[36] Lee D. Big Data Quality Assurance through Data Traceability: A Case Study of the National Standard Reference Data Program of Korea [J]. IEEE Access, 2019 (3): 36294 – 36299.

[37] Lee Y W, Strong D M, Wang R Y. Ten Potholes in the Road to Information Quality [J]. Computer, 1997, 30 (8): 38 – 46.

[38] Lin C S, Yang H C. Data quality assessment on Taiwan's open data sites [C]. International Multidisciplinary International Social Networks Conference (MISNC), Kaohsiung, Taiwan, 2014, 9 (473): 325 – 333.

[39] Marin de la Iglesia Jose. Alternative estimation of "public procurement advertised in the Official Journal as % of GDP" official indicator using open government data [J]. Computers in Industry, 2014 (65): 905 – 912.

[40] Martilla J A, James J C. Importance – performance analysis [J]. Journal of Marketing, 1977, 41 (1): 77 – 79.

[41] Martin De Saulles. Open data and open government in the UK: How closely are they related? [C]. Proceedings of the 13th European Conference on Government, University of Insubria, Como, Italy, 2013: 160 – 165.

[42] Morando Federico, etc. Open Data Quality Measurement Framework: Definition and Application to Open Government Data [J]. Government Information Quarterly, 2016, 33 (2): 325 – 337.

[43] New York State. Open Data Handbook [R]. New York, 2013: 23 – 29.

[44] Nisioiu Codrin – Florentin. Methodology for improving Romanian linked open government data ecosystem [C]. The Proceedings of the 19th International Academic Conference, Florence, 2015: 568 – 586.

[45] OKF. Open Government Data Principles [EB/OL]. [2019 – 02 – 25]. https://public. resource. org/8_ principles. html.

[46] Open Data Barometer [EB/OL]. [2021 – 03 – 13]. http://openda tabarometer. org/barom – eter/.

[47] Open Data. Open Government, Government of Canada [EB/OL]. [2021 – 08 – 07]. https://open. canada. ca/en/open – data.

[48] Oviedo E, Mazon J N, Zubcoff J J. Towards a data quality model for open data portals [C]. 39th Latin American Computing Conference (CLEI), Naiguata, Venezuela, 2013.

[49] Park H, Smiraglia R P. Enhancing data curation of cultural heritage for information sharing: A case study using open government data [J]. Metadata and Se-

mantics Research, 2014 (11): 27 – 29.

[50] Peter Conradie, Sunil Choenni. On the barriers for local government releasing open data [J] . Government Information Quarterly, 2014, 31 (1): 1 – 8.

[51] Privacy – data. gov. uk [EB/OL] . [2021 – 08 – 06] . https: //data. gov. uk/privacy.

[52] Sadiq S, Indulska M. Open data: Quality over quantity [J] . International Journal of Information Management, 2017, 37 (3): 150 – 154.

[53] Saxena S, Proposing a total quality management (TQM) model for open government data (OGD) initiatives: Implications for India [J] . Foresight, 2018, 21 (3): 321 – 331.

[54] Sayogo D S, Pardo T A, Cook M. A framework for benchmarking open government data efforts [C] . Proceedings of the 47th Hawaii International Conference on System Sciences (HICSS), Waikoloa, Hawaii, USA, 2014: 1896 – 1905.

[55] Scholz J, Grillmayer R, Mittlbock M. Share OGD: An approach for integrating semantic information in open government data [J] . Creating the GISociety, 2013 (7): 2 – 5.

[56] Sharon S D, Lyudmila V, Olga P. Planning and designing open government data programs: An ecosystem approach [J] . Government Information Quarterly, 2016, 33 (1) .

[57] Suarez D S, Jimenez – Guarin C. Natural language processing for linking online news and open government data [J] . Springer International Publishing, 2014, 55 (1): 67 – 74.

[58] The federal government information resources management policies [EB/OL] . [2016 – 06 – 06] . http: //www. whitehouse. gov/omb/circular_ a130_ a130trans4.

[59] The federal ministry of interior (Germany) . The Federal Government's National Action Plan to Implement the G8 Open Data Charter [R] . Berlin: The Federal Ministry of Interior (Germany), 2014.

[60] The National Information Infrastructure (NII) Implementation Document [EB/OL] . [2018 – 05 – 10] . https: //www. gov. uk/government/uploads/system/uploads/attachment_ data/file/416472/National_ Infrastructure_ Implementation. pdf.

[61] Transparency and Open Government [EB/OL] . [2021 – 08 – 10] . https://obamawhitehouse. archives. gov/the – press – office/transparency – and – open – government.

［62］ Ubaldi B. Open government data: Towards empirical analysis of open government data initiatives of open government data initiatives ［J］. OECD Working Papers on Public Governance, 2013 (22): 1 – 60.

［63］ Veenstra A F V, BROEK T V D. A Community – driven open data lifecycle model based on literature and practice ［C］ / / BOUGHZALA I., JANSSEN M., ASSAR S. Case studies in e – Government 2. 0. Cham: Springer, 2015: 183 – 198.

［64］ Veljković N, Bogdanović – Dinić S, Stoimenov L. Benchmarking open government: An open data perspective ［J］. Government Information Quarterly, 2014, 31 (2): 278 – 290.

［65］ Vetró A, Canova L, Torchiano M, et al. Open Data Quality Measurement Framework: Definition and Application to Open Government Data ［J］. Government Information Quarterly, 2016, 33 (2): 325 – 337.

［66］ Viscusi G, Spahiu B, Maurino A, et al. Compliance with open government data policies: An empirical assessment of Italian local public administrations ［J］. Information Polity, 2014, 19 (3/4): 263 – 275.

［67］ Wang Y, Hulstijn J, Tan Y H. Data quality assurance in international supply chains: An application of the value cycle approach to customs reporting ［J］. International Journal of Advanced Logistics, 2016, 5 (2): 76 – 85.

［68］ Whitmore Andrew. Using open government data to predict war: A case study of data and systems challenges ［J］. Government Information Quarterly, 2014 (31): 622 – 630.

［69］ World Bank. How to Notes: Towards Open Government for Enhanced the Social Accountability ［R］. World Bank, 2012.

［70］ Yang Tung – Mou, Lo Jin, Shiang Jing. To open or not to open? Determinants of open government data ［J］. Journal of Information Science, 2015 (41): 596 – 612.

［71］ Yuan Yuanming, Wu Chanle, Ai Haojun. Application of linked open government data: State of the art and challenges ［C］. Wuhan, PEOPLES R CHINA: International Conference of Information Science and Management Engineering (ISME), 2013 (46): 283 – 299.

［72］ Zuiderwijk A, Janssen M. Open data policies, their implementation and impact: A framework for comparison ［J］. Government Information Quarterly, 2014, 31 (1): 17 – 29.

［73］ Zuiderwijk A, Janssen M. Open data policies, their implementation and impact: A framework for comparison [J]. Government Information Quarterly, 2014, 31 (1): 17 – 29.

[74] Zuiderwijk Anneke, Janssen Marijn. Participation and data quality in open data use: Open data infrastructures evaluated [C]. 15th European Conference on eGovernment (ECEG), University Portsmouth, Portsmouth, England, 2015.

[75] 白献阳. 美国政府数据开放政策体系研究 [J]. 图书馆学研究, 2018 (2): 40 – 44.

[76] 鲍静, 张勇进, 董占广. 我国政府数据开放管理若干基本问题研究 [J]. 行政论坛, 2017, 24 (1): 25 – 32.

[77] 才世杰, 夏义堃. 发达国家开放政府数据战略的比较分析 [J]. 电子政务, 2015 (7): 17 – 26.

[78] 蔡婧璇, 黄如花. 美国政府数据开放的政策法规保障及对我国的启示 [J]. 图书与情报, 2017 (1): 10 – 17.

[79] 曹惠民. 我国政府数据资源开放过程中的风险治理策略研究 [J]. 中国延安干部学院学报, 2019, 12 (5): 101 – 109.

[80] 曹雨佳, 黄伟群. 政府数据开放生态系统构建: 以数据安全为视角 [J]. 图书馆理论与实践, 2016 (10): 20 – 24, 32.

[81] 陈朝兵. 超越数据质量: 政府数据开放质量的几个理论问题研究 [J]. 情报杂志, 2019, 38 (9): 185 – 191.

[82] 陈红玉等. 开放政府数据的溯源元数据研究及应用 [J]. 情报杂志, 2017 (6): 148 – 155.

[83] 陈婧. 协同机制对政府开放数据的影响分析 [J]. 情报资料工作, 2017 (2): 43 – 47.

[84] 陈美. 澳大利亚中央政府开放数据政策研究 [J]. 情报杂志, 2017, 36 (6): 134 – 140.

[85] 陈萌. 澳大利亚政府数据开放的政策法规保障及对我国的启示 [J]. 图书与情报, 2017 (1): 18 – 26.

[86] 陈美. 美国开放政府数据的保障机制研究 [J]. 情报杂志, 2013 (7): 148 – 153.

[87] 陈美. 面向增值利用的政府开放数据平台顶层设计研究 [J]. 图书馆, 2019 (8): 23 – 28.

[88] 陈美. 政府开放数据的隐私风险评估与防控: 法国的经验 [J]. 情报资料工作, 2020, 41 (2): 99 – 105.

[89] 陈明艳. 政府开放数据的语义描述与实体同一性研究 [D]. 广州:

华南理工大学硕士学位论文，2015：4.

［90］陈丽冰．我国政府数据开放的推进障碍与对策［J］．情报理论与实践，2017（4）：16－19，31.

［91］陈尚龙．大数据时代政府数据开放的立法研究［J］．地方立法研究，2019，4（2）：103－117.

［92］陈水湘．基于用户利用的政府数据开放平台价值评价研究——以19家地方政府数据开放平台为例［J］．情报科学，2017（10）：94－98，102.

［93］陈涛，李明阳．数据开放平台建设策略研究——以武汉市政府数据开放平台建设为例［J］．电子政务，2015（7）：46－52.

［94］程开明等．完善统计数据质量的保障机制研究——基于统计业务流程视角［J］．统计科学与实践，2016（9）：4－8.

［95］程帅．我国政府数据开放保障机制研究［D］．哈尔滨：黑龙江大学硕士学位论文，2018.

［96］程银桂，赖彤．新西兰政府数据开放的政策法规保障及对我国的启示［J］．图书情报工作，2016（10）：15－23.

［97］邓崧，葛百潞，中外政府数据开放比较研究［J］．情报杂志，2017，36（12）：138－144.

［98］迪莉娅．大数据环境下政府数据开放研究［M］．北京：知识产权出版社，2014：23－34.

［99］迪莉娅．政府开放数据的监管模式研究［J］．情报理论与实践，2018，41（5）：22－26.

［100］迪莉娅．政府数据开放许可适用研究［J］．图书馆，2014（6）：91－93，96.

［101］丁红发，孟秋晴，王祥等．面向数据生命周期的政府数据开放的数据安全与隐私保护对策分析［J］．情报杂志，2019，38（7）：151－159.

［102］丁念，夏义堃．发展中国家开放政府数据战略的比较与启示［J］．电子政务，2015（7）：27－36.

［103］东方．国内外政府数据开放平台调查与分析［J］．现代情报，2017，37（10）：93－98.

［104］杜栋，庞庆华，吴炎．现代综合评价方法与案例精选［M］．北京：清华大学出版社，2015：14－15.

［105］段尧清，姜慧，汤弘昊．政府开放数据全生命周期：概念、模型与结构——系统论视角［J］．情报理论与实践，2019，42（5）：35－40，50.

［106］复旦大学数字与移动治理实验室．中国地方政府数据开放报告

（2020）［EB/OL］．［2021－03－01］．http：//ifopendata. fudan. edu. cn/report.

［107］高天鹏等．基于解释结构模型的我国政府数据开放影响因素分析［J］．电子科技大学学报（社会科学版），2016（3）：47－53.

［108］顾铁军等．上海市政府从信息公开走向数据开放的可持续发展探究——基于49家政府部门网站和上海政府数据服务网的实践调研［J］．电子政务，2015（9）：14－21.

［109］官思发等．大数据分析研究现状、问题与对策［J］．情报杂志，2015（5）：98－104.

［110］贵州省政府数据开放平台．［EB/OL］．［2021－04－09］．http：//data. guizhou. gov. cn/home.

［111］贵州省人民政府．中国贵州政府门户网站云平台集约化建设专题［EB/OL］．［2019－01－15］．http：//www. gzgov. gov. cn/ztzl/yptjyhjszt/cjwtjd/201703/t20170323_712498. html.

［112］韩宏军．政府数据开放许可使用模式研究［J］．图书情报导刊，2017（9）：69－72.

［113］何丹．电子商务信用信息共享平台构建与服务创新［D］．武汉：华中师范大学硕士学位论文，2014：39－42.

［114］何乃东，黄如花．巴西政府数据开放的特点及对我国的启示［J］．图书与情报，2017（1）：37－44.

［115］洪京一．从G8开放数据宪章看国外开放政府数据的新进展［J］．世界电信，2014（1）：55－60.

［116］洪学海，王志强，杨青海．面向共享的政府大数据质量标准化问题研究［J］．大数据，2017，3（3）：44－52.

［117］侯人华，徐少同．美国政府开放数据的管理和利用分析——以www. data. gov为例［J］．图书情报工作，2011（4）：119－122，142.

［118］侯征．我国政府开放数据质量评价模型构建研究［D］．郑州：郑州航空工业管理学院硕士学位论文，2021.

［119］胡逸芳，林焱．加拿大政府数据开放政策法规保障及对中国的启示［J］．电子政务，2017（5）：2－10.

［120］黄道丽，原浩．开放数据与网络安全立法和政策的冲突与暗合——以美国政府行政令为视角［J］．信息安全与通信保密，2015（6）：78－81.

［121］黄静，周锐．基于信息生命周期管理理论的政府数据治理框架构建研究［J］．电子政务，2019（9）：85－95.

［122］黄如花，赖彤．数据生命周期视角下我国政府数据开放的障碍研究

［J］．情报理论与实践，2018，41（2）：7－13．

［123］黄如花，李楠．澳大利亚开放政府数据的元数据标准——对 Data. gov. au 的调研与启示［J］．图书馆杂志，2017（5）：87－97．

［124］黄如花，李楠．国外政府数据开放许可协议采用情况的调查与分析［J］．图书情报工作，2016（13）：5－12．

［125］黄如花，林焱．法国政府数据开放共享的政策法规保障及对我国的启示［J］．图书馆，2017（3）：1－6．

［126］黄如花，刘龙．我国政府数据开放中的个人隐私保护问题与对策［J］．图书馆，2017（10）：1－5．

［127］黄如花，刘龙．英国政府数据开放的政策法规保障及对我国的启示［J］．图书与情报，2017（1）：1－9．

［128］黄如花，苗淼．北京和上海政府数据开放政策的异同［J］．图书馆，2017（8）：20－26．

［129］黄如花，苗淼．中国政府开放数据的安全保护对策［J］．电子政务，2017（5）：28－36．

［130］黄如花，王春迎．我国政府数据开放平台现状调查与分析［J］．情报理论与实践，2016（7）：50－55．

［131］黄如花，王春迎．英美政府数据开放平台数据管理功能的调查与分析［J］．图书情报工作，2016，60（19）：24－30．

［132］黄如花，温芳芳．在开放政府数据条件下如何规范政府数据——从国际开放定义和开放政府数据原则谈起［J］．情报理论与实践，2018，41（9）：37－44．

［133］黄思棉，张燕华．当前中国政府数据开放平台建设存在的问题与对策研究——以北京、上海政府数据开放网站为例［J］．中国管理信息化，2015，21（14）：175－177．

［134］黄雨婷，黄如花．丹麦政府数据开放的政策法规保障及对我国的启示［J］．图书与情报，2017（1）：27－36．

［135］季统凯等．政府数据开放：概念辨析、价值与现状分析［J］．北京工业大学学报，2017（3）：327－334．

［136］金垣，杨兰蓉，胡承立．基于层次分析法的武汉市政府网站绩效评价体系设计［J］．图书情报工作，2011，13（5）：124－128．

［137］姜鑫，马海群．开放政府数据评估方法与实践研究——基于《全球开放数据晴雨表报告》的解读［J］．现代情报，2016（9）：22－26．

［138］姜悦霞．政府数据开放网站绩效评价指标体系及应用研究［D］．合

肥：合肥工业大学硕士学位论文，2017：6-9.

[139] 江艳. 山东移动 HRMS 数据质量保障系统的设计与实现 [D]. 济南：山东大学硕士学位论文，2014.

[140] 科大讯飞听见 [EB/OL]. [2020-10-15]. https：//www. iflyrec. com/.

[141] 柯平，张文亮，李西宁等. 基于扎根理论的馆员对公共图书馆组织文化感知研究 [J]. 中国图书馆学报，2014，40（3）：37-49.

[142] 雷佳丽，郑军卫. 国内外智库评价方法比较分析 [J]. 情报理论与实践，2019，42（4）：166-171.

[143] 李芬等. 大数据发展现状及面临的问题 [J]. 西安邮电大学学报，2013（9）：100-103.

[144] 李盼等. 基于 Drupal 的政府开放数据平台构建 [J]. 现代情报，2016（8）：37-43.

[145] 李荣峰. 中国政府数据开放平台建设问题研究 [D]. 长春：吉林大学硕士学位论文，2018.

[146] 李文博. 集群情景下大学衍生企业创业行为的关键影响因素——基于扎根理论的探索性研究 [J]. 科学学研究，2013，31（1）：92-103.

[147] 李晓彤，翟军，郑贵福. 我国地方政府开放数据的数据质量评价研究——以北京、广州和哈尔滨为例 [J]. 情报杂志，2018，37（6）：141-145.

[148] 李宗富. 信息生态视角下政务微信信息服务模式与服务质量评价研究 [D]. 长春：吉林大学博士学位论文，2017.

[149] 梁偲，王雪莹，常静. 欧盟"地平线 2020"规划制定的借鉴和启示 [J]. 科技管理研究，2016，36（3）：36-40.

[150] 梁玮欣. 基于层次分析法的地方政府开放数据的评价研究——以北京市、贵阳市和佛山市南海区为例 [J]. 办公自动化，2018，23（6）：52-60，16.

[151] 林焱. 我国政府数据开放的元数据管理研究 [D]. 武汉：武汉大学硕士学位论文，2018.

[152] 刘华，张德刚. ISO9000 质量管理体系与企业信息化融合研究 [J]. 现代管理科学，2015，26（5）：115-117.

[153] 刘凌，罗戎. 大数据视角下政府数据开放与个人隐私保护研究 [J]. 情报科学，2017，32（2）：112-118.

[154] 刘文云等. 政府数据开放保障机制在数据质量控制中的应用研究 [J]. 情报理论与实践，2018（4）：21-27.

［155］刘文云，岳丽欣，马伍翠等．政府数据开放保障机制在数据质量控制中的应用研究［J］．情报理论与实践，2018，41（4）：21－27．

［156］罗博．国外开放政府数据计划：进展与启示［J］．情报理论与实践，2014（12）：138－144．

［157］罗毅，莫祖英，占南．基于用户期望感知的数据库资源质量研究——以CNKI数据库为例［J］．情报理论与实践，2014，37（9）：69－73．

［158］陆健英等．美国的政府数据开放：历史、进展与启示［J］．电子政务，2013（6）：26－32．

［159］马海群，江尚谦．我国政府数据开放的共享机制研究［J］．图书情报研究，2018，11（1）：3－11．

［160］马海群，唐守利．基于结构方程的政府开放数据网站服务质量评价研究［J］．现代情报，2016（9）：10－15，33．

［161］马海群，汪宏帅．我国政府开放数据战略的SLEPT分析及战略部署［J］．情报科学，2016（3）：3－8．

［162］马一鸣．政府大数据质量评价体系构建研究［D］．长春：吉林大学硕士学位论文，2016：6．

［163］茅伟．统计法治对统计数据质量保障机制研究［J］．统计科学与实践，2017（11）：47－50．

［164］莫祖英．大数据处理流程中的数据质量影响分析［J］．现代情报，2017，37（3）：69－72，115．

［165］莫祖英．大数据质量测度模型构建［J］．情报理论与实践，2018，41（3）：11－15．

［166］莫祖英．地市级政府公开信息质量评价实证研究［J］．情报科学，2018，36（8）：112－117．

［167］莫祖英等．基于IPA分析的政府开放数据关键性质量问题研究［J］．情报资料工作，2021，42（1）：88－94．

［168］莫祖英等．基于政策分析的政府公开信息质量保障措施研究——以贵州省为例［J］．情报探索，2020（6）：93－100．

［169］莫祖英，邝苗苗．基于用户视角的政府开放数据质量评价模型及实证研究［J］．大学图书情报学刊，2020，38（4）：84－89．

［170］莫祖英，丁怡雅．政府数据开放公众反馈机制构建研究［J］．情报杂志，2021，40（3）：162－167，60．

［171］莫祖英．国外政府开放数据及其质量研究述评［J］．情报资料工作，2018（2）：24－28．

［172］牟炜．企业营销效果的指标体系与模糊综合评价方法［D］．大连：大连海事大学硕士学位论文，2006．

［173］裴雷．信息生命周期管理研究进展述评［J］．情报科学，2010，29（9）：7－10，20．

［174］钱国富．基于关联数据的政府数据发布［J］．图书情报工作，2012（3）：123－127．

［175］钱晓红，胡芒谷．政府开放数据平台的构建及技术特征［J］．图书情报知识，2014（3）：124－129．

［176］晴青，赵荣．北京市政府数据开放现状研究［J］．情报杂志，2016（4）：177－182．

［177］单鹏，裴佳音．众创空间绩效评价指标体系构建与实证［J］．统计与决策，2018，34（20）：185－188．

［178］上海市公共数据开放平台_互动社区_平台公示［EB/OL］．［2020－09－13］．https：//data. sh. gov. cn/view/interactive－community/platform－publicity/details. html? id＝CTC_20200330154016451520&type＝02&with_appendix＝false．

［179］上海市政府数据服务网［EB/OL］．［2018－05－23］．http：//www. datashanghai. gov. cn/home! toHomePage. action．

［180］上海市公共数据开放平台_互动社区_用户帮助［EB/OL］．［2020－09－13］．https：//data. sh. gov. cn/view/interactive－community/help－protection/index. html? type＝userHelp．

［181］深圳市政府数据开放平台简介［EB/OL］．［2020－09－12］．https：//opendata. sz. gov. cn/maintenance/forward/toAboutUs．

［182］沈亚平，许博雅．"大数据"时代政府数据开放制度建设路径研究［J］．四川大学学报（哲学社会科学版），2014（5）：111－118．

［183］司莉，赵洁．美国开放政府数据元数据标准及启示［J］．图书情报工作，2018（2）：86－93．

［184］宋赢硕．基于分级访问控制的政府数据开放平台及安全设计［D］．上海：上海交通大学硕士学位论文，2013：12．

［185］孙晓娥．扎根理论在深度访谈研究中的实例探析［J］．西安交通大学学报（社会科学版），2011，31（6）：87－92．

［186］孙艳艳，吕志坚．中国开放政府数据发展策略浅析［J］．电子政务，2015（5）：18－24．

［187］索传军．试论信息生命周期的概念及研究内容［J］．图书情报工作，2010，54（13）：5－9．

［188］谭军．基于 TOE 理论架构的开放政府数据阻碍因素分析［J］．情报杂志，2016（8）：175－178，150.

［189］天津市信息资源统一开放平台．［EB/OL］．［2021－04－09］．https://data. tj. gov. cn/sjyy/ydAPP/index. htm.

［190］童楠楠．我国政府开放数据的质量控制机制研究［J］．情报杂志，2019，38（1）：135－141.

［191］汪雷，邓凌云．基于大数据视角的政府数据开放保障机制初探［J］．情报理论与实践，2017（2）：77－79.

［192］汪庆怡，高洁．面向用户服务的美国政府开放数据研究及启示——以美国 Data. gov 网站为例［J］．情报杂志，2016，35（7）：145－150.

［193］王法硕，王翔．我国政府数据开放利用的影响因素与实现路径——一项基于扎根理论的质性研究［J］．情报杂志，2016（7）：151－157.

［194］王芳，陈锋．国家治理进程中的政府大数据开放利用研究［J］．中国行政管理，2015（11）：6－12.

［195］王今，马海群．政府开放数据质量的用户满意度评价研究［J］．现代情报，2016（9）：4－9.

［196］王金红．案例研究法及其相关学术规范［J］．同济大学学报（社会科学版），2007（3）：87－95，124.

［197］王晶，王卫，张梦君．开放政府数据价值实现保障机制研究——基于系统动力学方法［J］．图书馆学研究，2019（16）：51－59.

［198］王娟，李玉海．基于演化博弈论的政府开放数据质量控制机制研究［J］．现代情报，2019，39（1）：93－102.

［199］王卫，王晶，张梦君．基于数据生命周期的政府数据开放平台框架构建研究［J］．图书馆理论与实践，2019（3）：107－112.

［200］王卫，王晶，张梦君．生态系统视角下开放政府数据价值实现影响因素分析［J］．图书馆理论与实践，2020（1）：1－7.

［201］王锡锌．政府信息公开制度十年：迈向治理导向的公开［J］．中国行政管理，2018（5）：17－22.

［202］王岳．美国政府数据开放政策研究［D］．沈阳：辽宁大学硕士学位论文，2015.

［203］王正青，但金凤．大数据时代美国教育数据质量管理流程与保障［J］．现代远程教育研究，2019（5）：96－103，112.

［204］韦忻伶等．开放政府数据评估体系述评：特点分析［J］．图书情报工作，2017（9）：119－127.

［205］魏吉华，王新才．我国政府信息资源开发利用策略探讨［J］．电子政务，2007（Z1）：78－83.

［206］吴钢，曾丽莹．国内外政府开放数据平台建设比较研究［J］．情报资料工作，2016（6）：75－79.

［207］吴旻．开放数据在英、美政府中的应用及启示［J］．图书与情报，2012（1）：127－130.

［208］吴湛微，孙欣睿，萧若薇．当开放数据遇到开源生态：开放政府数据平台建设模式比较研究［J］．图书馆杂志，2018，37（5）：82－90.

［209］武汉市公共数据开放平台_交流互动_咨询建议［EB/OL］．［2020－09－13］．http：//www. wuhandata. gov. cn/whData/propose. html#! fenye = 2.

［210］武莉莉．英国政府开放数据的实践及启示——以《英国开放政府国家行动计划 2016—2018》为例［J］．新世纪图书馆，2018（9）：82－87.

［211］武琳，伍诗瑜．城市开放政府数据平台服务绩效评估体系构建及应用［J］．图书馆论坛，2018（2）：59－65.

［212］夏昊翔，王众托，党延忠．关于信息系统概念基础的一点思考［J］．2001（10）.

［213］夏义堃．国际比较视野下我国开放政府数据的现状、问题与对策［J］．图书情报工作，2016（7）：34－40.

［214］夏义堃．国际组织开放政府数据评估方法的比较与分析［J］．图书情报工作，2015（10）：75－83.

［215］相丽玲，陈梦婕．中外政府数据开放的运行机制比较［J］．情报科学，2017，35（4）：9－14.

［216］肖敏．我国政府数据开放平台评价指标体系构建及实证研究［D］：郑州：郑州航空工业管理学院硕士学位论文，2018.

［217］肖敏，郭秋萍，莫祖英．政府数据开放发展历程及平台建设的差异分析——基于四个国家的调查［J］．图书馆理论与实践，2019（3）：38－43.

［218］筱雪等．法国政府开放数据发展现状及启示研究［J］．现代情报，2017，37（7）：138－143.

［219］徐慧娜．用户利用导向的开放政府数据研究［D］．上海：复旦大学硕士学位论文，2014，34－36.

［220］徐慧娜，郑磊．面向用户利用的开放政府数据平台：纽约与上海比较研究［J］．电子政务，2015（7）：37－45.

［221］许晓昕．政府信息公开背景下的我国保密工作研究［D］．济南：山东师范大学硕士学位论文，2017.

［222］闫馨戈．我国市级政府公务员信息素养状况调查研究［D］．哈尔滨：黑龙江大学硕士学位论文，2015．

［223］杨冬菊，徐晨阳．大数据环境下基于元模型控制的数据质量保障技术研究［J］．计算机工程与科学，2019（2）：197－206．

［224］杨东谋等．国际政府数据开放实施现况初探［J］．电子政务，2013（6）：16－25．

［225］杨孟辉，刘华．开放政府数据评价方法研究［J］．情报资料工作，2015（6）：40－45．

［226］杨瑞仙等．国内外政府数据开放现状比较研究［J］．情报杂志，2016（5）：167－172．

［227］杨斯楠．中美开放政府数据平台元数据方案比较分析［J］．知识管理论坛，2018（1）：30－40．

［228］于梦月．基于本体的开放政府数据的元数据方案及其应用研究［D］．大连：大连海事大学硕士学位论文，2018：3．

［229］于梦月等．美国政府开放数据的元数据标准及其启示：目录聚合的视角［J］．情报杂志，2017（12）：145－151．

［230］于梦月等．我国地方政府开放数据的核心元数据研究［J］．情报杂志，2016（12）：98－104．

［231］苑博．大学生思想政治教育领域数据资源共享平台的构建研究［D］．上海：复旦大学硕士学位论文，2014：4－9．

［232］岳丽欣，刘文云．国内外政府数据开放现状比较研究［J］．图书情报工作，2016，60（11）：60－67．

［233］岳丽欣，刘文云．我国政府数据开放保障机制的建设研究［J］．图书情报工作，2016（10）：40－48，39．

［234］岳丽欣，刘文云．我国政府数据开放平台建设现状及平台框架构建研究［J］．图书馆，2017（2）：81－85，107．

［235］翟军等．开放数据背景下政府高价值数据研究——数据供给的视角［J］．图书馆学研究，2017，22（12）：76－84．

［236］翟军等．世界主要政府开放数据元数据方案比较与启示［J］．图书与情报，2017（4）：113－121．

［237］翟军等．我国开放政府数据"脏数据"问题研究及应对——地方政府数据平台数据质量调查与分析［J］．图书馆，2019（1）：42－51．

［238］翟军，陶晨阳，李晓彤．开放政府数据质量评估研究进展及启示［J］．图书馆，2018（12）：74－79．

［239］翟凯，何士青．论大数据质量的法律保障：困境、变革与新塑［J］. 青海社会科学，2020（2）：172－180.

［240］战蒙蒙．油田开发数据质量保障体系研究与实现［D］．大庆：东北石油大学硕士学位论文，2016.

［241］张聪丛，部颖颖，赵畅，杜洪涛．开放政府数据共享与使用中的隐私保护问题研究——基于开放政府数据生命周期理论［J］．电子政务，2018（9）：24－36.

［242］张春景等．关联数据开放应用协议［J］．中国图书馆学报，2012（1）：43－48.

［243］张光渝等．开放式 XML 数据的质量分析方法［J］．计算机应用研究，2013（7）：2082－2086.

［244］张涵，王忠．国外政府开放数据的比较研究［J］．情报杂志，2015（8）：142－146，151.

［245］张楠．基于生命周期的政府开放数据质量管理研究［D］．郑州：郑州航空工业管理学院硕士学位论文，2020.

［246］张晓娟等．基于国际评估体系的政府数据开放指标特征与模式分析［J］．图书与情报，2017（2）：28－40.

［247］张晓娟，王文强，唐长乐．中美政府数据开放和个人隐私保护的政策法规研究［J］．理论与探索，2016，39（1）：38－43.

［248］赵龙文等．基于关联数据的政府数据开放实现方法研究［J］．情报资料工作，2016（6）：55－62.

［249］赵龙文，罗力舒．基于关联数据的政府数据开放：模式、方法与实现——以上海市政府开放数据为例［J］．图书情报工作，2017（19）：102－112.

［250］赵千乐．我国政府数据开放保障机制研究［D］．杭州：浙江大学硕士学位论文，2018.

［251］赵蓉英等．英国政府数据开放共享的元数据标准——对 Data. gov. uk 的调研与启示［J］．图书情报工作，2016（10）：31－39.

［252］赵润娣．多元视角下的中国开放政府数据政策环境研究［J］．电子政务，2016（6）：97－104.

［253］赵润娣．国外开放政府数据政策：一个先导性研究［J］．情报理论与实践，2016（1）：44－48.

［254］赵润娣．政府信息公开领域新发展：开放政府数据［J］．情报理论与实践，2015（10）：116－121.

［255］浙江省数据开放平台．［EB/OL］．［2021－04－08］．http：//

data. zjzwfw. gov. cn/jdop_ front/index. do.

［256］郑磊. 开放的数林：政府数据开放的中国故事［M］. 上海：上海人民出版社，2018：61 - 63.

［257］郑磊，高丰. 中国开放政府数据平台研究：框架、现状与建议［J］. 电子政务，2015（7）：8 - 16.

［258］郑磊，关文雯. 开放政府数据评估框架、指标与方法研究［J］. 图书情报工作，2016（18）：43 - 55.

［259］郑磊，吕文增. 地方政府开放数据的评估框架与发现［J］. 图书情报工作，2018，62（22）：32 - 44.

［260］郑磊，熊久阳. 中国地方政府开放数据研究：技术与法律特性［J］. 公共行政评论，2017（1）：53 - 73.

［261］中国电子技术标准化研究院. 大数据标准化白皮书 V2.0［EB/OL］.［2015 - 12 - 29］. http：//www. cesi. ac. cn/cesi/guanwanglanmu/biaozhunhuayanjiu/2015/1224/12264. html.

［262］中央网信办、发展改革委、工业和信息化部联合开展公共信息资源开放试点工作 - 中共中央网络安全和信息化委员会办公室［EB/OL］.［2021 - 08 - 11］. http：//www. cac. gov. cn/2018 - 01/05/c_ 1122215495. htm.

［263］钟源. 美国地方政府数据开放政策研究［J］. 国家图书馆学刊，2016（2）：32 - 41.

［264］周超，马海群. 基于模糊综合评价法的高校信息公开绩效评价研究［J］. 图书馆理论与实践，2014（2）：6 - 10.

［265］周大铭. 我国政府数据开放现状和保障机制［J］. 大数据，2015（2）：19 - 30.

［266］周枫，杨智勇. 基于 5W1H 分析法的档案数据管理研究［J］. 档案学研究，2019（4）：21 - 25.

［267］周军杰. 需求导向的中国政府数据开放研究［J］. 电子政务，2014（12）：61 - 67.

［268］周文泓. 澳大利亚政府开放数据的构件分析及启示［J］. 图书馆学研究，2018（1）：53 - 59.

［269］周文泓. 加拿大联邦政府开放数据分析及其对我国的启示［J］. 图书情报知识，2015（2）：106 - 114.

［270］周文泓. 我国地方政府开放数据政策构建的进展与优化策略研究［J］. 图书馆学研究，2018（15）：39 - 45.

［271］周文泓. 我国省级政府开放数据的进展、问题与对策［J］. 图书情

报知识，2017（1）：11 – 18.

［272］周文泓，夏俊英．加拿大政府开放数据的特点研究及启示［J］．情报理论与实践，2018，41（4）：150 – 154.

［273］周游．面向模式自动转换的数据质量保障算法［D］．哈尔滨：哈尔滨工业大学硕士学位论文，2018.

［274］邹纯龙，马海群．基于神经网络的政府开放数据网站评价研究——以美国 20 个政府开放数据网站为例［J］．现代情报，2016（9）：16 – 21.

［275］朱琳，张鑫．美国政府数据开放政策与实践研究［J］．情报杂志，2017（4）：98 – 105，176.

［276］朱晓峰．生命周期方法论［J］．科学学研究，2004（6）：566 – 571.

附录 A（第五章）

"政府开放数据质量影响因素研究"半结构化访谈提纲：

1. 在您的实际工作中，政府开放数据的来源有哪些？如何保证数据源质量？

2. 数据开放的范围如何界定？哪些数据可以开放？哪些数据不能开放？依据是什么？

3. 在您的实际工作中，是否对数据进行分级分类，以确定不同的数据开放程度？

4. 您所在部门，目前已开放的政府数据有哪些方面/领域？如何确定政府数据开放的对象/领域？

5. 您所在部门是否有政府数据开放的计划（包括开放的时间顺序、内容、次序等）？

6. 在您的实际工作中，如何确定数据开放的程度？能否公开？公开到什么程度？如何确定？

7. 您认为，政府数据开放的程序/流程是什么？

8. 您认为，政府数据开放的方式有哪些（数据开放平台、部门网站主页、其他）？

9. 您认为，政府数据开放的标准是什么？有什么依据？是否进行数据规范化处理？

10. 您认为，如何确定用户对政府开放数据的需求？如何获取用户需求信息？

11. 您认为，对政府开放数据存储的要求有哪些？

12. 在您的实际工作中，政府开放数据的使用程序有哪些？开放数据的使用规定有哪些？

13. 您所在部门在政府数据开放过程中如何保障开放数据的质量？有什么措施？

14. 您认为政府开放数据过程中哪些因素会影响数据质量？

附录 B（第五章）

针对"政府开放数据质量评价指标"权重的专家调查

您好，我是来自郑州航空工业管理学院 2018 级情报学硕士研究生××，因毕业论文需要，特制定该调查问卷。感谢您的参与！此次问卷调查的目的在于：您在构建政府开放数据质量评价指标相对重要性方面的宝贵经验和建议，希望您能在百忙之中抽出时间来回答问卷中的问题，再次感谢您的支持！

问卷说明

1. 匿名。2. 不讨论，请发表您的个人意见。3. 此调查问卷的目的在于确定"政府开放数据质量"各影响因素之间的相对权重，衡量尺度划分为 9 个等级，其中 9、7、5、3、1 的数值分别对应绝对重要、十分重要、比较重要、稍微重要、同样重要，8、6、4、2 表示重要程度介于相邻两个等级之间。靠左边的等级表示左列因素比右列因素重要，靠右边的等级表示右列因素比左列重要。4. 如果以下存在不足之处，望您提出宝贵意见，并在空白处补充说明！多谢。

表 B1　关于"政府开放数据质量评价指标"重要性的调查

一、下列各组两两比较要素，对于"政府开放数据质量评价"各指标的相对重要性如何？

指标名称	含义说明
1 表达质量	体现了开放数据能否清晰明了地将数据表现出来
2 内容质量	开放的数据与实际情况在内容上的相符程度代表内容质量
3 效用质量	是指开放数据在多大程度上让用户感知有用并满足需求的程度
4 技术支持	开放数据过程中所需要的配套技术的水平
5 服务质量	政府在与用户进行交流和提供开放数据服务的表现程度
6 组织环境	指开放数据过程中与之相关的政府部门的组织文化、部门氛围以及提供的财政支持
7 数据素养水平	指开放数据工作人员所具备的数据素养和数据开放能力

续表

下列各组两两比较要素，对于"政府开放数据质量评价"的相对重要性如何？在相应空格内打"√"即可

要素	重要性比较																要素
C1 表达质量	9◀	8◀	7◀	6◀	5◀	4◀	3◀	2◀		▶2	▶3	▶4	▶5	▶6	▶7	▶8	▶9	C2 内容质量
C1 表达质量	9◀	8◀	7◀	6◀	5◀	4◀	3◀	2◀		▶2	▶3	▶4	▶5	▶6	▶7	▶8	▶9	C3 效用质量
C1 表达质量	9◀	8◀	7◀	6◀	5◀	4◀	3◀	2◀		▶2	▶3	▶4	▶5	▶6	▶7	▶8	▶9	C4 技术支持
C1 表达质量	9◀	8◀	7◀	6◀	5◀	4◀	3◀	2◀		▶2	▶3	▶4	▶5	▶6	▶7	▶8	▶9	C5 服务质量
C1 表达质量	9◀	8◀	7◀	6◀	5◀	4◀	3◀	2◀		▶2	▶3	▶4	▶5	▶6	▶7	▶8	▶9	C6 组织环境
C1 表达质量	9◀	8◀	7◀	6◀	5◀	4◀	3◀	2◀		▶2	▶3	▶4	▶5	▶6	▶7	▶8	▶9	C7 数据素养水平
C2 内容质量	9◀	8◀	7◀	6◀	5◀	4◀	3◀	2◀		▶2	▶3	▶4	▶5	▶6	▶7	▶8	▶9	C3 效用质量
C2 内容质量	9◀	8◀	7◀	6◀	5◀	4◀	3◀	2◀		▶2	▶3	▶4	▶5	▶6	▶7	▶8	▶9	C4 技术支持
C2 内容质量	9◀	8◀	7◀	6◀	5◀	4◀	3◀	2◀		▶2	▶3	▶4	▶5	▶6	▶7	▶8	▶9	C5 服务质量
C2 内容质量	9◀	8◀	7◀	6◀	5◀	4◀	3◀	2◀		▶2	▶3	▶4	▶5	▶6	▶7	▶8	▶9	C6 组织环境
C2 内容质量	9◀	8◀	7◀	6◀	5◀	4◀	3◀	2◀		▶2	▶3	▶4	▶5	▶6	▶7	▶8	▶9	C7 数据素养水平
C3 效用质量	9◀	8◀	7◀	6◀	5◀	4◀	3◀	2◀		▶2	▶3	▶4	▶5	▶6	▶7	▶8	▶9	C4 技术支持
C3 效用质量	9◀	8◀	7◀	6◀	5◀	4◀	3◀	2◀		▶2	▶3	▶4	▶5	▶6	▶7	▶8	▶9	C5 服务质量
C3 效用质量	9◀	8◀	7◀	6◀	5◀	4◀	3◀	2◀		▶2	▶3	▶4	▶5	▶6	▶7	▶8	▶9	C6 组织环境
C3 效用质量	9◀	8◀	7◀	6◀	5◀	4◀	3◀	2◀		▶2	▶3	▶4	▶5	▶6	▶7	▶8	▶9	C7 数据素养水平
C4 技术支持	9◀	8◀	7◀	6◀	5◀	4◀	3◀	2◀		▶2	▶3	▶4	▶5	▶6	▶7	▶8	▶9	C5 服务质量
C4 技术支持	9◀	8◀	7◀	6◀	5◀	4◀	3◀	2◀		▶2	▶3	▶4	▶5	▶6	▶7	▶8	▶9	C6 组织环境
C4 技术支持	9◀	8◀	7◀	6◀	5◀	4◀	3◀	2◀		▶2	▶3	▶4	▶5	▶6	▶7	▶8	▶9	C7 数据素养水平
C5 服务质量	9◀	8◀	7◀	6◀	5◀	4◀	3◀	2◀		▶2	▶3	▶4	▶5	▶6	▶7	▶8	▶9	C6 组织环境
C5 服务质量	9◀	8◀	7◀	6◀	5◀	4◀	3◀	2◀		▶2	▶3	▶4	▶5	▶6	▶7	▶8	▶9	C7 数据素养水平
C6 组织环境	9◀	8◀	7◀	6◀	5◀	4◀	3◀	2◀		▶2	▶3	▶4	▶5	▶6	▶7	▶8	▶9	C7 数据素养水平

您认为哪些指标需要修改或删除？请给出简要理由，万分感谢！

表 B2　关于"政府开放数据质量评价指标：内部驱动因素"各指标重要性的调查

一、下列各组两两比较要素，对于"内部驱动因素：表达质量"的相对重要性如何？

指标名称	含义说明
标准化程度	指开放数据涉及的相关标准是否规范，能够清晰地表达数据
机器可读性	指政府开放数据在表现形式上能否被识别和处理
简洁性	指开放数据的表述是否简洁、易十理解

下列各组两两比较要素，对于"内部驱动因素：表达质量"各因素的相对重要性如何？在相应空格内打"√"即可

	重要性比较		
C 标准化程度	9◀8◀7◀6◀5◀4◀3◀2◀	▶2 ▶3 ▶4 ▶5 ▶6 ▶7 ▶8 ▶9	C 机器可读性
C 标准化程度	9◀8◀7◀6◀5◀4◀3◀2◀	▶2 ▶3 ▶4 ▶5 ▶6 ▶7 ▶8 ▶9	C 简洁性
C 机器可读性	9◀8◀7◀6◀5◀4◀3◀2◀	▶2 ▶3 ▶4 ▶5 ▶6 ▶7 ▶8 ▶9	C 简洁性

您认为哪些指标需要修改或删除？请给出简要理由，万分感谢！

二、下列各组两两比较要素，对于"内部驱动因素：内容质量"各因素的相对重要性如何？

指标名称	含义说明
完整性	指政府开放数据在内容上应该是全面的、无遗漏的
安全性	开放的数据不应被修改，保持数据的真实性；数据开放更不能侵犯国家秘密、商业秘密和个人隐私
准确性	指政府开放数据的内容是正确的，没有数据错误

下列各组两两比较要素，对于"内部驱动因素：内容质量"各因素的相对重要性如何？在相应空格内打"√"即可

	重要性比较		
C 完整性	9◀8◀7◀6◀5◀4◀3◀2◀	▶2 ▶3 ▶4 ▶5 ▶6 ▶7 ▶8 ▶9	C 安全性
C 完整性	9◀8◀7◀6◀5◀4◀3◀2◀	▶2 ▶3 ▶4 ▶5 ▶6 ▶7 ▶8 ▶9	C 准确性
C 安全性	9◀8◀7◀6◀5◀4◀3◀2◀	▶2 ▶3 ▶4 ▶5 ▶6 ▶7 ▶8 ▶9	C 准确性

您认为哪些指标需要修改或删除？请给出简要理由，万分感谢！

三、下列各组两两比较要素，对于"内部驱动因素：效用质量"各因素的相对重要性如何？

指标名称	含义说明
可用性	指政府开放数据可被用户利用的程度
时效性	指政府开放数据是否及时进行发布和更新以便达到最大的利用率
相关性	指政府开放数据与用户数据需求的匹配程度

续表

下列各组两两比较要素，对于"内部驱动因素：效用质量"各因素的相对重要性如何？在相应空格内打"√"即可

	重要性比较		
C 可用性	9◄ 8◄ 7◄ 6◄ 5◄ 4◄ 3◄ 2◄	►2 ►3 ►4 ►5 ►6 ►7 ►8 ►9	C 时效性
C 可用性	9◄ 8◄ 7◄ 6◄ 5◄ 4◄ 3◄ 2◄	►2 ►3 ►4 ►5 ►6 ►7 ►8 ►9	C 相关性
C 时效性	9◄ 8◄ 7◄ 6◄ 5◄ 4◄ 3◄ 2◄	►2 ►3 ►4 ►5 ►6 ►7 ►8 ►9	C 相关性

您认为哪些指标需要修改或删除？请给出简要理由，万分感谢！

表 B3　关于"政府开放数据质量评价指标：外部驱动因素"各指标重要性的调查

一、下列各组两两比较要素，对于"外部驱动因素：技术支持"各因素的相对重要性如何？

指标名称	含义说明
平台功能	指政府数据开放平台的查询、下载等功能是否齐全
平台设计	指政府数据开放平台的设计、效果等表现程度
开放数据的安全防范	指开放数据过程中保障数据安全的技术手段

下列各组两两比较要素，对于"外部驱动因素：技术支持"各因素的相对重要性如何？在相应空格内打"√"即可

	重要性比较		
C 平台功能	9◄ 8◄ 7◄ 6◄ 5◄ 4◄ 3◄ 2◄	►2 ►3 ►4 ►5 ►6 ►7 ►8 ►9	C 平台设计
C 平台功能	9◄ 8◄ 7◄ 6◄ 5◄ 4◄ 3◄ 2◄	►2 ►3 ►4 ►5 ►6 ►7 ►8 ►9	C 开放数据的安全防范
C 平台设计	9◄ 8◄ 7◄ 6◄ 5◄ 4◄ 3◄ 2◄	►2 ►3 ►4 ►5 ►6 ►7 ►8 ►9	C 开放数据的安全防范

您认为哪些指标需要修改或删除？请给出简要理由，万分感谢！

二、下列各组两两比较要素，对于"外部驱动因素：服务质量"各因素的相对重要性如何？

指标名称	含义说明
数据利用服务	指政府主体提供的各种数据利用服务
与用户进行信息交流服务	指管理者与使用者交流的渠道和方式

下列各组两两比较要素，对于"外部驱动因素：服务质量"各因素的相对重要性如何？在相应空格内打"√"即可

	重要性比较		
C 数据利用服务	9◄ 8◄ 7◄ 6◄ 5◄ 4◄ 3◄ 2◄	►2 ►3 ►4 ►5 ►6 ►7 ►8 ►9	C 与用户进行信息交流服务

您认为哪些指标需要修改或删除？请给出简要理由，万分感谢！

表 B4　关于"政府开放数据质量评价指标：保障因素"各指标重要性的调查

一、下列各组两两比较要素，对于"保障因素：组织环境"各因素的相对重要性如何？

指标名称	含义说明
财政支持	指数据开放的一系列工作所投入的行政成本
组织文化	指部门内部关于数据开放所形成的工作方式、价值观念部门形象等的综合

下列各组两两比较要素，对于"保障因素：组织环境"各因素的相对重要性如何？在相应空格内打"√"即可

	重要性比较																		
C 财政支持	9◀	8◀	7◀	6◀	5◀	4◀	3◀	2◀		▶2	▶3	▶4	▶5	▶6	▶7	▶8	▶9		C 组织文化

您认为哪些指标需要修改或删除？请给出简要理由，万分感谢！

二、下列各组两两比较要素，对于"保障因素：数据素养水平"各因素的相对重要性如何？

指标名称	含义说明
数据开放意识	指具备数据开放、数据共享的意识和思维，保持对数据的敏感性和规范利用
数据开放能力	指具备数据的获取、分析和处理能力

下列各组两两比较要素，对于"保障因素：组织环境"各因素的相对重要性如何？在相应空格内打"√"即可

	重要性比较																		
C 数据开放意识	9◀	8◀	7◀	6◀	5◀	4◀	3◀	2◀		▶2	▶3	▶4	▶5	▶6	▶7	▶8	▶9		C 数据开放能力

您认为哪些指标需要修改或删除？请给出简要理由，万分感谢！

问卷到此结束，谢谢合作！

附录 C（第五章）

各专家详细的判断矩阵及一致性检验结果

以下依次为图 C1 ~ 图 C10。

簇判断矩阵

1.1 专家1 (0.1000) -- 政府开放数据质量评价　　一致性比例: 0.047917; λmax: 7.390999

	C1表达质量	C2内容质量	C3效用质量	C4技术支持	C5服务质量	C6组织环境	C7数据素养水平
C1表达质量	1	1/7	1/8	1/3	1/2	3	2
C2内容质量	7	1	1/2	7	5	8	7
C3效用质量	8	2	1	8	6	9	8
C4技术支持	3	1/7	1/8	1	1/2	2	2
C5服务质量	2	1/5	1/6	2	1	2	2
C6组织环境	1/3	1/8	1/9	1/2	1/2	1	1/2
C7数据素养水平	1/2	1/7	1/8	1/2	1/2	2	1

图 C1　专家 1 的判断矩阵及一致性检验结果示意图

簇判断矩阵

2.1 专家2 (0.1000) -- 政府开放数据质量评价　　一致性比例: 0.097253; λmax: 7.793585

	C1表达质量	C2内容质量	C3效用质量	C4技术支持	C5服务质量	C6组织环境	C7数据素养水平
C1表达质量	1	1/2	1/8	1	1/5	6	1
C2内容质量	2	1	1/8	1/2	1/5	2	4
C3效用质量	8	8	1	8	3	9	8
C4技术支持	1	2	1/8	1	1/6	6	4
C5服务质量	5	5	1/3	6	1	7	8
C6组织环境	1/6	1/2	1/9	1/6	1/7	1	1/3
C7数据素养水平	1	1/4	1/8	1/4	1/8	3	1

图 C2　专家 2 的判断矩阵及一致性检验结果示意图

簇判断矩阵

3.1 专家3 (0.1000) -- 政府开放数据质量评价　　一致性比例: 0.095103; λmax: 7.776040

	C1表达质量	C2内容质量	C3效用质量	C4技术支持	C5服务质量	C6组织环境	C7数据素养水平
C1表达质量	1	2	4	4	4	4	1/5
C2内容质量	1/2	1	3	4	4	4	1/5
C3效用质量	1/4	1/3	1	2	2	3	1/5
C4技术支持	1/4	1/4	1/2	1	1/3	3	1/5
C5服务质量	1/4	1/4	1/2	3	1	3	1/5
C6组织环境	1/4	1/4	1/3	1/3	1/3	1	1/5
C7数据素养水平	5	5	5	5	5	5	1

图 C3　专家 3 的判断矩阵及一致性检验结果示意图

簇判断矩阵

4.1 专家4 (0.1000) -- 政府开放数据质量评价　　一致性比例: 0.068907; λmax: 7.562278

	C1表达质量	C2内容质量	C3效用质量	C4技术支持	C5服务质量	C6组织环境	C7数据素养水平
C1表达质量	1	1/2	1/2	1	1/3	5	1
C2内容质量	2	1	1/3	4	1/2	9	5
C3效用质量	2	3	1	6	2	8	4
C4技术支持	1	1/4	1/6	1	1/7	3	1/3
C5服务质量	3	2	1/2	7	1	7	7
C6组织环境	1/5	1/9	1/8	1/3	1/7	1	1/5
C7数据素养水平	1	1/5	1/4	3	1/7	5	1

图 C4　专家 4 的判断矩阵及一致性检验结果示意图

簇判断矩阵

5.1 专家5 (0.1000) -- 政府开放数据质量评价　　一致性比例: 0.089034; λmax: 7.726516

	C1表达质量	C2内容质量	C3效用质量	C4技术支持	C5服务质量	C6组织环境	C7数据素养水平
C1表达质量	1	1/7	1/7	1/3	1/6	2	1/3
C2内容质量	7	1	3	6	4	6	6
C3效用质量	7	1/3	1	6	2	6	6
C4技术支持	3	1/6	1/6	1	1/6	4	1/2
C5服务质量	6	1/4	1/2	6	1	6	6
C6组织环境	1/2	1/6	1/6	1/4	1/6	1	1/2
C7数据素养水平	3	1/6	1/6	2	1/6	2	1

图 C5　专家 5 的判断矩阵及一致性检验结果示意图

簇判断矩阵

6.1 专家6 (0.1000) -- 政府开放数据质量评价　　一致性比例: 0.095849; λmax: 7.782128

	C1表达质量	C2内容质量	C3效用质量	C4技术支持	C5服务质量	C6组织环境	C7数据素养水平
C1表达质量	1	3	1/3	7	1/2	8	7
C2内容质量	1/3	1	1/7	6	1/3	5	6
C3效用质量	3	7	1	5	4	5	7
C4技术支持	1/7	1/6	1/5	1	1/6	1	2
C5服务质量	2	3	1/4	6	1	5	5
C6组织环境	1/8	1/5	1/5	1	1/5	1	1
C7数据素养水平	1/7	1/6	1/7	1/2	1/5	1	1

图 C6　专家 6 的判断矩阵及一致性检验结果示意图

簇判断矩阵

7.1 专家7 (0.1000) -- 政府开放数据质量评价　　一致性比例: 0.092754; λmax: 7.756872

	C1表达质量	C2内容质量	C3效用质量	C4技术支持	C5服务质量	C6组织环境	C7数据素养水平
C1表达质量	1	1/4	1/7	1	4	3	1/3
C2内容质量	4	1	1/4	4	4	5	1/2
C3效用质量	7	4	1	5	3	4	1
C4技术支持	1	1/4	1/5	1	2	2	1/3
C5服务质量	1/4	1/4	1/3	1/2	1	1	1/3
C6组织环境	1/3	1/5	1/4	1/2	1	1	1/3
C7数据素养水平	3	2	1	3	2	3	1

图 C7　专家 7 的判断矩阵及一致性检验结果示意图

簇判断矩阵

8.1 专家8 (0.1000) -- 政府开放数据质量评价　　一致性比例: 0.034167; λmax: 7.278805

	C1表达质量	C2内容质量	C3效用质量	C4技术支持	C5服务质量	C6组织环境	C7数据素养水平
C1表达质量	1	1/3	1/3	1/3	1	1/2	1/3
C2内容质量	3	1	2	1	3	2	1
C3效用质量	3	1/2	1	1	2	2	1
C4技术支持	3	1	1	1	1	2	1
C5服务质量	1	1/3	1/2	1	1	2	1/2
C6组织环境	2	1/2	1/2	1/2	1/2	1	1
C7数据素养水平	3	1	1	1	2	1	1

图 C8　专家 8 的判断矩阵及一致性检验结果示意图

簇判断矩阵

9.1 专家9 (0.1000) -- 政府开放数据质量评价　　一致性比例: 0.099382; λmax: 7.810960

	C1表达质量	C2内容质量	C3效用质量	C4技术支持	C5服务质量	C6组织环境	C7数据素养水平
C1表达质量	1	2	1	1	1/2	1	1/3
C2内容质量	1/2	1	1/5	4	4	4	1/3
C3效用质量	1	5	1	4	4	4	1
C4技术支持	1	1/4	1/4	1	1/4	4	1/5
C5服务质量	2	1	1/4	4	1	4	1/5
C6组织环境	1	1/4	1/4	1/4	1/4	1	1/5
C7数据素养水平	3	3	1	5	1	5	1

图 C9　专家 9 的判断矩阵及一致性检验结果示意图

簇判断矩阵

10.1 专家10 (0.1000) -- 政府开放数据质量评价　　一致性比例: 0.097595; λmax: 7.796372

	C1表达质量	C2内容质量	C3效用质量	C4技术支持	C5服务质量	C6组织环境	C7数据素养水平
C1表达质量	1	1	1/3	2	1/3	5	3
C2内容质量	1	1	1/2	3	1/3	9	5
C3效用质量	3	2	1	3	2	7	4
C4技术支持	1/2	1/3	1/3	1	1/7	5	1/4
C5服务质量	3	3	1/2	7	1	7	6
C6组织环境	1/5	1/9	1/7	1/5	1/7	1	1/5
C7数据素养水平	1/3	1/5	1/4	4	1/6	5	1

图 C10　专家 10 的判断矩阵及一致性检验结果示意图

附录 D（第五章）

未加权矩阵示意图（全部）

1.2 未加权矩阵

	政府开放数据质量评价		C1表达质量				C2内容质量				C3表现质量				C4吸入力			C5服务质量			C6延伸环境			C7信息素养水平		
	内部驱动因素	外部驱动因素	标准化程度	能够可读性	相似度	兼容性	完整性	安全性	准确性	可理解	时效性	相关性	平台价能	平台设计	响应	电话利用服务	与用户进行信息交流服务	数据利用服务	财务支持	规范化	数据判读识别	数据开发能力			
政府开放数据质量评价	0.000000	0.000000	0.000000	0.000000	0.000000	0.000000	0.000000	0.000000	0.000000	0.000000	0.000000	0.000000	0.000000	0.000000	0.000000	0.000000	0.000000	0.000000	0.000000	0.000000	0.000000	0.000000			
内部驱动因素	0.000000	0.000000	0.000000	0.000000	0.000000	0.000000	0.000000	0.000000	0.000000	0.000000	0.000000	0.000000	0.000000	0.000000	0.000000	0.000000	0.000000	0.000000	0.000000	0.000000	0.000000	0.000000			
外部驱动因素	0.000000	0.000000	0.000000	0.000000	0.000000	0.000000	0.000000	0.000000	0.000000	0.000000	0.000000	0.000000	0.000000	0.000000	0.000000	0.000000	0.000000	0.000000	0.000000	0.000000	0.000000	0.000000			
标准化程度	0.397611	0.000000	0.000000	0.000000	0.000000	0.000000	0.000000	0.000000	0.000000	0.000000	0.000000	0.000000	0.000000	0.000000	0.000000	0.000000	0.000000	0.000000	0.000000	0.000000	0.000000	0.000000			
能够可读性	0.451231	0.000000	0.000000	0.000000	0.000000	0.000000	0.000000	0.000000	0.000000	0.000000	0.000000	0.000000	0.000000	0.000000	0.000000	0.000000	0.000000	0.000000	0.000000	0.000000	0.000000	0.000000			
兼容性	0.161157	0.000000	0.000000	0.000000	0.000000	0.000000	0.000000	0.000000	0.000000	0.000000	0.000000	0.000000	0.000000	0.000000	0.000000	0.000000	0.000000	0.000000	0.000000	0.000000	0.000000	0.000000			
完整性	0.236987	0.000000	0.000000	0.000000	0.000000	0.000000	0.000000	0.000000	0.000000	0.000000	0.000000	0.000000	0.000000	0.000000	0.000000	0.000000	0.000000	0.000000	0.000000	0.000000	0.000000	0.000000			
安全性	0.292526	0.000000	0.000000	0.000000	0.000000	0.000000	0.000000	0.000000	0.000000	0.000000	0.000000	0.000000	0.000000	0.000000	0.000000	0.000000	0.000000	0.000000	0.000000	0.000000	0.000000	0.000000			
准确性	0.470488	0.000000	0.000000	0.000000	0.000000	0.000000	0.000000	0.000000	0.000000	0.000000	0.000000	0.000000	0.000000	0.000000	0.000000	0.000000	0.000000	0.000000	0.000000	0.000000	0.000000	0.000000			
可理解	0.415215	0.000000	0.000000	0.000000	0.000000	0.000000	0.000000	0.000000	0.000000	0.000000	0.000000	0.000000	0.000000	0.000000	0.000000	0.000000	0.000000	0.000000	0.000000	0.000000	0.000000	0.000000			
时效性	0.264408	0.000000	0.000000	0.000000	0.000000	0.000000	0.000000	0.000000	0.000000	0.000000	0.000000	0.000000	0.000000	0.000000	0.000000	0.000000	0.000000	0.000000	0.000000	0.000000	0.000000	0.000000			
相关性	0.320378	0.000000	0.000000	0.000000	0.000000	0.000000	0.000000	0.000000	0.000000	0.000000	0.000000	0.000000	0.000000	0.000000	0.000000	0.000000	0.000000	0.000000	0.000000	0.000000	0.000000	0.000000			
平台价能	0.000000	0.370640	0.000000	0.000000	0.000000	0.000000	0.000000	0.000000	0.000000	0.000000	0.000000	0.000000	0.000000	0.000000	0.000000	0.000000	0.000000	0.000000	0.000000	0.000000	0.000000	0.000000			
平台设计	0.000000	0.168286	0.000000	0.000000	0.000000	0.000000	0.000000	0.000000	0.000000	0.000000	0.000000	0.000000	0.000000	0.000000	0.000000	0.000000	0.000000	0.000000	0.000000	0.000000	0.000000	0.000000			
开放数据的安全	0.000000	0.461074	0.000000	0.000000	0.000000	0.000000	0.000000	0.000000	0.000000	0.000000	0.000000	0.000000	0.000000	0.000000	0.000000	0.000000	0.000000	0.000000	0.000000	0.000000	0.000000	0.000000			
响应	0.000000	0.609881	0.000000	0.000000	0.000000	0.000000	0.000000	0.000000	0.000000	0.000000	0.000000	0.000000	0.000000	0.000000	0.000000	0.000000	0.000000	0.000000	0.000000	0.000000	0.000000	0.000000			
电话利用服务	0.000000	0.390119	0.000000	0.000000	0.000000	0.000000	0.000000	0.000000	0.000000	0.000000	0.000000	0.000000	0.000000	0.000000	0.000000	0.000000	0.000000	0.000000	0.000000	0.000000	0.000000	0.000000			
与用户进行信息	0.000000	0.664921	0.000000	0.000000	0.000000	0.000000	0.000000	0.000000	0.000000	0.000000	0.000000	0.000000	0.000000	0.000000	0.000000	0.000000	0.000000	0.000000	0.000000	0.000000	0.000000	0.000000			
在线服务	0.000000	0.335079	0.000000	0.000000	0.000000	0.000000	0.000000	0.000000	0.000000	0.000000	0.000000	0.000000	0.000000	0.000000	0.000000	0.000000	0.000000	0.000000	0.000000	0.000000	0.000000	0.000000			
财务支持	0.000000	0.613095	0.000000	0.000000	0.000000	0.000000	0.000000	0.000000	0.000000	0.000000	0.000000	0.000000	0.000000	0.000000	0.000000	0.000000	0.000000	0.000000	0.000000	0.000000	0.000000	0.000000			
规范化	0.000000	0.386905	0.000000	0.000000	0.000000	0.000000	0.000000	0.000000	0.000000	0.000000	0.000000	0.000000	0.000000	0.000000	0.000000	0.000000	0.000000	0.000000	0.000000	0.000000	0.000000	0.000000			
数据判读识别	0.000000	0.000000	0.000000	0.000000	0.000000	0.000000	0.000000	0.000000	0.000000	0.000000	0.000000	0.000000	0.000000	0.000000	0.000000	0.000000	0.000000	0.000000	0.000000	0.000000	0.000000	0.000000			
数据开发能力	0.000000	0.000000	0.000000	0.000000	0.000000	0.000000	0.000000	0.000000	0.000000	0.000000	0.000000	0.000000	0.000000	0.000000	0.000000	0.000000	0.000000	0.000000	0.000000	0.000000	0.000000	0.000000			

图 D1　未加权矩阵结果示意图

附录 E（第五章）

加权超矩阵示意图（全部）

图 E1 加权超矩阵结果示意图